节事管理译丛 | Events Management Series

U0512137

节事目的地
与场馆营销

[英]罗布·戴维森　托尼·罗杰斯/著

宋哲敏　关旭等/译　陶婷芳/审校

Marketing Destinations and Venues
for Conferences,
Conventions and Business Events

格致出版社　上海人民出版社

丛书序言

节事产业包括节日、会议、大会、展览、奖励旅游、运动会和一系列其他活动,是一个快速发展的产业,它为商业和与休闲相关的旅游业作出了重大贡献。随着法规的增加,政府和公司对节事活动干预的深入,产业环境变得复杂多了。目前,节事活动管理者需要识别广泛的利益相关者并为其服务,以平衡他们的需求与目标。尽管该行业主要运作在国家层面,但是为满足节事活动以及相关产业和相关组织的需求,学术供应量增长很快。英语国家与主要的北欧国家已经设立了为未来的节事活动专业人士提供教育和培训的学习项目,可授予毕业证书和学士、硕士学位,其涵盖领域包括如节事策划和管理、市场营销、财务、人力资源管理和运作等。节事管理的内容还被包涵在了很多大学及学院里的旅游、休闲、娱乐和酒店等学位课程中。

这些课程的快速增加说明现在对于讲师、学生和专业人士来讲,这一方面的著作紧缺。因此,"节事管理译丛"出版了,以满足这些需求,为此领域提供一套专门规划的、有针对性的读物。

针对节事管理和相关研究的学术及管理发展情况,节事管理系列丛书具备以下特点:

- 提供了与管理发展各阶段需求相匹配的一整套课题;
- 是目前市场急缺的或目前不能满足需求的书籍;
- 开发了一整套既实用又令人感兴趣的书籍;
- 为研究项目打下了牢固的理论和研究基础;
- 全部具备高质量;
- 很快将成为作者和使用者的首选丛书。

译者序

　　随着人们进入信息时代,随着经济全球化,人们对沟通交流的需求越来越多,相互沟通,共享信息已经成为现代社会的必然需求。而通讯技术和交通运输的快速发展打破了空间距离对沟通交流的限制,使快速便利的沟通成为可能。正是在这种需求增加,限制被打破的情况下,会议业迅速发展起来。于是,如何成功举办各种各样的会议、大会、节庆活动、展览展示、奖励旅游等节事活动,就成了需要人们思考的问题。既然有了产业,自然就会有从业人员。随着会议业的发展壮大,对从业人员的专业知识和技能有了更高的要求,同时人才市场对专业会议从业人员的需求也迅速提高。从国家层面,到地方,再到具体的场馆,所需的专业人员也各不相同。其专业领域包括宏观的政策规划,中层的策划决策,再到微观的具体操作实施,每个层面都需要有专业知识和技术的从业人员。为满足这些人才需求,相应的教育、培训项目应运而生。但是由于这是一个新兴领域,这方面的专业书籍十分紧缺,于是在此背景下,"节事管理教材译丛"出版了。

　　《节事目的地与场馆营销》是此系列丛书中的一本。该书的核心内容是目的地及场馆应如何针对会议及商务节事活动进行营销。有目共睹,由于全球化的迅速发展,各种会议和商务节事活动的需求增长很快。面对迅速增长的市场,各种商业性场馆都力图抓住机遇,成为该市场上的重要角色,走在产业发展的前沿。而各国、各地区和各城市的政府部门也发现,承办这些会议和节事活动有诸多利益。最根本的是可以提高当地城市的知名度和形象,随之而来的就是实实在在的经济利益和社会利益。如旅游业利润的增加,商业机构的迁入,以及因此而来的就业率提高,收入增加等,带来了经济利益。再如,由于当地声誉的提高,各种公共机构如大学、协会、艺术团体、科学团体等迁入,都将提高当地的生活质量和改善文化环境,带来社会利益。由于这诸多原因,从国家到地区再到具体的场馆都试图在会议及商务节事活动领域有所作为。因此如何吸引各种会议和商务节事活动,以获得此类业务,就成了一个重要课题。本书回答的正是这一问题。而此课题属于市场营销领域,因此本书的主要内容是从目的地和场馆的角度出发讨论针对会议及商务节事活动的营销,探讨各目的地和场馆应如何营销自身,以获得更多会议和商务节事活动业务。

　　之所以把目的地和场馆放在一起讨论,是因为这两者面对会议及商务节事活动市场时,是不可分割的。尽管这两者属于不同的层次,但是在会议和商务节事活动营销方面,两者必须密切合作才能在该领域有所作为。因为场馆是目的地的一部分,如果目的地有良好的环境和基础设施等条件,场馆自然会因此得利。所以说目的地是场馆的依托。另一方面,因为顾客得到的是具体场馆的服务,所以如果场馆非常出色,也会给目的地增光添彩。因此,目的地和场馆两者有互相依存的关系,一荣俱荣,一损俱损。正因为如此,本书将目的地和场馆放在一起,讨论其针对会议和商务节事活动市场的营销。

本书的作者 Rob Davidson 和 Tony Roger 都是会议和商务节事活动管理方面的专家。他们不仅在学术界享有良好的声誉,而且也是不折不扣的实践家。他们既有牢固的理论基础,也有丰富的实践经验。而本书正体现了他们的这一优势,尽力将学术、理论和实践结合起来,为目的地和场馆营销人员提供方法和建议。因此,对于希望进入会议业的管理专业的学生,这本书为他们提供了基本理论和实际案例,能够帮助入门者打好理论基础,同时提供具体的操作方法。而对于已经进入会议业的从业者,由于书中有大量最新的案例、数据和成功人士的经验之谈,所以其中的建议和方法是务实的,从业者会从中得到启发。从这一点上来说,本书既可以用于专业教育,也可以用于业内培训。在目前此类书籍紧缺的情况下,本书可解燃眉之急。

接下来我们详细介绍一下本书的主要内容和特点。

本书共有 12 章,大致可分为三部分。第一部分由第 1 章到第 3 章组成,介绍会议和商务节事活动领域营销的基本情况。第二部分是本书的主体,包括第 4 章到第 10 章的内容,基本按照营销过程,详细讨论会议和商务节事活动营销的理论基础和实践方法。第三部分为第 11 章和 12 章,主要介绍目前在会议和商务节事活动领域中,学术、教育、培训和从业资格等方面的情况,并展望了该领域未来的发展趋势。

第一部分是本书的研究背景,从三个方面介绍了目的地和场馆所面对的会议和商务节事活动领域的大环境。第 1 章介绍会议业的历史和产业环境。首先介绍产业内的各个参与者,包括买方、卖方、中间商等,介绍各参与者的类别、特点和基本作用。其次强调了营销在会议业中的重要性,简单介绍营销的几个发展阶段。最后,第 1 章还强调会议业对目的地的各种影响,明确指出了发展会议业可能带来的利益和弊端。其中对会议业所产生的负面影响的介绍特别值得关注。因为,目前会议业如日中天,人们很容易只看到会议业的益处,而忽略会议业的弊端。但是作为专业人员,一定要对本产业有客观全面的认识,特别是相关的目的地政府,更要有正反两方面的认识。因此第 1 章主要是帮助读者全面了解会议业,从产业历史到产业成员组成,再到产业的社会功能,使读者了解会议业的整体面貌和会议业营销的独特性。第2章和第3章分别介绍目的地和场馆所处的营销环境。对于目的地,其营销环境主要指大的社会环境,包括科技的进步,宏观政策的改变,社会关注点的转移以及特殊情况的发生等。第2章详细介绍面对如此复杂的社会情况和如此多变的社会环境,目的地该如何应对:包括如何进行会议和商务节事活动领域的产品及项目开发,如何筹集相关的资金,如何进行危机管理,以及如何对待特殊群体——残疾人士。第3章的重点则是场馆的营销环境。虽然目的地和场馆的关系十分密切,但是二者毕竟是两个层面上的机构,因此场馆面对的环境与目的地的环境还是有很大不同,二者对环境的反应方式也不尽相同。目的地只能以适应和被动应战方式对待环境的变化,而场馆在适应环境变化的同时,还可以积极主动地改变场馆的环境。场馆所处的营销环境主要包括场馆供应量增加对现有场馆的影响,以及科技进步对场馆营销方式的影响。此外,社会发展对场馆设计的要求也是场馆面临的挑战。因此第一部分从产业、目的地和场馆三个层次和角度,介绍会议和商务节事活动营销的大环境,让读者对该行业的概况有所了解。

第二部分是目的地和场馆针对会议和商务节事活动进行营销的主要理论依据和实践方法。这一部分主要采用先理论后实践的写法,先论述基本理论,然后介绍在实践中如何具体操作。这几章的顺序基本是按营销过程编排的。第4章到第7章阐述的是实际销售发生前的营销理论,第8章和第9章讲述的是实际销售阶段的理论和方法,这6章的重点是介绍单个目的地和场馆的营销方法。而第10章则强调多个目的地和场馆合作营销的重要性。

关于实际销售前的营销阶段,本书集中讨论营销规划和营销沟通的理论和方法。第4章首先介绍了营销规划的理论和原则,包括营销计划的目的、步骤和最终成果。设计营销计划的目的是为组织未来的营销活动指明方向,是一项前瞻式的工作,因为有事先的准备和计划,从而使组织始终向设定的目标前进,不会因突发事件偏离目标。设计营销计划的步骤主要包括开展营销调查,进行市场细分,为产品定位和设计品牌,最终在以上各步骤的基础上形成营销组合。另外,营销计划不是僵硬的,而是灵活的,为的是适应多变的市场环境。第5章讨论的是营销沟通的理论和原则。营销沟通是落实营销计划的具体活动,是接触顾客并影响顾客的各种技巧,主要包括客户关系管理、直接营销、出版物、公共关系、商品展示和体验旅行等营销工具。在第5章里详细介绍这些工具的基本功能和作用。第6章和第7章的重点是实践,介绍营销沟通的具体操作方法。第6章主要介绍"线上"营销,指通过各种信息渠道与顾客沟通,包括印刷品、出版物、公关活动和广告等方式。采用这些营销沟通方式时,营销方不与客户发生直接接触,而是通过各种媒体从视觉、听觉、触觉等多渠道刺激顾客及潜在顾客,引起他们的注意,并使他们接收到正确的营销方想传递的信息。在第6章里详细介绍这些沟通方式的具体操作方法、注意事项和相关技巧。第7章主要介绍"线下"营销,指营销方与顾客发生直接接触,以一对一的沟通为基础进行营销。这种营销沟通方式包括举办产品展示,组织讨论组和路演,举行体验旅行和教育活动,及实施大使计划。这些营销沟通方式的主要目的是通过人际互动与客户建立联系,进而争取获得业务。其中大使计划是指在特定团体里征募利益相关的人员,让他们作为目的地的代表或传播者,实际上"大使"就是传递营销信息和进行活动投标的媒介。第6章和第7章重在实际操作,因此这两章提供很多操作细节,有很强的实践意义,其中的很多建议都可以直接用于实践。例如关于制作宣传册的注意事项,甚至细化到纸张的大小;关于如何撰写新闻稿,则详细到电子文本的字体等等。"线下"营销方式都是具体的营销活动,书中对每种方式的操作步骤和注意事项作详细介绍。这几章的内容对于从事营销策划和宣传工作的人员很实用,既有营销的基本知识,又紧密结合会议和商务节事活动市场的实际。

第8章和第9章是关于实际销售阶段的理论和实践。第9章首先介绍目的地和场馆销售策略的理论和原则,包括人员销售、促销和效益管理、销售团队管理三方面。人员销售部分介绍人员销售的目标,专业销售人员的工作内容和人员销售的具体步骤。促销和效益管理部分主要讨论促销和效益管理的具体方法和技巧。销售团队管理部分则涉及销售人员的招聘、培训、组织和激励。第9章是实践部分,集中讨论销售策略的实施和具体操作方法,涉及从业人员所必需的知识、技巧和销售活动实例。包括如何处理咨询,如何提交专业标书和销售方案,如何组织现场考察和参观,销售谈判的技巧,以及如何最大程度地发挥交叉销售的作用。第9章中谈到的内容是会议及商务节事活动营销领域的实际工作内容,其中提到的知识、技巧和销售活动实例实用性很强。

详细讨论单个目的地和场馆的营销理论和实践以后,第10章强调的是合作营销的重要性,主要指目的地间、场馆间,或者目的地和场馆与其他相关机构、团体的合作营销。突出会议旅游局(CVB)和目的地管理机构应起的作用,还介绍了其他可与之合作的资源,例如营销协会、同业公会、政府部门等。第10章详细说明合作的重要性,今后任何目的地和场馆如果想成功,都不可能孤军奋战,该章还详细介绍目的地和场馆可与之合作的机构和团体,这些机构和团体可带来的利益,以及如何利用这些资源。总体来说,通过合作实现共赢,使会议业逐渐发展壮大是一个发展趋势,这也顺应时代潮流。

第三部分是与会议和商务节事营销相关的其他内容。第11章主要是介绍目前会议业的动向。主要包括三方面,行业研究、教育和培训、质量认证。行业研究部分主要介绍各协会、各国、各城市目前在会议业的数据统计、市场情报开发等方面所进行的研究项目和计划,也包括为统一行业术语所进行的各种努力。教育和培训部分介绍针对会议业的各种教育项目,包括各项目的课程内容,主要的教育机构,可以说介绍了会议业的主要科研力量。教育和培训部分还介绍目前业界承认的各种从业资格认证项目,想进入该行业或已在业内但想进一步提高的人,可以参考这些资格认证项目。而质量认证则主要是针对目的地和场馆的,为的是提高并保证目的地和场馆的服务质量,同时也为顾客提供比较服务质量的依据。第12章的重点是展望会议和商务节事活动领域的发展趋势。这一章分析目前的政治、经济、社会的发展趋势,以及产业内部未来的潮流,主要是指众多新兴目的地和新型场馆的出现,最终指出这些趋势和潮流可能给会议业带来的机遇和挑战。

　　本书的最大特点是每一章的结尾都附有"案例分析"。这些内容丰富的案例,不仅增加了知识性也增强了可读性,更具有实际借鉴的作用。

　　本书由上海财经大学国际工商管理学院旅游管理系组织力量进行翻译。上海财经大学旅游管理系成立于2002年,现有旅游企业管理、会展管理等硕士点和博士点,开设的相关课程有:"会展旅游管理"、"会展服务与管理"、"节事运营管理"和"会展布局和设计"等主干课程。

　　本书的审校者是上海财经大学旅游管理系教授、博士生导师陶婷芳女士,其出版有《通向盈利之路的互联网战略》、《涉外企业营销与公共关系》、《实用推销术》、《市场调查与预测》等专著,译著有《营销管理:分析、计划和控制》、《市场营销学》、《市场营销课程(36 小时)》、《时间管理》和《节事运营管理》等。她负责对全书进行审阅和校译。

　　本书的两名主译是宋哲敏和关旭。宋哲敏女士毕业于复旦大学外文系,获得专业英语8级证书,硕士学习时主修英美文学。她现在是上海市政府外事办的公务员。关旭现在是上海华东师范大学对外汉语方向的硕士生,她在就读本科时曾主修企业管理,熟悉市场营销。她们的努力为本书的译文增添了光彩,也显示了中国女性的智慧。

　　参加本书翻译的还有曹小川(第 1 章)、施祖辉(第 2 章和第 3 章)和徐奏凯(第 12 章)等。钱一匋为全书的校对和版面编排做了许多工作。在此,对他们的辛勤付出表示衷心的感谢。

　　由于中国和欧美国家的国情有所不同,难免造成一些专业名词和术语的误读,如有错误和不当之处,还请读者能不吝赐教,以便再版时修正。

陶婷芳

上海财经大学旅游系教授、博士生导师

2007 年 12 月

　　本书的目标在于填补针对会议及商务节事活动的目的地及场馆市场营销方面著作的空白。我们相信,结合我们的兴趣和背景,我们有能力完成一本将学术、理论方法和实践经验相结合的书,为目前或将来负责该行业目的地和场馆市场营销的人员提供实用的方法和建议。

　　目前商务节事活动管理教育市场迅速发展,但这方面的书籍相对很少,特别是专门的、实践型的市场营销书籍更少。本书是一本高级课本,目标读者是具备一些会议业知识和经验的大学生。但是,我们猜想,由于此类书籍的短缺,本书也可以作为研究生教材,同时对于从业者(例如城市、地区或国家层面的目的地市场营销人员、会议和节事活动场馆的销售和市场营销人员)也有很大的吸引力。

　　我们两个都很荣幸能够在会议业和商务节事活动产业工作多年。在此期间该产业的市场营销方法、会议的组织和展示、会议业的市场竞争等方方面面都有了巨大的变化和发展。但是产业核心仍然没变:该产业的目标是通过分享信息和观点,让人们相聚沟通,激发灵感,开发新产品,发布最新的研究成果,对大家共同面对的挑战达成共识。我们非常希望我们能够捕捉到该产业和世界范围内推动产业发展的领袖人物的创造力和活力。

　　没有全球数百同行的慷慨帮助,没有他们提供的数据、资料和建议,本书不可能完成。对于我俩来说,会议产业的乐趣之一就是在每一个转折点,人们都愿意公开地分享各自的经历。对于每一个以任何方式帮助过我们的人,我们表示深深的感谢。

　　本书的每一章结构相同,包括学习目标、导言、主要内容、小结、复习与讨论题和参考文献。扩展案例分析附在章节末尾,为本章的主要观点提供更深入的案例和详细分析。一些章节内也有简短的案例分析。

　　在本书中,为了简便起见,我们适当地使用"他"而不是"他或她",这种用法应该理解为指代所有人。

罗布·戴维森　托尼·罗杰斯

缩略词

AIPC	国际大会场馆协会	Association Internationale des Palais de Congrès
AMC	协会管理公司	association management company
CIC	会议产业联合会	Convention Industry Council
CRM	客户关系管理	customer relationship management
CSR	公司社会责任	corporate social responsibility
CVB	会议旅游局	Convention and Visitor Bureau
DMAI	国际目的地市场营销协会	Destination Marketing Association International
DMC	目的地管理公司	destination management company
DMO	目的地营销组织	destination marketing organization
DRC	残疾人权利委员会	Disability Rights Commission
EIBTM	欧洲奖励、商务旅游暨会议(展)	
	European Incentive, Business Travel and Meetings(exhibition)	
F&B	饮食	food and beverage
ICCA	国际大会和会议协会	International Congress and Convention Association
MICE	会议、奖励旅游、大会和展览(或节事)	
	meetings, incentives, conventions and exhibitions(or events)	
MPI	会议策划者国际联盟	Meeting Professionals International
NTA	全国性旅游当局	national tourism authority
NTO	全国性旅游组织	national tourism organization
PCO	专业会议组织者	professional conference(or congress)organizer
RFID	射频识别	radio frequency identification
RFP	提案请求	request for proposal
SMERF	社会、军队、教育、宗教和互助联谊(领域)	
	social, military, educational, religious and fraternal(sectors)	
TSA	旅游卫星账户	tourism satellite account
UIA	国际协会联盟	Union of International Association
USP	独特销售主张	unique selling proposition
VFS	场馆寻找服务商	venue finding services

目 录

第 1 章

市场营销在会议和商务节事行业中的作用

本章概要

本章讨论会议业的发展历程,介绍该行业内的主要利益相关者并分析影响。

本章内容涵盖:

■ 会议业的历史

■ 会议市场的产品

■ 在会议市场中运作的利益相关者

■ 市场营销在会议业中的作用

■ 会议业对目的地经济、环境和文化的影响

案例分析:

■ Access 2005,维也纳

学习目标

完成本章的学习后,您应该能够:

■ 讲述会议业的发展过程及为何如此发展的原因

■ 讨论会议业中的不同产品

■ 理解主要利益相关者的作用

■ 描述市场营销的作用是如何演变的,以及当前市场营销对于会议业的重要性

■ 分辨会议业带来的主要正面与负面影响

导　言

　　人类自诞生之初就一直有着想彼此见面、交流观点的强烈愿望，这种愿望正是会议和聚会的基础。

（Weber and Chon，2002）

　　1895 年，一位名叫 Milton Carmichael 的记者在《底特律日报》(*The Detroit Journal*)上建议当地的商人联合起来，将底特律作为会议目的地向世人宣传，并且代表该市及其众多的酒店投标，争取会议业务。两周后，"底特律会议业商人联盟"(Detroit Convention and Businessmen's League)成立，这是世界上第一个会议目的地和会议场馆的营销组织。我们永远无从知道 Milton Carmichael 能否想象，在接下来的一个世纪中，会议目的地和场馆营销将成为一个重要的职业，使用现代化的、复杂的技术为当下具有数十亿美元市场的全球会议业提供支持并使之实现可持续发展。

　　早在文明之初，人类就开始聚在一起探讨商议。时至今日，古代会议场所的遗址，如雅典古安哥拉广场(the Agora of Athens)以及古罗马广场(the Roman Forum)依然见证着会议的历史。但是直到 20 世纪后半叶，专门的"会议业"才作为一种独立的商业活动得到承认。20 世纪 50 年代以来，这一产业在全球范围内迅猛发展，引发了对会议业各领域专业性的要求。

　　几千年来，有组织的聚会一直是文化、政治和商业生活中不可缺少的元素，并且对整个社会的进步作着巨大贡献。这类会议绝大多数是在当地具有多种用途的场所中举行的，例如公共集会地、剧院以及酒店等。后来，人们建造了专门的会议场所，例如 18 世纪在许多英国城市中建造的风格典雅的议事厅(assembly room)。

　　Spiller(2002)指出，19 世纪末到 20 世纪初，随着工业化在美国和西欧的发展，商界领导人和其他企业家的会晤成了现实需要，从而增加了会议的数量，扩展了人们原本仅在政治、宗教、文学、消遣等领域的聚会要求。与此同时，交通运输技术发展进步，新兴中产阶级富裕程度不断提升，各国各行业专业化程度提高，这些因素共同创造了一个流动性更大的社会。在这样的社会中，人们能够更频繁地出行参加会议。

Lawson(2000:11)认为以下因素促进了20世纪下半叶会议业的迅速发展：

- 政府组织及半政府组织的扩展，以及不断增长的公共与私营部门之间的会议需求。
- 跨国公司和地区性机构的成长，使得开展更多部门间、区域间会议成为需要。
- 协会组织、合作组织、专业团体以及压力集团(pressure groups)的发展。
- 销售技巧的改变，对产品推出的运用和促销会的变化。
- 通过公司内部的管理培训、职业继续发展计划以及临时专门会议或定期会议实现信息更新与方法更新的需求。
- 学科专门化的发展——会议使得专家们能够传递信息。

针对会议需求量猛增这一情况，工业化国家的众多城市都作出了回应，不久，发展中国家的许多城市也加入其中。这些城市都意识到承办会议可以带来潜在的经济利益，于是开始建造专用的会议中心，其中许多会议中心能够容纳数千名与会者，因此可以吸引到全国性及国际性的会议活动。建造会议中心的构想最初产生于20世纪60年代早期的美国，而后传到欧洲。伦敦的温布利会议中心(Wembley Conference Centre)就是一个例子，它于1977年启用，是英国最早建成的专用会议中心之一，启用当年就承办了300场会议活动，接待人数超过了35万人。在竞争日益激烈的世界中，人们越来越认识到，对于这些会议设施需要进行专门的市场营销，于是催生了目的地与场馆市场营销这一职业。

自从世界上第一个会议业联盟在底特律成立，至今已过了100多年，会议业也已稳固地建立起了自身的地位，就其行业范围而言已经真正地达到了国际化。在21世纪，数百万会议场馆的工作人员、商业节事活动组织者，以及负责目的地和场馆市场营销的人员构成了这一国际化的产业。在当今世界，人们普遍接受这一观点，即最具竞争力的会议目的地和场馆能够理解市场营销作为一种管理职能，能够为其组织带来无限潜力，并充分发挥这一潜力。

本书主要讨论场馆和目的地市场营销人员吸引会议与商务活动业务所使用的营销技巧和所需的知识。显而易见，当今世界对于会议及其他形式的商务活动的需求势不可挡，市场营销人员对于满足这些需求起到了至关重要的作用。人类从根本上说是群居动物，毫无疑问，与其他具有共同利益的人定期聚会是最能体现人性本质的活动之一。

会议、大会和商务节事活动市场

正如包括会议业在内的许多新兴学科一样，在市场营销学中，术语和专业用语在一定程度上仍然比较含混，不够精确。

甚至连"市场"这个词都可以有不同的理解。在市场营销学的术语中,"市场"是一个集合名词,用于指称购买或可能购买某种特定产品或服务的顾客群。因此,有这样的例子:"日本的数码相机市场"、"60 岁以上人群的私人医疗保健市场"、"行业协会的会议市场"。然而,在经济学领域,对"市场"的定义就宽泛得多,指的是一个系统,其中包括了某种特定产品或服务的主要购买者和供应商,以及在购买者和供应商之间协调购买过程的中介机构。

我们现在就将介绍会议市场中的利益相关者,但有必要首先澄清"产品"这个术语在会议市场中具有怎样的含义。

产品

为方便起见,本书使用的"产品"这个词是指场馆或目的地所营销的服务和设施。例如对于会议中心而言,它的产品就是促成会议在该中心成功举办的所有无形和有形要素的结合体:该中心的位置、它的会议室、视听设施、餐饮服务、员工的专业知识和待客礼仪等等。

对于目的地而言,其营销对象是综合产品,也由有形和无形元素组成。有形元素不仅包括目的地内运营的所有会议场馆和住宿服务,还包括诸如餐馆、商店、旅游景点和交通运营商等其他服务供应商。这些供应商在活动期间都可能被会议组织者和与会者使用。目的地的重要无形元素包括该地的形象和氛围,这两点对于是否选择该地作为会议目的地可能是关键的决定因素。

显然,场馆的产品和目的地产品之间的一个关键区别是,负责对会议场馆进行营销的部门(例如某个会议酒店或会议中心的营销部门)对其营销的产品具有高度的直接控制能力:品质、外观、价格等;而负责对目的地进行营销的部门(例如会议旅游局)只能间接地影响其综合产品的大部分元素,这种综合产品实际上并不归其所有。

购买者

为了方便起见,本书将使用"购买"和"购买者"这两个词,即使在多数情况下,产品并非被实际购买而是被"租用"。

没有购买者市场就无法运作。在会议市场中,我们需要考虑两个不同层次的购买者,会议发起者和与会者,这两个层次共同组成了会议市场的需求方。要成功地对目的地和场馆进行市场营销,需要对以下各种类型的购买者的特别需求有一个全面的认识。

会议发起者

首先,一个关键的需求来源是那些使用会议目的地和场馆并为此支付费用的机构或组织,这些组织机构是会议需求的发端。通常,这些组织机构发起活动,因为他们发现召集会员、员工或合伙人在某一固定时间内到某地聚会,可以最好地满足某些需要。对于会议市场中供应商提供的各种会议设施和服务,这一层次的购买者是最主要的需求源。

其中每种类型的购买者都可以被认为是一个细分市场,具有自身的特征和特别需求。其主要细分市场有:

公司购买者

营销者普遍认为公司会议是最大的一个会议细分市场。据 Lawson(2000)的估计,公司会议占所有会议的 65%以上。公司举行会议有许多重要目的,它们代表了一个至关重要的细分市场。然而,可以确定的是,在许多情况下,公司会议都会在公司自己的场所内举行,而未给会议业带来业务。但是,公司也普遍认识到,有各种原因使公司有时不得不在公司外举行会议。这些原因包括:

- 公司场馆容纳的人数有限(很少公司的办公地配有举行大型会议的设施)。
- 需要让员工脱离他们的日常工作环境(避免他们因与日常工作相关的事务分心;帮助他们在一个不同的环境中更具创造性思维)。
- 希望通过在具有吸引力的地点举行活动奖励员工,这种情况下通常会加入休闲元素。
- 一些情况下需要对会议的进程保密,例如讨论敏感话题时。

大多数公司的目的在于赚钱,它们召开会议是为了更好地盈利。例如,公司开展培训管理人员、激励销售人员的活动,这是因为公司认为这些活动可以使公司盈利更多。

公司会议可能采取多种不同形式,包括:

年度股东大会:上市公司邀请股东参加年度大会,在会上公布公司的年度业绩。公司通常会要求股东认可红利分配,并通过一定数量的决议,这将决定公司下一年的活动。每位想参与公司决策过程的股东都可以参与年度大会并亲自投票。

销售会议:销售会议是管理层向亲自销售产品和服务的人员公布信息,激励其热情和团队精神而定期举行的讨论会。在销售会议上,通常对某一阶段的销售数字进行回顾,对表现特别突出的销售人员所取得的成绩予以肯定和嘉奖。公布的信息通常涉及公司的市场份额,竞争对手的动向,或对销售有影响的新法规。销售会议也让与会人员有机会分享他们的销售经验和教训。

员工培训:一个普遍的观点是,为了让公司的管理层及员工的知识与技能不断更新,这些人员必须定期参加涉及信息技术、顾客关系管理技巧以及雇用法规等主题的培训。这些培训经常在公司以外的研讨会议室中召开,从而给诸如酒店及管理培训中心等供应商带来了业务。

静休会："静休"直到不久前还只是用于表示为了宗教的沉思与冥想而从日常生活中暂时的隐退。但现在，"静休会"在公司用语中频频出现，指的是一种在公司以外召开的，通常是包含住宿的董事会会议。但这种会议与在公司以外召开的常规董事会会议有许多不同：

- 在静休会期间，董事会成员专注于特定的长期议题，或者是对组织的未来进行更为广阔的战略性思考，而不是根据严格的日程安排匆忙地执行议程。
- 静休会是为了激发创造性思维而设计的。
- 静休会可以成为一种对新员工进行公司目标与管理教育的有效手段。
- 静休会经常利用户外环境，可以一边散步一边对会议活动的过程进行思考回顾。
- 社交互动时间是静休会中非常重要的元素，因而经常会要求进行团队建设活动。可能会用到外部的协调人。

产品推出：向市场推出一项新产品或服务是营销过程中的一个重要阶段。一款新轿车，一种新香水，一项新的医疗保险……无论什么产品，公司都经常通过在公司外举行一次活动来展示这种产品，并向可能销售或购买此产品者，以及可能对该产品进行专业报道的记者介绍产品的性能与特点。这种活动通常时间较短，但是对于制作的要求很高，要求采用特殊的视听效果，以求给与会者留下最深刻的印象。

奖励旅游：一种普遍的观点是，为员工提供参与奖励旅游的机会作为对他们的突出业绩的奖励，这是鼓舞和回馈员工的极为有效的方法。突出的业绩具体可能是在某段时间内比其他同事为公司售出更多的产品等。奖励旅游活动通常在异域或豪华场馆开展，可能看上去像是度假，而且也的确是为了让人尽兴、难忘而设计的。但这还是一种商务活动，因为根本上，奖励旅游是一种管理工具，是专为激励公司员工取得更佳表现而开展的。

有时奖励旅游中会带有工作的成分，也就是通常在旅游过程中召开一次或几次会议，那么这种活动有时被称作商旅会议，是会议与奖励旅游的结合。

协会购买者

在世界各地的各种会议中，协会会议是规模最大、历时最长的会议之一。全世界各地数百万个不同的协会、俱乐部、联合会以及社团构成了会议服务需求的另一个大的细分市场。这些组织一般都是非营利性质的，其会员因为具有共同的职业，属于同一行业，或是对某一事业具有共同的兴趣爱好而走到一起。这些组织中有许多属于行业协会和职业团体，它们的作用之一就是帮助其会员保持在各自行业中的专业水准。协会可能在当地、区域内、全国或世界范围内招募会员。其会员在地理上的分布将决定其会议活动的地点。

几乎所有的协会都定期召开会议，目的多种多样，但主要是培训/信息会议，或者是协会的年度大会。这些会议让会员们有机会相互见面，在一天或几天时间内讨论对其职业或共同事业有重要意义的话题。工会召开的会议也包括在这一需求领域中。

公司和协会会议市场的一大区别是：对于公司购买者而言，会议是公司的开支。而对于协会而言，会议一般是资金的来源，这是因为协会向参加会议活动的会员收取费用，而公司会议则不收取费用。许多协会依靠来自其年度会议的收入支付协会的许多运作开销——员工工资、总部租金等等。

政府和公共部门购买者

从地方政府到国际政府的各种规模的政府组织以及公共部门团体，例如监管全国卫生服务的公共部门，它们也是会议设施与服务的重要需求来源。通过咨询与协商，发展制定有效的法规政策是政治活动的一项关键功能，而会议经常是这一过程的媒介，会议可以让与法案相关的各个利益相关者聚集到一起。

在国际层面上，许多这样的会议都是引人注目的活动，受到广泛的媒体报道。例如，欧盟的政府间会议，成员国在该会议上互相磋商，以改革欧盟的创始条约；又如联合国及其机构发起的会议，例如 2002 年在南非约翰内斯堡召开的可持续发展问题世界首脑会议。

政府的新政策和举措一旦制定，就必须生效，这一点就如同公司将其新产品与服务推出上市一样，因此此类活动也能给会议业带来定期的业务。政府活动的目的之一是吸引媒体关注，以宣传政府的新举措。这类活动的典型例子就是 2005 年 3 月的"保住未来"战略的生效仪式。这是英国政府一项新的可持续发展战略。为配合战略计划书的出版，官方的生效仪式在伦敦的幻想画廊举行，并由首相及一些其他的政府官员出席。

SMERF 购买者

SMERF(Social, Military, Educational, Religious and Fraternal)指的是社会、军事、教育、宗教以及互助联谊领域。SMERF 通常作为非营利性组织而被包括在协会购买者中，但 SMERF 购买者(特别是在北美)偶尔被认为是一个独立的会议需求类别。以上团体在旅行、聚会时召开 SMERF 会议，会议的目的非常广泛，例如重聚、联谊，或者仅仅是分享共同的回忆、经验或信仰。任意取一些世界各地的 SMERF 活动列在此处，以说明其活动规模和主题是多种多样的，几乎没有限定的范围：

- 3 000 人参加的美国基督教长老教会(Presbyterian Church)的集会：于 2008 年在圣荷西(San Joe)举行。
- "马耳他攻防战"(The Battle for Malta)老兵重聚，所有 600 名参加者都是这场军事战役的老兵：于 2006 年 9 月在马耳他举行，为期 7 天。
- 2 000 人参加的双胞胎、三胞胎、四胞胎的年度聚会：每年在法国布列塔尼(Brittany)地区的普鲁开杜克(Pleucaduec)镇举行。

- 超过 1 000 人参加的全美芭比娃娃收藏者聚会(The National Barbie Doll Collectors' Convention)：2005 年 7 月 13—16 日在波士顿举行。

以上讨论的每个会议细分市场都有各自非常不同的特点，所以很明显，每个细分市场都需要会议目的地和场馆针对购买者采取不同的营销策略。

表 1.1 对这四个主要细分市场的重要特点作了总结。

表 1.1　不同细分市场的特点

公　司	协　会	政　府	SMERF
决定活动举办地的过程相对直截了当	选择目的地的过程可能较长	活动时间的长短和可获得的预算可能有很大差异	对住宿和会议场馆的价格很敏感；但是与公司会议市场相比，不容易衰退
但是在需求方的组织内部辨认出实际的公司会议购买者可能是有难度的：秘书、个人助理、营销总监、培训总监等许多人都可能预订公司会议	目的地通常由一个委员会选择；组织者可能是来自协会成员中的志愿者	然而，预算通常受到审查，因为使用的是公款	这类会议由志愿者组织运作，所以要辨认出这些人可能是具有挑战性的
通常要求公司员工必须出席	出席会议是自愿的	高度的安全措施是必不可少的：因为这些会议经常受到示威者活动的干扰	通常在周末以及非高峰时段举行
筹备时间可能较短	年度会议可能提前许多年预订		
活动通常持续 1—2 天每位与会者的预算较高一些	活动通常持续 2—4 天		经常在二级城市举行，住宿条件和设施比较简单
所使用的场馆：酒店、管理培训中心或非常规场馆	每位与会者的预算较低，因为对于一些与会者而言，价格是一个敏感因素，而且他们可能要自己支付费用		与会者携带配偶或家属同行，且可能为休闲目的而延长其旅行日程
除奖励旅游以外，与会者的配偶很少被邀请	所使用的场馆：会议中心、市政场馆或学术场馆		
	与会者的配偶经常也参加会议		

与会者

公司会议的与会者通常是必须参加会议的，除此以外，大多数被邀请的人都可以自己选择是否参加会议。因此,与会者(也叫做出席者、参与者或嘉宾)是会议产品的终极购买者,或终端消费者。没有与会者的持续参与,会议业将不能运作,因此让与会者对会议产品感到满意是至关重要的。

但每个与会者个体的感受很大程度上取决于其他利益相关者做出的选择,特别是活动发起人和代表其工作的中介机构。这些利益相关者不仅选择会议目的地、场馆、住宿,还决定诸如发言人、社交活动安排等会议产品的其他关键特征。因此,与会者对一次会议的满意程度通常取决于他们对一系列会议元素的反馈,这些元素是"打包捆绑"卖给与会者的,对此与会者几乎完全无能为力。

多数会议购买者和组织者都清楚让其会议活动终端消费者满意的重要性,因此,他们经常开展会后评估,例如使用问卷调查的形式。很显然,要想让与会者下次继续参加该活动,并推荐其他人也参加,就必须满足他们对会议的要求,这对于整个会议业来说是一项持久的挑战。

供应商

供应方的利益相关者为会议有效运作提供极为重要的设施与服务。对下面将分别介绍的各种供应商而言,市场营销对其业务的成功都是至关重要的。这些供应商提供的服务和设施,可以由一人负责营销工作,由该人员承担本书所讨论的所有营销任务;也可以由整个部门负责,该部门拥有市场研究员和销售人员等专业人士,在一位营销总监的管理下开展工作。

场馆

会议最基本的需要是一个能够进行整个会议活动的封闭空间和容纳所有与会者的席位。因此,能够提供这些设施的会议场馆是会议市场的重要组成部分之一。本章已提到若干类型的场馆,专用的会议中心是最常见的一类,多数与会者在百人以上的会议是在此类场馆中举行的。但事实上,目前绝大多数会议仍然是在研讨会议室和酒店内的会议室中举行的。这些场馆小到仅有一个"功能厅"的独立空间,大到例如拥有 1 200 间客房和面积达92 000 平方英尺会议空间的休斯敦希尔顿酒店——该市最大的会议酒店。

此外,越来越多的会议在种类不断增加的各种其他场馆举行。会议对这些场馆来说是第二等的业务,但是仍然十分重要。这些场馆包括大学、博物馆、剧院、游轮以及一系列旅游景点,例如为各种会议提供设施的主题公园。所谓"非常规场馆"经常用来描述一些对于举办会议活动而言较为奇特的地方。产品推出和团队活动尤其经常需要这类非常规场馆,以使活动更吸引人、更令人难忘。

在场馆供应方面，公共部门以及私营部门的管理者是重要的利益相关者。世界各地的国家级、州级、区域性以及市级政府都参与了会议设施的建造与运营；而私营部门——从家庭旅馆到诸如喜达屋（Starwood）、万豪国际（Marriot International）和雅高（Accor）等跨国酒店集团——也在提供会议空间方面扮演了重要角色。

住宿供应商

需要住宿的会议以及其他为期一天以上的商务活动要求为与会者、发言人和组织者提供某种形式的住宿。在很多情况下，场馆自身就能提供住宿，例如酒店、住宿式会议中心、大学、游船等。

但是如果场馆不能就地提供住宿，会议组织者就必须保证能提供充足的、符合适当标准的住所。在这种情况下，组织者可以指定一家"会议酒店"，或者给与会者一张他们推荐的受认可的当地酒店或旅店的清单。

组织者可以在某一家或几家酒店预定"一批"房间，以保证与会者能够在实际会场附近住宿。由于在一家酒店连续几天订下大量客房，会议组织者有可能获得有利的谈判工具，来与酒店协商客房和会议设施（如果也使用酒店的会议设施的话）的价格。然而，这一假设需满足以下条件：

- 组织者能够大致确定所需要的客房数。
- 与会者将在这家已保留"一批"客房的酒店中预订客房。

组织者及住宿供应商越来越意识到这两个条件并非一定能满足，特别是如今与会者预订"一批"以外的房间（booking outside the block）（通常是使用因特网寻找价钱更低的住处）的现象越来越普遍。

其他供应商

许多其他支持服务可能有助于会议的顺利运作。

交通运输服务供应商负责将与会者送达和送离目的地，也负责提供目的地的地方交通服务，特别是场馆/酒店的接送服务。这些交通服务可能涉及火车、长途汽车、出租车及豪华轿车。对于国际活动，多数与会者通常选择搭乘飞机，对于组织者和运输服务商，这就增加了处理团体的难度：因为需要提前确定团体预订的规模和乘客的姓名。对于公司团体，特别是奖励旅游，这些信息可能直到最后一刻才能获得，因此需要航空公司有一定的灵活性。

餐饮供应商在为与会者提供餐饮（food and beverages，缩写为 F&B）方面起着关键作用。

F&B 的质量（和数量）经常成为与会者在会议期间及会后谈论的话题,因而若没有达到期望水平就会成为导致与会者不满意的重要原因。会议用餐和点心除了满足与会者的基本餐饮需求以外,还有许多其他目的,例如,用餐和吃点心的时间让与会者有机会在一种更轻松的环境中互相认识和沟通;或者在例如会议晚宴中,提供娱乐气氛或有名流发言人的参与。

技术服务(例如提供视听设备)和专业服务对于多数现代会议的有效运作十分关键。复杂的音响、灯光和数据投影设备是会议活动的关键因素,这些必须由场馆或者专业会议设备出租公司提供,而越来越多的组织者向专业公司租用设备。确实,先进技术发展迅速,许多会议场馆和组织者都偏好租用设备和支持服务,以保证能获得最先进的器材。也可能雇用会议录像制作公司,拍摄会议过程,然后剪辑并制作成视频,这样的视频可以成为扩大会议活动范围的一种有效方式。

其他供应商的范围很广,还可以包括会议口译人员,这些口译人员可以让所有人,不论其语言能力如何都能参与国际会议;还包括出租口译设备间的公司;以及花商,他们负责装饰会议讲台和聚餐桌,并提供献给贵宾和演讲嘉宾的花束。

中介机构

虽然会议市场中也有一些购买者直接与供应商联系:例如,一位秘书致电一家酒店,预订一间研讨会议室召开为期一天的公司经理会议。然而,绝大多数的会议都有某种形式的一家或多家中介机构参与其中。中介机构作为一个利益相关者,起着连接购买者和供应商的作用,因此会议市场的有效运作取决于他们的专业技能和知识。

将中介机构分成两类对我们选择正确的中介机构很有用:一类代表供应商工作的中介机构和另一类为购买者工作的中介机构。

代表供应商工作的中介机构

目的地营销组织

虽然大多数会议设施和服务的供应商或独立或组成营销联盟,积极地向潜在购买者进行直接营销但他们通常都明白,业务的成功部分取决于供应商所在的目的地的形象和声誉。在竞争高度激烈的世界中,不会缺乏适合举办会议的地方。通常来说,一个营销做得好的目的地更容易吸引会议和其他商务活动业务。一般而言,向潜在购买者推销某个目的地的工作由目的地营销组织(destination marketing organization, DMO)负责。DMO 不仅负责为目的地吸引商务活动,还负责吸引休闲游客,因此某些 DMO 的名称中常常包括"旅游"或"游客"等词。

DMO 分为以下几个类别：

- 全国性旅游当局（national tourism authorities，NTA）或者全国性旅游组织（national tourism organization，NTO），负责国家层面的旅游业管理和市场营销。

- 地区性、省级或州级的 DMO（地区性旅游组织），负责特定地理区域的旅游业管理和（或者是）市场营销。这样的地理区域有时是（但不总是）一个行政或地方政府区域，例如县、州或省。

- 地方性 DMO，负责更小的地理区域或城镇的旅游业管理和（或者是）市场营销。

这些机构的组织结构在各国各地都不相同，尤其在各个 DMO 与政府的联系及其资金来源方面差异很大。一项全球范围的 DMO 调查（WTO，2004）发现，在 250 个被调查的 DMO 中：

在 NTO 和 NTA 层面上的状况模式最简单。这些组织中88％的机构是国家政府部门或者是向国家政府负责的机构。4 家 NTO/NTA 属于非营利的公私合营机构。

在区域层面，情况较为多样。其中大多数由区域性、省级或州级政府负责，或是作为政府机构，或是作为当地的政府部门（这种情况较少约占 18％）。37％有私营部门参与（21％属于公私合营），这种情况在区域范围远比在全国范围内多见。

39％的城市 DMO 由区域性、省级或当地政府负责，公私合营机构的比例（33％），营利性公司的比例（6％），在被调查类别中比例最高。

在所有层面上，DMO 都具有双重功能，既向会议和其他商务活动市场推销其目的地，也向休闲市场推销其目的地。各目的地 DMO 分配在吸引会议业务上的资源比例差异很大，但是，完全忽略会议市场的目的地极为罕见。

会议旅游局

会议旅游局（Convention and Visitor Bureau，CVB）这一术语源自美国，现在被全世界广泛采用。本书中，这一术语用于指称一种非营利性的目的地营销组织，这种组织负责引起会议购买者对目的地的兴趣，这样购买者就可能选择在那儿举办他们的活动，或者中介机构就可能向客户推荐该目的地。（然而，应该指出的是，有的人员将一地作为会议目的地进行营销，有的人员将该地作为休闲目的地的营销，例如假日、短期休假、一日游等，这两种人员可以共同工作。）

除了为目的地创造一个良好形象，CVB 还能统一其负责区域内运作的各个供应商的营销活动，从而使所有供应商在一系列独立的营销项目中彼此协调，有共同的方向。

因为有了这一功能，Harrill（2005）把 CVB 比作"伞"式营销宣传机构，"伞"下是推销各自产品的公司的大集合。这经常被称为"联合"式的营销手段，其原理就是联合的努力能取得统一和更强的力量,因此能获得更好的结果;而分割开的、不完整的单个营销项目影响力较小,也不易获得成功。

CVB的功能可以在任何地理层面上实现:一个国家、一个国家内的一个区域或者某个镇或城市。虽然本章开头说过,CVB的最初理念是在19世纪末的美国创立的,但第一批全国性的CVB是在此后多年在欧洲成立的。例如,1973年成立的德国会议局和1974年成立的芬兰会议局,这是欧洲最早成立的两个国家会议局。

不过,绝大多数CVB在单个城市或镇的层面运作,代表该地的供应商为该地吸引会议业务,从而为会议场馆、酒店、当地餐馆、商店及上面讨论过的其他服务供应商带来客源。很难估计全世界的CVB总数,而且由于越来越多的城市都将自身作为新兴的会议目的地进行营销,CVB的数目也在不断增长。仅贸易组织"国际目的地营销协会"(Destination Marketing Association International,原名国际会议旅游局协会 International Association of Convention & Visitor Bureaus)的CVB会员总数就超过了500个。

有些情况下,多个CVB联合起来共同对它们认为的单一的会议旅游目的地的某个特定区域进行营销。例如,法国里维埃拉会议局(Riviera Convention Bureau)与安提比斯、戛纳和尼斯的CVB共同运作,把蔚蓝海岸大区(Côte d'Azur)作为会议目的地进行推广。

无论负责的地理范围的大小,CVB的资金从以下资源中的一个或几个获取:

- 公共部门的资助。
- 酒店(或住宿地)短期占用税。
- 会费(来自会员,例如会议场馆、食宿供应商、交通运输运营商等)。
- 来自参与联合商业活动的成员的资助。
- CVB为会议场馆安排会议业务,并向其收取的佣金。

到目前为止,美国的CVB数量在世界上最多。因此大多数公布的与此相关的调查基本上反映了美国CVB的情况。但是,关于CVB运作资金的筹集,各大洲之间存在根本差异。

Koutoulas(2005)进行的调查揭示了美国与其他国家及地区的会议局的许多关键对比点:

- 美国的和非美国的CVB的平均收入相似。美国以外的CVB的平均年度预算为5 380 188欧元,而美国的CVB则为5 315 615欧元(640万美元)。
- 非美国的CVB得到的公共资金和税收收入比美国的CVB少(非美国CVB:占总收入的67.5%,美国CVB:占总收入的84%)。因而,非美国CVB的私人资金来源使用比例是美国CVB的2倍(各占总收入的32.5%和16%)。私人资金来源包括会员会费,广告、促销、印刷和合资广告、捐赠的服务(非现金)、利息等。

- 美国与其他地方的 CVB 在营销上的花费占其预算的比例大致相同(非美国 CVB:56.4%,美国 CVB:53%)。
- 非美国 CVB 平均雇用 23.6 名全职员工。美国 CVB 的平均全职雇员人数为 18 名。
- 60% 的非美国 CVB 接受个体企业成为其会员,而美国 CVB 的这个比例为 51%。

美国 CVB 的公共资金主要来自于地方性的短期税,这种税向游客收取,主要目的是筹集向该目的地未来游客进行营销的资金。通过这种方法收集到的资金可以直接拨给相关的 CVB,或是包括在当地政府为 CVB 提供的资金中。例如酒店房间税(hotel room taxes)在美国从 1950 年开始收取,为会议中心的建设和运作,以及 CVB 的活动提供了资金。调查显示(Gehrisch,2004),88% 的美国 CVB,其总资金的约 3/4 是从酒店房间占用税(hotel occupancy taxes)中获得的。因此,这种为 CVB 筹集资金的税收的重要性显而易见。

美国向酒店收取的最苛刻的税率是 12.2%。平均而言,美国酒店房间税的 54% 拨付给了当地 CVB。其他能为 CVB 运作和/或旅游业宣传提供资金的税收包括汽车租赁税(平均税率为 7.9%),以及餐厅税(平均税率为 7.9%)(Koutoulas,2005)。

虽然对于一些 CVB 而言,为补贴目的地营销费用而征收专门的税款这一理念可能很有吸引力,但是在美国以外,征收短期占用税的制度尚未被普遍采用。Koutoulas(2005)对此提出了一个解释:

> 要想说服当地旅游协会接受这一观点是相当有挑战性的,即征收税款的益处要胜过任何代价,比如使该地成为一个更昂贵的目的地。即使利益相关者和立法者同意收税,要建立一套贯彻征收税款的高效机制也是一项具有挑战性的工作。

因此,在可预见的将来,私人资金来源对于大多数在美国以外运作的 CVB 而言,仍然是必需的。

CVB 使用其资金开展营销活动是本书的一个重要主题,将在后面的章节中详细阐述。

代表购买者工作的中介机构

虽然一些协会和公司使用自己的员工组织会议活动,但大多数购买者还是需要依靠一系列专业中介机构的专业知识和经验。比如有时会议规模大且复杂,需要技术知识,而有时将在远离公司或协会所在地的目的地举行会议,尤其是在国外。

在这些情况下,购买者可能需要利用代表他们工作的一系列中介机构的专业技能和知识。

专业会议组织者(独立会议策划者)

专业会议组织者(professional conference organizer, PCO)是独立的专业会议策划者,以

咨询顾问的方式工作,由协会和公司临时雇佣以组织某一活动或某一系列活动。他们可以提供非常全面的服务,并为此收取费用。这些服务包括:

- 选择、预订和联络场馆。
- 预订并管理与会者的住宿。
- 节事营销,包括设计会议活动项目和宣传材料、公关和媒体协调、向组织委员会和董事会作介绍陈述。
- 会议日程的安排、选择发言人和召开发布会。
- 提供行政秘书处,处理与会者注册工作,招募会议工作人员并向其介绍会议概况的工作。
- 协调与会者的旅行安排。
- 组织包括销售和营销功能的展览。
- 指导并协调视听服务并负责活动产品的制作,包括提供多语种口译和翻译服务。
- 安排社交活动、观光项目和技术参观。
- 对会议过程进行拍摄、录制并制作以供出版,安排海报展示,处理会议摘要。
- 制订预算,管理活动收入与支出,通过赞助、展览会和卫星会议创收,办理增值税和保险事宜。
- 准备与场馆和其他供应商的合同。

场馆寻找服务商

场馆寻找服务商(venue-finding services,VFS),也称作会议选址机构,它们提供的服务要局限得多,但对于那些只需知道在何地可以举办其会议的购买者,这种机构极为有用。这些机构为其客户(最常见的是公司)寻找合适的会议场馆,从而为客户节约了时间和精力。

VFS通常先询问客户一些关于会议活动的具体计划:活动日期、地点、与会者人数以及活动预算,然后再进行必需的研究,列出一些符合客户需求的场馆以供选择,并配有标价,可能还有对每个场馆的宣传册。VFS也能安排客户参观场馆。

大多数情况下,这种服务是免费提供给客户的,因为VFS向被预订的场馆收取佣金。许多会议场馆的大部分业务是通过VFS获得的,因而VFS对于会议场馆而言是非常有价值的重复业务来源。

协会管理公司

管理一个协会需要承担许多任务:吸引新会员、稳定老会员、管理财务和公共关系、代表会员进行游说活动、为会员提供教育和培训机会、公布年度报告、出版协会业务通讯,以及组织年度大会和其他活动。按照传统,这些事务或者由来自协会会员中的志愿者承担,或者如果是大型协会,由驻协会总部的全职全薪的员工承担。

然而,在过去的几十年间,许多协会开始意识到这两种协会管理模式的局限性。一方面,志愿者员工似乎越来越缺乏时间来完成与协会有关的职责,有时缺乏有效执行任务所需的经验和专业知识;另一方面,要聘用全职员工以及租用办公设施对于协会可能是一笔较大的开支。

许多协会对有效、专业的协会管理越来越关注,很多协会开始采纳一种新的协会管理理念——协会管理公司(association management company, AMC)。

AMC是由熟练的专业人员组成的公司,其目标是用高效率、低成本的方法为商业协会和专业团体提供专业管理知识和专业行政服务。基于资源共享的理念,AMC在志愿者组织需要的时候为他们提供所需的专业人员,通常是派专业执行官和行政主管开展每个协会客户的日常运作。

AMC也提供集中化的办公室作为协会客户的总部,这些办公室的开支由该AMC所有的协会及社团客户共同承担。由此,单个协会就不必在其总部和员工上投入大量资金了。

AMC为其协会客户执行的一项关键任务就是为协会会员组织年度大会及其他活动。在这方面,AMC必须雇用像PCO那样具有专业知识和经验的员工。AMC作为会议的协会购买者和会议设施与服务供应商之间的中介机构,正变得越来越重要。

目的地管理公司

大多数大型、复杂的会议的组织者不可能在不使用目的地管理公司(destination management company, DMC)的技能和知识的情况下有效地开展工作,特别是当会议在组织者不熟悉的目的地举行时。这些设在会议活动举办地的中介机构也叫做"地面操作者"(ground handlers),它们凭借自身对目的地的深入了解,包括熟悉提供与会议相关服务的当地供应商,以及对目的地语言和风俗的了解,对会议的策划过程作出宝贵贡献。

因而,DMC代表PCO、AMC和其他会议策划者,为会议提供服务,是当地的主要后勤服务承包人。它们可以提供一系列服务,包括:

- 为会议中的特别活动提出有创意的方案;
- 组织会前及会后的游览;
- 提供贵宾礼仪和交通服务;
- 提供往返交通服务;
- 配备会议中心的员工;
- 安排娱乐活动,例如餐后发言;

- 提供现场注册服务；
- 提供住宿服务。

会议制作公司

对于需要高级专业技术设备和专业知识支持的受到广泛关注的活动，会议组织者经常使用会议制作公司的服务。这一中介机构是有价值的创意和灵感的来源，而为了让会议取得令人难忘的效果，这些创意和灵感是非常必要的，尤其是在产品推出、颁奖仪式和其他激励性活动中。

制作公司能够为会议的成功运作提供创造力和技术知识，它们在以下方面提供的服务尤其重要：

- 设计并印制会议材料；
- 灯光、音响、投影、舞台/布景设计；
- 节目撰稿；
- 视频制作；
- 网络流媒体。

从以上列举的专业服务机构，可以清楚地看到，会议以及其他商务活动购买者能够获取广泛的专业知识和技术支持。

然而，基于前面对中介机构作用的描述，又产生了重要的三点：

- 这些中介机构所起的作用并不总是能够像上面概述的那样被清晰区划。在第11章中也将看到，会议业的术语还远没有达到精确，这种不精确在不同的中介机构的名称上显得最为突出。在多数国家，这些职业都未受到政府的规范，而且大多数与会议业有关的职业之间也没有清晰的界限划分。这就意味着，这些机构为其客户提供的服务范围可能很大程度上超出了其专业知识的领域。例如，许多场馆寻找商、目的地管理公司和会议制作公司会愿意承担原本通常由 PCO 承担的业务，例如为会议管理预算，并处理礼仪及保险等事宜。
- 在许多情况下，为了使会议成功举办，可能有两个或更多中介机构共同工作。特别对于某些活动，PCO 需要利用 DMC 和会议制作公司的专业知识。在这些情况下，PCO 就变成了分包商，将会议策划和制作过程的特定环节指派给其他机构完成。
- 虽然有些购买者可能直接与场馆和供应商联系，但这是特殊情况而非普遍规律。大多数会议的策划需要一个或多个代表购买者的中介机构参与，因此，除了会议活动的实际购买者，供应商常常还必须对一系列中介机构进行营销和协商。接下来的部分将探讨会议业在营销方面的具体挑战。

目的地和场馆营销

前面的论述说明会展、商务和节事行业市场的有效运作依赖于两方面力量的相互作用，即需求方和供应方。会议购买者代表需求方的利益相关者，为节事成功举行提供所需设施和服务的供应商是供应方的利益相关者。

如果会议市场是这些买方和卖方的相互作用过程，那么营销本身是什么？专业市场营销协会的广义定义是：

营销是一种管理过程，负责识别、预测和满足能带来利益的消费者需求。

这一定义能够引发很多重要观点。

营销是一种涉及满足消费者（买方）需求的过程（而不仅是一种或一系列营销技巧）。这一观点基于一种信念：预测消费者需求并最好或/和最先回应需求的那些供应商是成功的，所以这一观点常常被叫做"市场导向"，是现在大多数产品和服务供应商采用的方法。

但是，与许多其他经济领域一样，会议业在早期至少经历了两个营销阶段才采用了市场导向。这种供需关系的演变和早期各阶段的竞争条件有关。这正是下面将讨论的内容。

产品导向

这一阶段的特点是供应短缺，供应商的首要任务是通过增加产量实现销量最大化。只有在卖方市场，即需求高速增长的市场中，商品和服务畅销，这种方法才有效。通常认为，从资本主义开始到20世纪50年代，产品导向是欧洲和美国制造业的主导观点，因为在那一时期需求旺盛，制造业货物短缺。

对于欧洲和英国的会议业，这一时期持续的时间更长，因为直到20世纪80年代，会议场所和其他服务的需求一直大于供应。

销售导向

当供应多于需求时，形成了买方市场，开始有降价的压力，这时就出现了销售导向的潮流。在这种市场条件下，企业集中精力说服消费者购买现有库存，并采用销售、定价和促销策略，但是，很少关注消费者的需求和需要。经济学家认为对于制造业，销售导向时期的起点是20世纪50年代中期。那时在很多产业供应开始大于需求，因为二战结束时，生产军用物资的工厂开始生产消费品。

可是也有人说直到20世纪90年代，会议设施和服务的供应才大于需求。不过那时随着第一次海湾战争全球进入萧条期，这些事件严重打击了各种场馆，造成各场馆有很多空房，因此当时买方在谈判中处于会议市场里前所未有的有利地位。

市场导向

进入21世纪,市场导向成为世界大部分地区大多数经济领域的主流,包括世界范围内的会议业。这种方法使组织的一切战略决策由消费者和潜在消费者的需要和需求决定,这样整个公司的文化就是为顾客创造价值。这种方法不仅需要营销部门,也需要整个供应商机构/组织的全力支持。

采用营销导向背后的理论基础是一个组织越了解和满足消费者的真实需求,就越可能使客户满意,他们会成为回头客,或者/并且向其他人推荐此组织的产品或服务。这一过程需要与顾客建立长期联系。为了确定顾客的需要和需求,组织通常需要进行市场调查,如果调查结果准确,会为公司带来持续的竞争优势。

认识了营销的演变过程,美国营销协会在2004年公布了一个新的营销定义(这是美国营销协会自1935年以来第二次更改其官方定义):

> 营销是一种组织功能和一系列过程:为消费者创造、沟通和实现价值,为组织和利益相关者管理顾客关系以获得利益。

营销作为一个过程(或一系列过程)的概念没有变,因为营销强调顾客满意度和营销为组织带来的利益。不过现在强调的是利用营销管理顾客关系,以及为组织的利益相关者带来更大的利益。

顾客关系管理是本书的一个重要内容,将在第5章详细论述。而为利益相关者带来利益的问题则与CVB的目的地营销尤为相关。

本章前面已提到CVB代表城市、地区或国家的供应商工作。但是,作为一个接受公共资金的机构,它们也要为东道主承担更多的责任(东道主是指在CVB责任范围内生活和工作的人),也要为目的地的自然环境负责。所以可把东道主的全体成员看作是重要的利益相关者,负责本地区营销的组织应该考虑东道主的普遍利益。

当CVB、场馆或任何组织接受了提高社区福利和保护自然环境的更宽泛的责任,并在设计营销方法时考虑了这些责任,那么可以说该组织采用了社会营销导向,这是营销方法演化层次中的第四阶段。科特勒(Kotler)把这一概念定义为:

> 组织应该确定目标市场的需求、需要和利益,并且比竞争者更有效果和效率地满足需求,同时能够保持或促进消费者和社会的福利。(2003:882)

很清楚,对于采用社会营销导向的组织,如上所述,保留了市场导向的内容;但是在这一阶段,向利益相关者引入了新的、更宽泛的责任。

Pike(2004:13)详细解释了社会营销的定义,并强调了它与旅游业(也提到会议业)的关系。他认为社会营销导向遵循市场导向的原则:

但是其运作方法考虑了社会和环境利益。目的地营销组织（DMO）作为东道主、自然环境和商务旅游服务的代表，需要承担如此更宽泛的社会义务。

但是，即使 CVB 或某个场馆在促销活动日程中明显或不明显地采用了社会营销导向，也不能保证目的地所有的利益相关者都能从会议业为目的地带来的积极影响中获利。这一营销方法也不能保证所有利益相关者都能避免会议活动造成的消极影响。

这些积极和消极影响是本章最后一节的内容。

会议业的影响

所有产业和所有人类活动都会产生积极或消极的影响。这些影响主要是指对各个方面的改变，包括经济形势、自然及人造环境、人们的生活质量以及最广泛意义上的社会文化。

每种活动都可能对各种不同的利益相关者带来积极或消极的影响。本节将考察会议业的主要影响。

经济影响

社区开发任何产业的一个基本动力是希望从该产业获得经济利益。通常认为会议业是一个高收益、非季节性的行业，这种获得巨大经济收益的可能性正是一个主要动力，推动很多目的地加入会议市场。但是，以这一领域为目标的社区要得到经济收益，也需要投入大量成本。

很多评论者已经认识到困扰会议目的地的一个长期问题就是：根据市场估量利益和成本。例如 Dwyer（2002：21）指出：

> 几乎没有准确的数据可以用来估计这些效果的具体影响。这很糟糕，因为私人和公共领域的利益相关者需要根据可获得收入的准确信息做出资源分配决策。

无论怎样，一些政府统计机构、旅游局、CVB 和行业协会正致力于评估本国会议业的经济影响。在美国，会议产业联合会（Convention Industry Council，CIC）每年进行一次会议业经济贡献的评估。（见图 1.1）

主要的经济影响如下：

积极的经济影响

外汇收入

史密斯（Smith）（1990：68）引用了一位美国市长称赞会议业带来经济利益的话：

当我们的城市有会议的时候，就仿佛有一架向每个人抛洒美元的飞机飞过。

会议为城市带来旅游收入，这意味着为地方企业带来了"新"消费，例如商店、饭店、娱乐中心和出租车等。不仅如此，当一部分与会者来自海外时，他们还为目的地带来了大量的外汇收入。

对一些依赖于吸引外国收入的国家，一个国际会议可以对该国的经济产生巨大影响。例如，2004年新西兰举行了历时六天的国际律师协会会议，与会者为各国律师。根据浩华管理顾问公司(Horwath Asia Pacific Ltd.)的报告，此次会议为当地经济注入了近2千万新西兰元，报告还显示65%的与会者参加了会前或会后观光活动，在此期间每天消费407新西兰元。

为政府收入作出贡献

会议相关消费不仅为单个公司，也为地方和国家政府带来了利益。会议业为政府收入作出的贡献可以是直接的也可以是间接的。直接贡献是会议业从业人员的所得税、该领域企业运作利润的税收，以及向与会者征收的税，例如机场离境税。间接贡献是那些为与会者提供的货物及服务的关税，例如在会议接待处购买香槟缴纳的增值税(VAT)。

在美国，会议产业联合会(CIC)的成员包括会议和节事行业的15 000多个公司和场所。该局在1949年成立，为成员组织提供了一个寻求产业提升的平台，CIC的作用之一就是向大众宣传该产业的经济影响。

CIC2004年对会议和节事行业的直接消费及其为美国作出的就业贡献进行了宏观分析，此次经济影响调查指出，该行业在2004年的直接消费总额是1 223.1亿美元，在美国国民生产总值贡献排名中位列29，在医药产业之前，仅次于护理设备产业。

该产业消费和税收的影响也体现在地方经济的各个领域，从饭店、交通到零售商店和其他服务机构，为美国人提供了170万的就业机会。根据CIC的调查，在酒店业运营收入的1 093亿美元中，36%以上的收入是会议和节事行业带来的，而航空业的运营收入中17%是与会者带来的。

2004年这一产业的直接消费总额是1 223.1亿美元。直接就业影响是，提供了170万个全职或准全职(full-time equivalent, FTE)工作。直接税收是214亿美元。

协会投资的活动占了三分之二，或者说占该产业全部直接消费中的819.4亿美元。企业投资的活动(包括奖励旅游)占了剩下的三分之一，即403.7亿美元。

会议和商业活动最大的消费(35%)花在酒店和其他设施上。其他消费广泛分散于当地的各个经济领域，例如航空公司(24%)，其他的主要盈利部门是：饭店、户外餐饮部门(14%)和商务服务(12%)。

资料来源：CIC，2005

图1.1 会议产业联合会2004年经济影响调查

带动就业

不断壮大的会议业创造了大量的就业机会。作为服务业的一种,这一产业是劳动密集型的,例如,在酒店和运输领域和本章前面提到的各种供应商和中介机构代表的与会议相关的专业行业长期雇用大量从业人员。尽管在统计分析中,与会议相关的就业常与旅游和休闲产生的工作结合在一起,但是它仍然有稍微不同的表现模式,尤其是它的季节性特征不明显。

刺激投资

会议业的发展能够促使国家和地方政府改善基础设施,例如更好的给排水系统、道路、电力供应、通讯和公共交通网络,所有这些都可以提高居民的生活质量,有利于目的地会议业的发展。另外,其他产业也可能被良好的基础设施吸引来,从而带来各地梦寐以求的内向型投资。

消极的经济影响

人们逐渐认识了会议的积极经济影响,并且对会议业本身也越来越感兴趣,不过会议业的发展和运作仍然存在大量潜在成本,这可能为目的地带来一些负面的经济影响。

基础设施成本

会议业的开展需要发展基础设施,这需要国家和地方政府(扩大说就是纳税人)在举办第一次会议以前就长期投入大量资金。为了使目的地能够接纳大量的与会者,政府必须发展航空、道路和其他基础设施。可能也需要对会议中心、酒店投资商等实施税收优惠、投资奖励和其他财务优惠措施。

这种政府支出可能带来巨大的"机会成本",因为公共资源用于补贴基础设施或税收优惠上,这可能减少政府在其他重要领域的投资,例如教育和健康。

促销成本

在一个竞争的世界,目的地必须与其他目的地竞争,以吸引会议和其他商业活动,因此本章前面提到的目的地营销组织常常采用促销的方法。目的地可能把自己作为一个休闲目的地向会议购买者和中介机构促销;或者把自己塑造为另一种形象。无论哪种方法,大多数国家和城市都有各种形式的旅游组织或会议局承担这一工作。

这些组织的建立和运作成本对于某些国家可能会耗尽它们的公共资源,特别是当这些组织的办公室必须在海外市场运作时,而这是很常见的情形。例如,挪威会议旅游局为了促销本国,在伦敦、纽约、巴黎、布鲁塞尔、斯德哥尔摩、米兰、马德里、科隆和东京设立了办公室。对于一个发展中国家,支持这种分布于世界各地的办公室网络会带来严重的财务负担,然而很多国家仍然做出这样的努力以期把会议吸引到它们的城市。

资金外流

成为会议目的地以后,发达国家通常比发展中国家更容易从中获利。原因之一就是会议在该国举行以后,发达国家有能力留住会议带来的大量消费。

Dwyer(2002)强调需要认识到不是所有的会议支出都能留在举办会议的目的地。"资金外流"就是指举办地流失的收入,因为一部分收入"外流"到其他地区或国家。这有很多情况。例如,国际会议与会者的消费带来了经济利益,但是大量消费可能成为国外航空公司或本国以外国际连锁酒店的利润,因为与会者使用了这些服务而不是当地的住宿和航空服务。同样,需要从国外进口货物的国家,为了服务会议业,也会遭遇经济利益的外流。例如,一个国家为了建设会议设施,需要进口建筑材料、酒店设备和家具,这自然会流失一部分会议业带来的利润。

大的发达国家有先进而完备的经济结构,资金流失最少,因为建立自主的会议业所需要的资源和设备,它们都能自己生产。结果就是,那些最不发达的国家最需要会议业带来收入、就业机会和生活水平的提高,但是这些国家通常也是最没有能力实现这些利益的目的地。

环境影响

会议和商务节事行业能够成功运作,自然和人为环境的质量是非常重要的。与会者希望到一个干净、有吸引力的地方,当会议有动机因素,例如举办奖励会议时,这一点就尤为重要。但是会议业与环境的关系是复杂的,既有积极影响也有消极影响。

积极的环境影响

在最基础的层面,举办会议的乡镇和城市需要保证硬件环境清洁、整齐、健康。就像在自己家里招待客人时,需要打扫一下房间。

会议策划者知道与会者希望会议地点至少像他们的家乡一样干净和有吸引力,当然不会选择在一个不干净、低层次的目的地举办活动。

会议业不仅使城市自然环境和人为环境质量的保持成为必需,也为环境发展和保护作出了贡献,因为会议业能促使目的地做出有利于环境的努力。例如,世界各地的很多城市,其再建项目就是在荒废或被忽视的地方建设新的会议中心。如,于 1995 年开放的爱丁堡国际会议中心(EICC),是该市外汇交易区重建的代表,这一地区曾经是爱丁堡的荒废地区,现在整个地区以与 EICC 相关的产业为主导,焕发了生机。同样,圣地亚哥希尔顿会议中心酒店,贯穿圣地亚哥会议中心,建立在前坎贝尔造船厂的原址上。在清理发展酒店以前,坎贝尔造船厂已经被废弃并且污染严重,现在圣地亚哥希尔顿会议中心酒店是该地再建项目的一部分。

会议业对城市保护计划也作出了巨大贡献,特别是将本该摧毁的建筑转化为会议中心。从私人住宅到宫殿和工厂,无数有价值的建筑通过转化为会议设施而被保留下来。渥太华市政府的会议中心是这种保护的杰出案例。该中心是由该市以前的联合火车站改造成的,该车站最初设计的候车室很有艺术风格,仿照古罗马浴场而建。

消极的环境影响

会议业作为一个现代的"知识产业",给人的第一印象是几乎不会造成环境问题。毕竟,它没有工厂的烟囱,不向河水或土地中排放化学药品,它的整个运作只需要使用电脑或照相机这样的机器,而这些机器相对来说只消耗很少的能量。

但是仔细考察以后,会发现这一产业的确会产生许多不良的环境影响。一些消极影响与举办会议所需的基础设施建设有关。全世界都有这样的例子,从纽约州尼亚加拉瀑布的会议中心到西班牙圣塞巴斯汀城的游乐会议中心(见第 5 章)都是在设计或选址上有争议的场所。

会议本身也经常遭到批评,因为使用自然资源,尤其是纸张。例如,向 500 个与会者提供会议信息(会议项目、与会者名单、演讲者的材料等)所需的纸张就占用了大量自然资源。意识到这一点和其他形式的浪费,一些场所已经开始向会议策划者提供如何减少浪费的建议(见图 1.2)。

但是,现在人们普遍认为,会议业对自然环境造成的最大破坏是能源使用和参加会议途中产生的污染,特别是参加国际会议带来的污染。大多数与会者搭乘飞机参加国际会议,这对高层大气造成的不良影响远大于地面运输的影响。经济全球化促使人们越来越多地参加跨国公司的活动,这与协会会议的情况一样,国际和地区协会的年会也大大增加了航空运输量。

Høyer 和 Nœss(2001:467)提出了他们对这一问题的忧虑:

> 参加国际会议带来出行增多,这是后工业社会交通方式改变所带来的最严重的环境挑战。地方交通带来的环境问题已经得到人们的重视,而与工作相关的长途旅行问题却没有得到人们的关注,这很矛盾。人们参加一个会议的交通量通常比一年里为其他目的出行的交通总额都多。

当然,现在为休闲出行的交通量也在增加,例如度假,拜访朋友亲戚,业务延期或者与会议相关的旅游等,这些都掩盖了国际会议业对目前全球气候的威胁和影响。

公众对会议相关旅行造成全球变暖的意识正逐渐增加。英国政府宣布 2005 年在苏格兰格伦伊格尔(Gleneagles)举行的八国峰会将是"不影响气候"的。为了补偿八国峰会与会者出行所产生的温室气体,政府在非洲投资了 5 万英镑的绿化项目,以抵消峰会产生的环境成本。

毫无疑问,在国际会议出行要求与节约能源、防止全球气候恶化之间找到平衡,将继续是会议业未来面临的主要挑战之一。

EICC(爱丁堡国际会议中心)网站为会议策划者提供了许多方法,使活动更加环境友好型:

会议前

- 制作宣传册时,使用可回收利用的无氯纸张。确定纸张是用回收材料制作的——可检查是否有 NAPM 标识。
- 向与会者提供前往目的地和场馆最便捷路线的信息。
- 考虑一下与会者参观城市的交通路线——使用公共交通,如果可能,安排低排量的客车。
- 当策划展览时,考虑一下展览材料如何再利用或循环利用。
- 组织会议时,采用环境友好型的沟通和促销方法,例如使用电子邮件和网站。
- EICC 也能够提供可再次使用的水杯。
- 考虑减少活动中产生的二氧化碳排放。

会议中

- 记住 3Rs——减少(reduce)、再利用(reuse)、循环(recycle)。
- 考虑建筑中使用的能源——例如,房间不用时关掉电灯。
- EICC 能够回收没有用过的纸(non-contaminated paper)和废弃的纸盒。请别忘了向会议策划者询问此事。

组织者办公室的建议

- 双面复印。
- 在用过的纸上复印或传真。
- 不要打印不必要的电子邮件。
- 草稿和内部文件打印在用过的纸上。
- 把废纸片订在一起制作自己的记事本。
- 只打印必需的东西。
- 确定做过校对以避免打印错误。
- 保证没有误印空白页。
- 确保打印机/复印机旁边有回收箱。
- 一旦有错误知道如何停止打印。
- 当复印,特别是大量复印出现错误时,知道如何停止复印。
- 打印时在可以的地方使用小字体。

资料来源:www.eicc.co.uk

图 1.2　爱丁堡国际会议中心为使会议环保提供的建议

社会和文化影响

由于大多数会议会为目的地带来大量外地与会者,因此,会议期间"主人"(当地居民)与"客人"(与会者)可能发生接触。很多情况下,与会者的外貌特征、穿衣方式等可见的外部特征以及信仰和教育水平并未区别于当地居民,在这种情况下,社会和文化影响最小。但是主客之间在生活方式上通常存在较大差异,可能会对双方带来积极或消极影响。

积极的社会和文化影响

很多文献中提到旅游业的社会文化影响,说明当两组不同的人群相遇时会产生很多利益,同样会议业也会带来这些利益。"主人"和"客人"之间开放而平等的交流可以促进相互理解,增加观点交流。接触不同的文化传统是一种进步和提高的经历,例如发展中国家的居民看到女性与会者与男性同事平等交流。

不仅如此,大多数会议上与会者发表观点、进行讨论,其本质就是让人们分享信息并产生智慧的火花。这是会议业最重要的益处之一,一种无形的利益,但是绝不应该认为这是理所当然的。

消极的社会和文化影响

然而大量的人群涌入目的地,还是会带来不良影响。

当主客之间的生活水平有明显对比时,很容易产生最糟糕的影响。必须记住,很多会议和节事活动在一些目的地的会所举行,而当地有相当一部分人生活相对贫困,并且住在举行会议的豪华酒店和会议中心附近。

本地居民很容易认为与会者是有特权的外来者,这使当地人特别关注自身的贫困和艰辛。当与会者很多甚至到处可见时,这种想法就更多了。如果本地人有这样的想法,奖励团队就特别容易受到攻击。Davidson 和 Cope(2003:183)说:

> 在参加会议或交易会的情况下,游客大多数时间在房间里,专心于与工作相关的活动。相反,资金充足,尽情享受休闲时光的奖励旅行团,则可能与当地人的生活方式和价值观形成强烈对比。

本地居民和暂住的与会者之间的强烈不平等可能会产生一种紧张气氛,在会议期间随时可能爆发冲突或出现犯罪。在不熟悉的环境下,与会者很容易成为受害者,遭遇偷窃、抢劫、诈骗等。与会者本身也可能利用其在经济上的优势,以及在目的地短期匿名逗留的优势实施不良行为。

本 章 小 结

　　本章介绍了会议业的方方面面。会议业是经济活动中一个相对年轻的领域,有复杂而广泛的利益相关者。其中一些利益相关者的收入并不完全依赖于会议业,如交通运营商。会议业的需求非常多,因此也有各种供应商,为承办和组织会议提供设施和服务。在很多情况下,目的地营销组织有责任把目的地作为一个整体进行促销,将所有供应商联合起来为买方服务。营销技巧本身随着时间推移变化,现在流行的技巧包括重视消费者和整个社会的利益,而不仅是供应商和股东的利益。但是会议业,和其他产业一样对经济、环境和在会议目的地工作生活的人们有各种积极和消极的影响。真正成功的会议业应该管理得当,使利益相关者的需要尽可能得到最大程度的满足。

案例分析 1.1

Access 2005,维也纳

　　奥地利首都维也纳是一个举世闻名的会议目的地。ICCA(国际大会和会议协会)公布的2005 年世界最知名会议城市排名中,维也纳排名第二,仅次于巴塞罗那,在新加坡、柏林、香港之前。根据同年 UIA(国际协会联合会)的排名,维也纳也是第二位,在巴黎之后,巴塞罗那和日内瓦之前。奥地利本国也是一个成功的会议目的地,出现在 2005 年 ICCA 和 UIA 全球十大国家排名表上。据估计,会议为奥地利带来的额外价值大约是 10 亿欧元。2004 年维也纳的会议业承办了 1 633 个节事,共有 888 000 夜次的住宿,是维也纳全部住宿夜次的 10.5%,产生价值 4.56 亿欧元。

　　在成功地成为国际会议目的地的背景下,2005 年 10 月 3 日和 4 日,会议业的年度交易展在豪华的霍夫堡会议中心举办。这是该年度交易展第二次举办,吸引了无数奥地利国际会议和奖励旅游产业的利益相关者。

　　该节事在 2005 年有特别的意义,因为在 2006 年上半年,奥地利将开始其在欧盟的任期,为此,当时有 130 个会议和研讨会计划在奥地利举行(MTS, 2005)。

　　年度公展活动(annual Access event)是由五个组织合作策划的,它们对奥地利城镇能被选为会议目的地有很大兴趣。这五个组织是：

- ABCN(Austrian Business Convention Network)，奥地利商务会议网络，是奥地利国家旅游办公室的商务旅游分支机构。
- 奥地利会议局(ACB)。
- 奥地利航空公司。
- 圆桌会议酒店营销协会(RTK)。
- 维也纳会议局(VCB)。

召集会议业的买方和供应商参加这一为期两天的活动，公展的目的是为企业和协会购买者提供奥地利城市和场馆的信息，这些城市和场馆都活跃在国家和国际会议市场。作为一个平台这一活动带来了新的业务，也使供应商有机会展示奥地利独特环境下的联系网络，从而与会议业其他的目的地和场所建立联系，并且在培育更多长期业务关系的同时，接触新的潜在顾客。

广泛的利益相关者

Access 2005 吸引了 189 个奥地利参展商，包括会议中心、会议酒店、CVB 和其他会议业的供应商及中间商(诸如翻译公司、器材供应商、目的地管理公司)。观展商则有 1 300 个以上。买方包括来自 17 个国家的国际观光客。最大的国外参观团来自德国，有 150 个代表。德国市场对于奥地利的国内会议业是非常重要的。

在 1 300 个观展商中有来自 16 个国家的 300 多个招待的买方和媒体代表，他们作为交易展的嘉宾来到维也纳。俄罗斯和匈牙利是 2005 年购买者项目(hosted buyer programme)中第一次参加此次活动的国家。

根据 Access 2005 的目标，观展商被定义为专业人士：

- 组织者；
- 策划者；
- 顾问或决策者。

并且他们在如下领域组织、策划、当顾问或决策：

- 会议；
- 大会；
- 奖励旅行/项目；
- 国际大会；
- 产品发行及展示；
- 人员培训；

● 商务旅行、特殊节事等。

接受公展购买者项目的买方将享受全免费的活动，包括机票（由奥地利航空公司赞助）、在维也纳的酒店住宿、参加培训及联谊活动以及与一部分优秀的奥地利参展供应商见面。

Access 2005 的一个重要成功之处是公展学会（Access Academy），第一次组织公展学会是作为产业内知识转化的手段，它通过一系列展示、研讨会和讨论组，让业界代表、大学教授和其他专家讨论、激发各种想法。本次的主题是"树立品牌（brand not bulk）——如何为事件成功定位"，发言者从实践的角度讨论了品牌形成的基本步骤。进行主题发言的是日内瓦和达沃斯国际经济论坛组委会主席 Andre Schneider，他的发言十分精彩。

交易展安排的一个交际娱乐项目为专业观展商和参展商营造了一个有效的联谊环境。"奥地利欢迎"之夜在富丽堂皇的美泉宫（Schonbrunn Palace）举行，并在橘园（Orangerie）为客人准备了丰盛的奥地利风味冷餐会。

在阿可特温贝格场馆举行的"Access 之夜"非常热烈，客人们随着爵士乐手 Mat Schuh 和 Max-Hagler 管弦乐队的音乐欢舞到凌晨。这两次晚会的完美举行向 Access 2005 的观展者成功证明了奥地利国内会议和节事产业的效率。

随着最初两年公展的成功举行，今后这一盛会对于奥地利会议业的国内和国际决策者来说仍将是一个重大节事。

复习与讨论题

1. 讨论一下会议和旅游局营销目的地与汽车制造商营销汽车的主要不同。

2. 自 20 世纪中叶，伦敦就是一个知名的会议目的地。对于伦敦这样的城市，它现在的营销方式与 50 年前有什么不同？

3. 有观点认为，会议为目的地经济带来的积极影响有时掩盖了会议为目的地其他方面带来的消极影响。请讨论这一观点。

参考文献

Boone, LE and Kurtz, DL (1998) *Contemporary Marketing Wired*, Dryden Press

CIC (2005) *The 2004 Economic Impact Study*, Convention Industry Council

Davidson, R and Cope, B (2003) *Business Travel: conferences, incentive travel, exhibitions, corporate hospitality and corporate travel*, FT Prentice Hall/Pearson Education

Dwyer, L (2002) 'Economic contribution of convention tourism: conceptual and empirical issues', in Weber, K and Chon, K (eds), *Convention Tourism: international research and industry perspectives*, The Haworth Hospitality Press

Gehrisch, M (2004) *Emerging Meeting & Business Travel Trends for 2004*, DMAI

Harrill, R (2005) Fundamentals of Destination Management and Marketing, IACVB

Høyer, KG and Nœss, P (2001) 'Conference tourism: a problem for the environment, as well as for research?', *Journal of Sustainable Tourism*, 9, 6

Kotler, P, Bowen J and Makens, J (2003) *Marketing for Hospitality and Tourism*, Prentice Hall

Koutoulas, D (2004) *Benchmark Survey of Convention & Visitors Bureaux*, Koutoulas Consulting

Lawson, F (2000) *Congress, Convention and Exhibition Facilities: Planning*, Design and Management, Architectural Press

MTS (2005) 'Access to success – successful meetings in Austria', press release from Marketing Tourismus Synergie GmbH

Pike, S (2004) *Destination Marketing Organizations*, Elsevier

Smith, GV (1990) 'The growth of conferences and incentives', in Quest, M (ed.), *Horwath Book of Tourism*, Macmillan

Spiller, J (2002) 'History of convention tourism', in Weber, K and Chon, K (eds), *Convention Tourism: International Research and Industry Perspectives*, The Haworth Hospitality Press

Weber, K and Chon, K (eds) (2002) *Convention Tourism: International Research and Industry Perspectives*, The Haworth Hospitality Press

WTO (2004) *Survey of Destination Management Organizations Report*, World Tourism Organization

第 2 章
目的地营销环境

本章概要

本章研究一系列影响会议目的地营销的关键问题与当前潮流。

本章内容涵盖:

- 去媒
- 目的地营销还是目的地管理
- 产品开发与投资
- 资金筹措
- 残疾人士通畅渠道
- 危机沟通与问题管理

案例分析:

- 肯特会议局与"场馆黄页网"(Venuedirectory.com)
- 利物浦地区 2005—2008 年目的地管理规划
- 佩斯会议局"超越屈从"项目
- 多伦多应对 SARS 暴发威胁的危机管理策略

学习目标

完成本章的学习后,您应该能够:

- 解释去媒概念及其对会议和节事领域的影响
- 了解目的地营销组织的职能演化过程及其在目的地营销与管理中的职责
- 理解投资目的地会议"产品"的需求与相关问题
- 理解目的地营销组织(DMO)面临的财务与商业压力
- 从伦理道德和机遇的角度评价针对残疾人士通畅渠道问题的积极方法
- 定义有效的危机管理策略的特征

导　言

有关市场营销的广泛性原理也许多多少少是恒定不变的，但是撇开关键转折点和优先考虑的一些变化，有一点是毫无疑问的，那就是它们的实际运用是极具动态的。它必须考虑到新政的影响，比方说那些对客户关系管理和客户数据库开发的影响（详细叙述见第5章），还必须对蜂拥而至的政治、社会、科技变革保持高度敏锐和有效回应。同时，它也必须关注产品与服务中的创新与提升，这在营销活动中是一项重点。

如果我们要营销的"产品"是洗衣机、零售批发商店或最新的家庭保险组合，则上述的这些因素可能不那么重要，因为这些产品已被明确定义，并且是相对稳定的。但如果营销的对象是目的地——一个生动的、充满变数的多元整体，则这些因素个个都是极其重要的。有许多热点问题、挑战和机遇摆在当今会议业面前，如何在此背景下进一步提升会议目的地建设，是一个值得探讨的问题。绝大多数的目的地营销都具有统一的规律，无论它地处南半球还是北半球，在发达国家还是新兴的发展中国家，都会面临同一类问题，并且目的地必须去理解和着手处理它们。并且现在此类问题愈来愈得到重视，因为有更多的会展目的地加入到市场中来。当前，世界上有200多个国家在竞争会议市场的份额，而且一些新兴的目的地将它们的发展模式纷纷往世界顶级成功的会议目的地上靠。国际协会联盟（UIA）和国际大会和会议协会（ICCA）发布的统计，清晰地表明了这样一个趋势，一些新兴的会议目的地，诸如开普敦、上海和圣地亚哥（智利）正在雨后春笋般地涌现，并且这一趋势还在持续。

因此本章研究了许多当前目的地面临的最重要的热点问题和趋势，包括它们如何营销自己来吸引会议（但是关于一些目的地品牌热点问题，我们还是留待第4章作进一步讨论），无论它们是老牌目的地，还是近几年新兴开发的目的地景点，它们都要面对这样的问题和趋势。第3章我们则对会议场馆的营销环境作进一步分析。

去媒

去媒(disintermediation)是一个 21 世纪的最新术语,顾名思义是去除媒介(即中间人)的意思。一个很典型的例子就是,当消费者在制定旅行计划或者为他们的假期预订旅行产品时,他们现在可以在舒适的家中或者办公室里,通过网络搞定许多工作。人们去闹市旅行社订购的这种传统方式被大大降低、减少,甚至完全颠覆,他们已经从传统的订购过程中解脱出来,或者说经历了去媒过程。因为客户只需通过合适的网站就可轻松完成预订和交易。旅游代理业此时不得不重新审视一下他们的经营模式和顾客服务,在网络影响还不是太大的情况下,如何将潜在的负增长扭转成为正的增长。Davidson 和 Cope(2003:62)说过:

> 在商务旅游业的分销链中,如果认为电子商务与商旅代理是完全独立且相互排斥的两个媒介,那当然是错误的。目前,一些大代理商已率先将网络技术应用到自己的业务中,以提升客户服务。

与旅游代理商一样,在目的地营销组织中,诸如 CVB、会议部同样扮演了中介的角色。它们身为业务经纪机构,寻找着需求方与供应方的对接口。需求方急于向会展目的地寻求诸如预订会议中心、获取当地信息与建议、向地方政府争取该项目的权益支持的服务。而供应方诸如会议局成员或目的地营销组织则正急于提供此项服务。这就是目的地营销组织的职能——充当中介媒体;保管会议目的地信息;代表会议目的地的官方声音以及成为中立的担保人;提供精确的会议设施、服务以及所有“产品”的信息。但是科技的变革使其他供应方也能提供与目的地营销组织同质的服务,有时甚至是提供效果更好、效率更高的服务。因此,目的地营销组织正面临着被去媒的风险。

技术带来的影响可以通过供应商提供会议地搜索服务的例子作很好的诠释。许多营销组织的核心业务是处理和答复问讯,充当客户(需求方)和会议地(供给方)的中介,在信息互通和搭建伙伴关系中寻找完美契合。就一些规模较大、流程较复杂的项目而言,它们仍旧需要此类中介提供目的地层面的回复。而规模较小的会议项目则对此项服务的需求下降,因为技术手段可以替代人工从而使人力资本最小化(详见第 9 章波士顿会议局和爱丁堡会议局中的系统运用)。因此,对于那些只能提供单一服务的目的地营销组织而言,将极有可能面临被去媒的威胁,它们的生存也将岌岌可危。

然而,目的地营销组织与潜在的技术去媒机器为了互利强强联合的可能性仍然存在。这将在英格兰肯特会议局与“场馆黄页”之间建立的战略伙伴关系中得到论证(见案例分析）。

去媒，这将是目的地营销组织持续面临的课题。这不仅源于技术变革，还源于一些私营企业正以一种成功的商业发展模式提升自身的代理实力，提供了传统意义上应由目的地营销组织提供的服务。与此同时，私营企业的行为也引起了正寻求预算缩减的政府当局的注意；对于那些地方目的地营销组织，过去需要通过政府补贴来为需求方提供的服务，现在可以通过更高效的外包，或者以一个更合意的价格向其他地方购买。这些服务包括安排住宿或预订客房、提供营销附属产品和目的地简介。

温哥华旅游局总裁兼首席执行官瑞克·安德森在2003年举行的英国会议目的地协会年会的讲话中说：

可以说，会议局的作用在将来面临的最大威胁是它们仍墨守成规，因为它们的这一套在现在已经行不通了。不仅仅是由于科技变革带来的影响，而且还来自于一大批富有创见性的企业家的经营方式所带来的冲击，它们已经替代了传统理念上会议局才能带给人们的价值。

案 例 分 析

肯特会议局与"场馆黄页网"(Venuedirectory.com)

肯特会议局(www.conferencekent.co.uk)展示了为数近55个会展场地，遍布整个英格兰东南部的肯特郡。"场馆黄页网"是一个在线的会议场馆搜索引擎，它几乎囊括了世界上大多数（约400个地区）我们所能知晓的会议宾馆和展馆的设备数据资料，浏览者可以按特殊的地点或特别的要求搜索符合个性需要的特别会议地点。"场馆黄页网"还为浏览者建立了除主页以外的"客户专署"个性化页面，提供了一系列会议目的地、宾馆联盟以及会展业供应商的信息。

肯特会议局是英国第一个率先实现了与"场馆黄页网"对接（每年需为此项服务支付年费）的目的地营销组织，并从"场馆黄页网"处获得了完全个性化的页面营销服务。因此，肯特会议局通过整合肯特会议局网与"场馆黄页网"堪称卓越的数据分销技术所带来的操作优势，实现了真正覆盖所有会议成员的专业搜索引擎。搜索过程是以顾客导向的个性化选址服务。例如，不单是搜索"东南部"然后点击"肯特"，个性化的搜索使浏览者可以在肯特郡内搜索到任何一个镇或方位。且客户不仅可以按场馆容纳力，还可以按多元化的标准来搜索。

　　肯特会议局从协作中获益匪浅。肯特会议局旗下不少于 55 家成员会馆的信息将在肯特会议局网和场馆黄页网上被以同样方式刷新、储存和展示。这些场馆可以在任何时间在线更新和修改他们的信息,包括提供增值服务。如果他们需要,也可以向"场馆黄页网"单独申请完全服务,当然这不是必须的。与此同时,他们也会在互联网上收到来自会展组织方的问讯(项目申请或 RFPs——详见第 9 章)。

　　身为团队经营方的肯特会议局,不仅在监管整项活动流程中收获了管理经验,而且通过卸下更新场馆信息和增值服务的职责,大大减轻了其人力资源的压力。另一项好处在于实现了全部场馆样本的分类统计,同时只需拨打 0870 就可对肯特会议局网上的任何一家链接成员进行电话追踪和报道。

目的地营销还是目的地管理?

　　目的地营销组织日益增加的作用之一是加强对目的地的开发与管理的职责。尽管推广目的地和销售目的产品仍然是目的地营销组织的重要任务,但是仅仅如此已经不能跟上时代的发展。目的地营销组织还需要承担起为其产品作定义和确定其将来发展方向的职能,这项职能已经超越了目的地营销的范畴,而更像是目的地管理,开发新的更符合客户需求的目的地产品,建立目的地新形象。目的地营销组织必须直面市场,了解客户需求,用全国性或者全球化的视角定位目的地的特质与产品。

　　在 20 世纪 60、70 和 80 年代的英国,许多主要的会议目的地都被设在海滨胜地,其会议大厅和设施往往都是 19 世纪维多利亚鼎盛时期建造而成的。在 20 世纪 90 年代和 21 世纪初期,大批此类的目的地由于无法吸引到目的地宾馆、旅游景点以及基础设施建设的投资,使之无法紧跟市场脉搏,无法满足日新月异的需求和更高的消费者预期,而被挤出了会议市场。目的地管理的失败和市场意识的缺失是其失去大量市场份额的主要原因——它们的目的地产品不再符合客户需要了。

　　目的地管理不仅仅是对实体产品(比如场馆、宾馆、交通运输、旅游胜地)的管理,而更应关注如何在目的地内部建立战略伙伴关系(见第 10 章),深化教育和培训,提升会展目的地劳动力技能,使其能为业界人士提供更高效与专业的服务。目的地管理同样也在其他领域扮演重要角色,如塑造公众对会展业经济重要性的理解与认同感。它涉及与当地的决策和规划部门的沟通,以确保它们可以实施合适的产品投资项目而不是搁浅它,同时积极寻求潜在的投资者洽谈,以刺激和吸引新项目融资。目的地管理同时也代表着推行可持续发展政策,以寻求旅客访问和环境污染最小化之间的平衡。此项政策经常关注于交通问题,比如推进"停车与驾驶"方案就是鼓励游客和居民将车辆停靠在城市外围专设的停车场内,然后利用公共交通工具进入到市中心。类似的一些政策,还包括了鼓励主要会议场地引入废品管理和回收机制。例如:

在英格兰的哈罗盖特,哈罗盖特国际中心(HIC)向前台职员引入了一些培训项目,包括节源、循环利用、为会议签订者和展销者提供免费的建议支持。哈罗盖特国际中心在当地还成立了一个废品管理公司,专门探索废品的回收利用。可喜的结果是废品总量减少了,并且"中心"声称现在已将95%的废品回收。大量木纸板被现场打包运往苏格兰,投入石膏板的制造。2003年11月哈罗盖特国际中心因其在节能上的成功还被能源组织授予了专业资格鉴定奖,此奖项嘉奖了其职工在节约能耗和引入高效能源系统方面的杰出贡献。

瑞克·安德森在2003年举行的英国会议目的地协会演说中,给出如下在温哥华目的地管理中的实例:

多年前,我们温哥华旅游局发现,我们的出租车服务毫无规章。如果你们中任何人有幸在北美坐了一次出租车,您不可能不遇到一些麻烦。这就犹如在一顿大餐的最后上了一道残羹冷炙,您离开的时候留在记忆里的往往是那道残羹冷炙。这在旅行者的经历中可以找到相似的情形。他们可能在旅游胜地度过了一段完美的时光,然而在回程去机场的路上遇上了糟糕的经历。这会使旅客的记忆被全部定格在那最末的不愉快经历上,就如同那道残羹冷炙。我们不可能事无巨细地顾及到旅客出游的每一个细节,任何人都不能,都会力不从心。于是,我们会议局开展了一个"出租车东道主"的项目,7 000多名出租司机参与了该项目。项目包含了三个阶段,其中第二个阶段的最低要求是能成功在温哥华机场打到出租。我们真正做这些事的时候感觉到有些困难,正如一些朋友说的:"那是目的地管理的事,不是我们会议局的事。"但是我们环顾四周,发现没有人在做这些事。要知道那些游客是我们的客人,他们经历了不愉快的旅程,所以我们有责任一起加入到目的地管理的建设中来。

目的地营销组织的作用绝不能再仅仅局限于狭窄的销售与营销领域,它必须超越以往,确保其产品与客户需求相关,新产品不断上线,将目的地真正置于经营管理中,跟进处理那些曾使旅客有过不良经历的事件,以改善目的地形象。DMO的全称正逐渐从"目的地营销组织"(destination marketing organization)成为"目的地管理组织"(destination management organization)。

　　案例分析 2.1(见本章末)展示了利物浦(英国)城市区域 2005—2008 年目的地管理计划,并概述了该目的地如何解决管理和营销需求。该计划为长期决策中的目的地需要做些什么提供了借鉴。

产品开发与投资

　　前一部分提到对会议目的地实体产品和基础建设持续投资的重要性,只有这样才能紧跟瞬息万变的市场步伐,保持并且增加市场份额。这对于所有的目的地来说,都是一项持续的挑战,一方面要吸引合宜的投资,另一方面又要满足日益增长的投资者对投资回报的需求。

　　投资模式和趋势在国与国之间存在差别。例如,英国在过去二十年中,大量的会议业投资项目涌入城市。投资从制造业向服务业的转移,帮助实现了经济的多元化。

　　伯明翰(Birmingham)是目前英国顶级的会议及商旅目的地之一。1976 年其毗邻于伯明翰"爱墩机场"(现已更名为"伯明翰国际机场")的国家会展中心落成,使其向会议业迈出了重要的第一步。机场的更名本身就标志了城市经济多元化的转变,服务业成为其中必不可少的一部分。旅游业在在此过程中起到了催化剂的作用,使大量投资涌入新兴宾馆、旅游景点、饭店、零售业、交通设施以及其他更新换代项目。

　　目的地要在正确的地点吸引正确的投资,既符合当今需求,在未来也不落伍,是一项具有极高技术性且需协调多方的策略。很少国家能够从国家整体投资规划的角度给予会展业未来如此具有投资前瞻性、策略性的建议。绝大多数国家仍然把问题留给了个体目的地与投资主体,由他们来决定把钱花在哪儿和哪些设备需要更新。这也就可以解释为什么一些新场馆布局的不合理,或者与当地现有的设施相冲突。这对新建场馆和已有的设施都造成了不小的困扰,减少了双方的交易机会而不是为目的地带来新的商机(见 Rogers,2003)。Tress 和 Sacks(2004)在谈及一系列美国小城镇的会展设施中说道:

　　　　这些小城镇出资数百亿美元在竞标中投资新建或扩展会展中心,以期在国家会展市场上获得相应的经济回报,然而他们的努力却并没有满足与会者的需求。问题的根源在于,他们深信只要发展会议中心就是经济增长的万全之策,而从来不考虑城市整体旅游配套措施。他们的失误在于不了解会议的组织者不仅仅需要一个宽敞的大厅去展示他们的项目,他们更需要主办城市提供心驰神往的宾馆、平易近人的饭店、内涵丰富的设施、无所不及的交通枢纽,甚至还包括舒适的气候。简而言之,会议中心需要的是一个商务与休闲旅行兼具的目的地,以使参会的商务人士感觉到除了参与商务会议外还有许多吸引他们光顾此地的理由。那些认为仅仅筹建会议中心就足以使城市经济繁荣的人,将很有可能会失望的,除非他们把筹建设施放在一个更宽泛的城市整体规划里,那样才能吸引到更多游客的光顾。

目的地需要建立的是一个平衡的会议产品,并能够与目的地市场的主要目标商务群体相适应。假设目的地需要建造一个容纳力为 2500 座位的剧院式会议专用中心,则相应需要至少约 8000 间客房的床位储备(假设每年平均占有率为 70%)才能满足会议需要。同时,也需要考虑住宿条件的标准级别,比如一些会议需要经济型住宿(如经济型客房、2 星级宾馆),而另一些则具有更高的需求——3 星级、4 星级或者甚至是 5 星级。客房的地理位置同样也成为一个考虑因素,毗邻会议中心对与会者和组织者来说是一个非常有竞争力的优势,因为宾馆至会议中心的距离近能使他们既节省时间又节约交通成本。

近几年来,一些迹象表明会议设施存在超额供给,尤其是在美国,这种现象尤为突出。会议中心不能吸收足够的业务,结果是投入大产出小,成为奢侈的负担。Tress 和 Sacks(2004)引用了这样一个城市的例子:

> 今年(2004 年)该城新建的会议中心预期只能吸引 23 场会议,比上一年少了约30%,同时预期在 2005 年能有小幅增长。自 2003 年 5 月正式开馆以来,尽管投入了多达 75000000 美元,该会议中心上一年(2003 年)承接的项目中只有不到 10% 属于大型会议,其余都为消费品、体育、文化用品展览,且其中没有一个商务活动能对财政经济产生重要的影响——就像真正的大型会议那样吸引到成百上千的商旅住宿。

Tress 和 Sacks 引用了贸易展每周调查公司的调查结果,为我们提供了供给增长的数据:

> 2003 年,北美新建或扩建了 68 个场馆,相比 2002 年的 87 个以及 2001 年的 96 个新扩建项目,增长有所减少,但仍持续为市场增加了 9000000 平方英尺(约 836127.36 平方米)的新兴会展空间,约占市场总额的 12%。截至 2003 年末,在美国与加拿大总共有会议中心 414 个。而与此同时,需求却在不断减少。2003 年美国的贸易展览总数为3754 次,虽比 2002 年有小幅增长,但却比 2000 年减少了 7%,同期参展公司的平均数目减少了 16%,平均与会人数也减少了 25%,只有 7099 人次。

在举办过奥运会或者其他重大体育赛事诸如足球世界杯的城市,设施超额供给的现象尤其严重。一旦会议结束,这些设施则被闲置,从而成为当地政府一项昂贵的负担。Phillip Hersh 在雅典奥运会举办一年以后的《芝加哥论坛报》(2005 年 8 月 13 日)中谈道:

> 希腊政府最终将许多(奥运)场馆招标出租,如今这些场馆每年需要 1 亿美元来维

护,成为当地政府一项沉重的负担。

然而衡量会议中心是否超量是非常困难的,因为市场瞬息万变,我们可能因为经济、政治和社会因素,面临周期性增长和萧条。但是不管怎样,这个问题确确实实地增强了我们对目的地管理计划的依赖程度,我们必须具有富有前瞻性的视角,包括投资项目要确保目的地提供符合市场需求的产品。Tress 和 Sacks 列举了一个在美国投资并取得了丰厚回报的会展项目:

> 圣安东尼(得克萨斯州)的 Henry B. Gonzalez 会议中心取得了成功。其于 2001 年斥资 2 亿美元扩建了原场馆,总覆盖面积达 130 万平方英尺(约 120 773.952 平方米),是原场馆的两倍多。该会议中心与城市其他负有声望的旅游投资项目可以说是完美结合。诸如汇集了店铺与餐厅的美国杨树区域和市中心沿河步行街,为会议组织者提供了一整套诱人的组合设施,此外,一大批高质量的宾馆只需短途的步行就可以到达。并且城市正在筹划将一些总部宾馆建在这里,这个计划可以实现在一个宾馆内容纳大批旅客。圣安东尼会展旅游推广局的数据显示,该市承办的会议,接待的总与会者人数从 2001 年的 419 970 人次上升到了 2003 年的 424 951 人次。据不完全数据统计,与会者总支出额从 2001 年的 37 830 万美元上升到了 2003 年的 38 280 万美元。该市宾馆客房满住率 2003 年较 2001 年上升了 64.6%,同期全国宾馆客房满住率上升了 59.2%。

资金筹措

绝大多数(而非全部)的目的地营销组织是非营利组织,虽然这些非营利组织为了生存也不得不从事一些营利贸易,但它们主要的存在意义仍然是服务当地公众,而非追求利益最大化。因此,对于许多目的地营销组织,都不可避免地面临为目的地营销与管理活动筹措资金或寻找收入来源的持续挑战。2005 年英国会议目的地协会作的一项调查(英国会议目的地协会成员调查,2005)表明,它们将"公共部门筹资不足"作为其面临的最大威胁。资金可能来源于许多渠道,同时兼有公共部门和私人部门。英国会议目的地协会 2005 年调查发现,7 项资金来源(见表 2.1)中有近 70% 的资金都来源于各类公共部门。其他一些针对国家或城市会展旅游推广局的国际性调查,其结果也有惊人的一致性——普遍从公共部门(比如地方和中央政府)吸收到 60%—70% 的资金资助。

那些特别依赖当地市政府或其他公共部门机构资助的会展目的地,都发现其在长期规

表 2.1　2005 年英国目的地营销组织资金筹措来源

资金来源	该来源占总筹资额的平均比重(%)
欧洲拨款	10
当地政府/市政府	47
中央财政	5
地区政府/机构	5
成员会费	9
商业活动	16
私人部门赞助	3
其他	4

资料来源:英国会议目的地协会,2005。

划中得益。公共机构对目的地的策略将是持续多年的,而且不一定从它们的财政支持中取得即时的回报和"回报底线"(假使某些企业盈利)。然而,一旦政府预算紧缩也必定是先拿旅游业开刀。因为旅游业不同于教育、住房和公共服务,它不是政府的一项法定义务,所以一旦政府预算需要缩减,减少对旅游业的投入将是缩减开支最简单的方法之一。

以美国为首的一些国家引入了一套地方旅客税系统——流动旅客税(亦称"床位税"),它是一项直接从旅客消费(住宿费)中加征的税。旅客向宾馆纳税,然后宾馆集合税收收入再支付给当地政府,最后由当地政府运用到旅游业升级建设和相关资本项目中去。理论上此项投资会吸引更多的旅客,带来更多的税收收入,从而筹集到更多的建设和投资资金,反过来吸引更多的旅客,形成一个良性循环。目前一些国家的旅游业由于缺乏资金而无法开展目的地营销,像美国开征的这类流动旅客税不失为这类地区提供了一个解决财政来源的方法,它不仅可用于旅游业的市场营销,而且可直接用于会议中心和场馆的建设。然而此说的逻辑有时会遭到攻击——如果这笔旅客税未被"专款专用"地投资在旅游业的开发上,而是选择被投入到看起来更有社会效用(或者更有政治效用)的项目中去时,比方说教育业、公共卫生业、公众住房业。

不可避免地,税收是一把双刃剑:高额的赋税很有可能成为一道壁垒,因为游客在面对多个目的地的时候,往往更愿意选择能提供相似环境和设施却成本更低的目的地。McMahon 和 Sophister(1998)引用了下面这些例子:

　　纽约自 1990 年至 1994 年的经历应该引起我们的警觉。1990 年州立法机关正式颁布了对超过 100 美元一晚的旅馆房间加征 5% 的床位税,据纽约州旅游酒店业协会的一项经济研究结果表明：从推行这项税制以来，纽约每征收 1 美元床位税，就放弃了 2 美元其他相关税收收入。在 1994 年 8 月还掀起了为期三年的纽约宾馆示威抗议游行。

在 20 世纪 80 年代初，爱尔兰政府推行了一项高达 23％的旅客住宿增值税（VAT），这项政策的直接后果是 10％的宾馆倒闭。1985 年爱尔兰宾馆联盟终于说服爱尔兰政府将客房的增值税从 23％降到了 12.5％，自那以后，曾一度冰封的爱尔兰旅游业奇迹般地复苏了。

但有证据表明床位税并不导致竞争的主要劣势。维也纳自 1987 年推行了一套 2.8％的床位税，但它仍成功地稳居国际协会联盟（UIA）和国际大会和会议协会（ICCA）国际会展城市排名前五位。

会议目的地需要持续开发新的现金流，积极地寻找合作伙伴和商机。然而与此同时，它们又必须与当地成员组织和当地旅游业保持紧密联系，因为它们不会冒险疏离当地公众和当地商务联系而使它们遭遇公信力丧失的局面。而当局的作用又是如此巨大，以至于他们不仅可以作用于投资领域，而且对公共政策以及对会议局或目的地营销组织的财政资助都会有影响，这大大加强了此项举措的重要性，也就是目的地营销组织对不同的赞助商及投资方是否具有有效的疏通能力，具体措施我们将在第 10 章进行更充分的探讨。

残疾人士通畅渠道

在过去的约十年中，我们看到公众对残疾人士的需求有了更广泛的认识，政府对此的认识也在提高，认识到公共政策和城镇的基础建设应更有效地满足这群人的需求，他们是占总人口十分之一，患有一些生理、精神或情绪上障碍的人士。在一些国家中，立法机关已将保障残疾人士的权益和给予他们足够通畅设施的规定写入了法典。

在会议和节事领域，许多特殊人群的畅通渠道还只限于个别节事场馆。场馆现在正在被鼓励、被要求甚或被法律要求为残疾人士提供适当的标志、会议室、卧室以及必要的设施，使其畅通无阻。会议组织者正在引入培训课程，以确保满足残疾人士的需求，支持并鼓励有残疾的与会者加入到节事活动中来，并且使歧视对待最小化。

然而到如今，只有很少的目的地将残疾人士渠道的最大畅通纳入到规划中来，无论从道德的紧迫性还是从潜在的市场机遇来看，目的地要填补这个空白仍将任重而道远。澳洲的佩斯市在这个领域里先行了一步,它的富有先锋性和创见性的项目"超越屈从"(详见本章末的案例分析 2.2)为其他目的地提供了很好的可借鉴的例子。

危机沟通与问题管理

对专业传播机构来说,要做的最重要的战略决策之一就是如何应对问题和危机。DMO须要经常面对各类突发事件,它们的处理办法会直接对会议发起者和目的地自身产生正面或负面的影响。DMO处理的最常见的危机是自然灾害和人为事故(诸如对游客施暴、恐怖主义、攻击性物品)。在 21 世纪的头几年里,迅捷与无孔不入的全球化传媒让我们目睹了相当数目的重大危机事件,包括:

- 美国的 9·11 事件;
- 英国的口蹄疫;
- 亚洲及其他地方"非典"的爆发;
- 2004 年亚洲海啸;
- 伊拉克战争;
- 巴厘岛、马德里、卡萨布兰卡、伦敦等目的地的恐怖主义爆炸事件;
- 卡特里娜飓风(Hurricane Katrina)对美国海湾海岸的影响。

最糟的错误是认为"不会发生在这里的"。目的地应建立一套危机处理系统,包括措施、沟通渠道、备份系统,无论它多么简单或者复杂都是必需的。一旦系统配备齐全,还需要让该方面的专家或者外部机构进行复查,以确保系统的万无一失。系统测试阶段也是必经工序,对目的地营销组织团队来说可以确保对每一个项目的实施步骤了熟于胸。图 2.1 总结了危机管理中的一些建议,是由"走访英国"——英国国家旅游组织的媒体团队提供,作旅游业之用。

加拿大的多伦多市在面对 2002 年 3 月的"非典"(严重急性呼吸道综合征,SARS)疫情蔓延时,率先迅速关闭了所有往返该城的交通通道,有效地防止了这一可能对会展和节事产生毁灭性影响的事件。多伦多对危机处理的回应方式,高度证明了该城专业而富有成效的危机管理战略(详见本章末的案例分析 2.3)。

在近几年里旅游业经历了许多危机,从洪水泛滥到口蹄疫爆发。在通常情况下许多企业在碰到此类危机时,很少或者几乎没有得到及时的相应警示,一旦危机真正爆发,它们就陷入了被动挨打的局面——不仅对事故本身,甚至是如何面对媒体也令它们措手不及。因为没有一项突发事件比得上危机更让媒体们"欢欣鼓舞"了,它们经常是在报纸上整版整版地报道,并在广播电视的各个时段轮番轰炸。因此,时刻跟随工业、经济、政治动向走,可以使您在潜在危机来临前就调整步伐,给您和您的员工在媒体曝光前做好充足准备。

危机一览表

问题监控
- 尽早发现可能发展成为危机的问题。
- 试图在问题发展成危机前就加以控制,以防止其扩展为更严重的事件。

建立危机管理团队
- 挑选核心员工;
- 定期会面;
- 分享信息和意见。

危机评估
- 收集相关信息;
- 评估危机类型、程度,掌握例外情况;
- 了解谣言,并准备用事实反击它。

选择一个发言人
- 他必须充满自信,能用高度概括的语言明白地表述意思;
- 必须拥有人道主义精神、同情心和社会关怀意识;
- 最好能选执行总裁;
- 必须有时间。

信息披露途径
- 媒体披露;
- 记者见面会;
- 个别采访。

实战演练
- 预期可能被问及的问题;
- 草拟回答;
- 与你的发言人进行模拟采访。

应对媒体
- 匀出接待时间;
- 保持公开;
- 保持冷静;
- 给予真实、客观的评价,记住真相总会大白;
- 在组织中确定一个与媒体交流的人并相应地向每个人通报情况。

通话记录
- 记录所有与媒体的通话(日后有用);
- 将所有问讯与行动留档。

客户覆盖
- 建立核心客户群档案;
- 分派人员负责每一个客户;
- 确保员工已充分了解指令的含义及其职责。

危机后跟进
- 评估哪儿出了毛病及其原因;
- 制定相关步骤以防类似危机再次发生;
- 评估危机处理;
- 设计跟进策略和措施。

图 2.1　走访英国关于危机沟通与事项管理指南

本 章 小 结

很明显,在近几年里,目的地营销环境正经历着无法预期的变化。在未来的几年中如何有效地应对持续而快速的变化,将是目的地面临的最主要的挑战。对目的地营销组织来说,直接提升目的地设施的政策已经过时,它越来越重要的一项职责是设计目的地发展的全局,以确保各供应方提供的产品符合现在以及将来的会展组织者的需求。目的地营销组织们必须充分理解政策、社会和科技发展对行业以及更广泛的社会的作用,只要它们坚持不懈地努力,是完全可以成功获取这些信息的。了解此类问题,将对它们日后制定营销策略和行为模式有很大帮助。在本书的后几个章节里将会详细给出一些实际操作中的例子以供借鉴。

案例分析 2.1

利物浦地区 2005—2008 年目的地管理规划

利物浦(默西塞德郡)位于英格兰的西北部,是名噪一时的甲壳虫乐队(还包括其他一些流行乐队)、利物浦球队和埃弗顿球队的故乡。在 2008 年,利物浦将成为欧洲的文化中心,大批投资项目将被陆续引入城市的旅游基础建设中。

利物浦市区 2005—2008 年目的地管理规划包含了超过 40 页的文本,涵盖了休闲和商务旅游两个领域。这里小结了此规划的基本框架和一些有关会展节事方面的内容。

本规划框架如下:

1. 前言

     什么是目的地管理规划?

     目的地管理规划为何重要?

2. 流程与合作伙伴关系

     目的地管理规划如何制订

     规划和顾问智囊团

     合作伙伴关系

3. 战略内容

* * * *

1.1 什么是目的地管理规划?

目的地管理规划是整个组织合作伙伴关系的行动指南,其中包括提升利物浦和默西塞德郡[a],使之成为国际化的重要旅游目的地。这是一项关键的行动和战略方针,并将向次城区贯彻此项旅游策略。在考虑一些优先投资项目对贯彻战略的必要性时,目的地管理计划为这样的决策提供了依据,毫无疑问它被视作是默西塞合作伙伴或者其他默西塞德郡的合作组织商业计划中一份最关键的文书。

    a 默西塞德郡在本文中指:威勒尔(Wirral),塞夫顿(Sefton 包括南波特湾 Southport),纽西来(Knowsley),圣海伦斯(St. Helens),霍尔顿(Halton)。

1.2　目的地管理规划为何如此重要？

目的地管理规划如此重要的原因在于它为旅游业投资提供了框架与原理,这关系到默西塞德郡和西北部经济的最主要增长部门。它提供了一套加强生存伙伴关系和建立新型伙伴关系的机制,建立在明确、相互理解、资源可利用、整个计划行动优序界定完毕的基础上,寻求共同利益达成一致协议。

3.2　利物浦地区的旅游业愿景——英格兰西北部一个成功的旅游品牌

我们的共同愿景是:在 2015 年利物浦能跻身于前 20 位的欧洲城市目的地,每年游客支出达到 20 亿英镑,同时为当地经济提供就业岗位 30 000 个。希望 2015 年利物浦成为真正的国际性旅游会展目的地和度假胜地。在一套清晰的投资战略和特别的经济增长机遇下,整个次城区旅游经济也能受益于城市旅游业的经济拉力,得以持续增长。利物浦正成为英格兰西北部旅游业的核心——吸引着英国以至世界的游客。

3.5　决策宗旨

由于被指定为 2008 年欧洲文化之都,利物浦在将来的四年中机遇和挑战并存。在此背景下,我们制定了该目的地管理规划,其决策宗旨由 2004 年 2 月的默西塞德郡旅游业改善计划发展而来,主要包括四项决策宗旨:

- 建设成为高规格的会议与商务访问目的地;
- 把利物浦地区作为世界级的休闲旅游目的地来推广;
- 使次城区成为拥有国际声望的主要会议目的地;
- 让"利物浦欢迎您"的问候遍布整个利物浦地区。

＊ ＊ ＊ ＊

4. 目的地现状指标

案例分析 2.1 的目的地现状指标

现 状 衡 量	年　　　　份					2008 年目标
	2003（基准年）	2004	2005	2006	2007	
核心指标						
1. 留宿夜次	9.7m	9.3m	9.1m	9.4m	10.2m	11.0m
2. 国外旅游者留宿夜次	2.4m	2.4m	2.4m	2.5m	2.7m	3.05m
3. 留宿旅客总支出	£413m	£415m	£427m	£463m	£528m	£598m
4. 旅游相关就业人数	19 998	20 305	20 939	21 907	23 454	26 440
5. 每夜次平均支出	£42.58	£44.62	£46.92	£49.26	£51.76	£54.34
6. 目的地吸引指数	100	101	102	104	108	110
7. 客房占有率:						

（接下页）

(续表)

现 状 衡 量	年　份					2008 年目标
	2003（基准年）	2004	2005	2006	2007	
利物浦	70%	70%	70%	70%	72%	73%
默西塞德郡	60%	60%	60%	60%	62%	63%
8. 住宿问答比例	47%	47%	53%	65%	70%	75%
9. 床位	22 517	21 517	21 177	21 877	22 977	24 377
可能附加的指标						
10. 日间访问数量	53.10m	54.3m	55.9m	57.8m	59.7m	62m
11. 日间访问总花费	£448.98m	£477.69m	£506.39m	£527.97m	£570.97m	£592.50m
12. 住宿夜次	3.13m	2.98m	2.91m	3.01m	3.26m	3.52m
13. 利物浦客房总销售夜数	1.45m	1.37m	1.34m	1.38m	1.53m	1.69m
14. 客户联络指数	100	105	110	115	120	125
15. 利物浦举办的大型节事（与会者>250 人）场次	N/A	110	135	170	218	280
16. 南波特湾举办的大型节事（与会者>250 人）场次	25	42	40(YTD)	24	24	24
17. 达到国家标准会议场馆数	10	12	15	18	21	25
18. 需住宿的学术访问数	0	2	2	6	8	10
19. 利物浦在英国最受国际访客欢迎的城镇中的排名	9	9	9	9	8	8
20. 利物浦的目的地基准指标评分：总体享受程度/推荐可能性		4.28/4.60		4.40/4.65		4.59/4.77

* * * *

6.1　四年计划——聚焦2008

正如在 3.5 决策宗旨中提到的,默西塞德郡旅游业的发展将密切围绕利物浦被指定为欧洲文化之都这一事件来确立重点并由此判断各工作的优先级。这一核心事件也将成为我们所有合作伙伴的明确的工作方向。

重点 1　建设成为高规格的会议与商旅目的地

目标

● 将利物浦定位为国内、国际 MICE 节事会议目的地的首选城市,以确保至 2008 年有能力全年承接 280 个与会者人数达到或超过 250 人的大型会议。

● 进一步把南波特湾开发成为贸易类会议和节事的主要目的地兼度假村,并提供配套海岸服务,力争每年吸引 24 个 250 人以上规模的会议。

- 宣传利物浦地区会议场馆的专业性,以提升整个次区域作为会展目的地的行业地位,从而提高默西塞德郡场馆的竞争优势。
- 进一步加强利物浦地区作为学术访问最佳实践目的地的宣传,至 2008 年每年至少吸引 8 个学术访问团队的停留。

必要措施

- 在利物浦城区建设一个会展专用中心,并能得到稳定的政府拨款资助。
- 进一步提高利物浦市学术、医疗、文化、海运等各要素的竞争力,以达到使之成为首选会议目的地城市的目标。
- 通过扩大场馆与宾馆的容纳能力,提供稳定的政策支持,进一步加强南波特湾的会展产品。
- 确保南波特湾和默西塞合作伙伴能继续从欧洲获得资金,持续开展会展营销战役,以期更成功的销售业绩。
- 继续提升整个次城区会议的硬件与服务,以期获得更多符合会展业主办方协会认定资格的国家级会展场地。
- 确保提供合宜的食品、饮料以及宾馆服务以满足不断增长的市场需求。
- 加强目的地内各合作伙伴关系,进一步开发和提升教育学术访问市场。

原理

- 商务和会议旅游的发展很大程度上归功于英国近两年的旅游业发展,它给英格兰带来了近 2 960 万次旅行和 92.49 亿英镑的旅游花费。与会者的平均支出是休闲旅客的 2.5 倍,并且 40% 的与会者表示,如果会议目的地确实吸引他们的话,他们非常愿意以一名旅客的身份再度光临此地。在利物浦中心城区 4 星级宾馆的收入中,有 49% 来自商务旅行市场,有 11% 来自当地会展。利物浦地区有超过 50 个会展场馆。其中最大的南波特湾花园大厦,包括一系列宾馆和非住宿会馆及某些特殊会馆,可以为最多 1 650 名与会者提供餐饮住宿服务。

区域战略联系

- 商业/庆典/便利服务/美食区

＊ ＊ ＊ ＊

8.0 项目概述

项目概述是重点战略活动的框架,它为项目活动作了优序排列,以确保默西塞德郡的整合协作。它未包括旅游设施的投资项目(主要投资项目包含在 5.3 节中,完整的旅游发展规划可参看默西塞合作伙伴 TMP 的单独附件)。这些被优先考虑的工作项目得到了政府和其他机构的充分支持。

重点 1：高规格的会议

活　动	领导机构	年总花费	旅游委员会基金	其他公共资金	其他资金/收入	备　注
第 1 年 (2005 年 4 月~2006 年 3 月)						
产品开发						
保证质量的会场	TMP	£20 000	£10 000		£10 000	现行质量/技能活动的持续
补助金政策：利物浦	LCC	£50 000				2005 年新政——不包括任何皇家码头会议中心的供给
推广活动						
会议营销战役：合适市场与营销城市的城市海岸主题	TMP/塞夫顿	£205 000	£75 000	£35 000 NWDA £30 000 塞夫顿	£65 000 (TMP 私人目的地资助项目)	继续推行之前年度的 DSP-TMP 目的地支持措施
开发学术访问项目	TMP	£15 000			£25 000	获得收入的新活动
第 1 年总花费		**£290 000**	**£85 000**	**£95 000**		
第 2、3、4 年 (2006 年 4 月~2009 年 3 月)						
产品开发						
保证质量的会场	TMP	£60 000	£30 000		£30 000	持续
补助金政策：利物浦	LCC	£1 200 000		£1 000 000	£200 000	不包括皇家码头资金补助节事
推广活动						
会议营销战役：合适市场与营销城市的城市海岸主题	TMP	£1 090 000	£400 000	£300 000 NWDA £90 000 塞夫顿	£300 000DSP	
学术访问项目	TMP	£45 000			£75 000	
第 2、3、4 年总花费		**£2 395 000**	**£430 000**	**£1 390 000**	**£605 000**	

TMP——默西塞合作伙伴 (The Mersey Partership)；LCC——利物浦市政委员会 (Liverpool City Council)。

案例分析2.2

佩斯会议局"超越屈从"项目

西澳大利亚的佩斯会议局(PCB)率先开创了一项由州立助残组织和当地大学合作的项目,旨在使澳洲西部成为残疾人士的主要会议目的地。这一项目通过奖励来刺激旅游业投资者更积极地投入到提升残疾人行动通道的建设上,并期望以此带来社会改观。这一项目的名称就叫"超越屈从"。

这是一个最佳实例,证明了会议局是可以通过和当地政府合作来帮助其完成公益的,同时又能直接给目的地带来更多的会展机会。

佩斯是世界上地理位置最偏僻的目的地之一,也是澳洲最后建立的专业会展中心之一。投资2.2亿澳元的佩斯中心于2004年8月开馆,它使城市会展容纳力迅速提升为原来的两倍。而营销费用并未大幅上涨,佩斯会议局在当地只是做着一些为数有限的筹资营销活动,比如建立当地协会经营者俱乐部,并鼓励他们为佩斯举办的会展作建设和投标(可见第7章案例分析:爱丁堡大使馆项目)。

"超越屈从"已经发展成为PCB客户关系管理网络中的重要组成部分。在PCB的14名员工中,下至会计上至经理,每个人都被分配负责一个或几个行业的会展开发,他们很快会成为该专业领域里的专家,能够时刻紧盯潮流趋势、创新成果、研究发现与转让、贸易交易,并且帮助其成员建立起业内的联系网。

当PCB研发部经理史特·夏贝尔在2003年接管残疾领域业务的时候,他惊奇于这个群体接受新事物的速度,他们与PCB合作的意愿相当强烈。在开始阶段,此项目的任务包括研发残疾部门的潜在市场与价值,并收集整理对州经济的影响数据资料。此项目与柯顿大学(佩斯)合作,该校学生将视之为实习必修课的一部分,由此佩斯发展局既完成了项目分包,也不用支付任何费用。

这些初始研究完善了PCB成员(旅游业供应方)与州立政府机构(管辖着代表残疾部门的需求方)的商务联系,同时,残疾部门的组织方对此项新机遇也做出了迅速回应。州立旅游局与助残组织在此项目中找到了利益共同点,于是双方组建成合资公司共同协作完善社区革新。

目标

"超越屈从"项目的目标是:

1. 使澳洲西部提升成为残疾人士的核心旅游目的地；

2. 完善和提升残疾人通道和设施；

3. 在澳洲西部吸引和创设残疾人士会议。

我们看到目标 1、目标 2 已经超越了 PCB 商务旅游的范畴，但它们却是实现会议局目标的方法论，是实现目标 3 的具体方法。

佩斯会议局的主要目标群体是澳洲西部的 96 个残疾团体，它们有可能从全国甚至全世界引入会展。目标的第一步是扩大该项目的知名度，使更多的此类团体能够考虑竞标或者开设新的会议。

佩斯会议局达成目标的方式是利用战略客户关系管理（CRM）技术联合它们的主要筹资方——助残组织。为确立主要合作伙伴，PCB 开始研究该组织以进一步确立决策目标，同时研究了组织主要联系人和负责人，以确保他们的方针和关注点与组织保持一致。

柯顿大学的主要目的是满足教育学生的需要，其主要联络人若斯·泰勒同样热衷于建立这样的商务联系，并且为国际性演讲建立一套独一无二的资料。她曾多次在香港及波士顿大会会后提出此项议案。

为了联合助残组织，佩斯会议局必须使用一套由助残组织首创的旅游服务系统，并将其与佩斯会议局旗下 300 个业务伙伴链接，并确保他们接受和认同。为了证明佩斯会议局对助残组织目标主体——提高旅游业配套设施、更好地满足残疾人士的需求的理解，协作达成一致将利用会议领域作为决定性因素来实现这项革新：

1. 刺激残疾人部门开展新的会议并鼓励旅游部门利用会展后续收益的一部分来改善配套设施。

2. 引导旅游业"服务"残疾人士而不仅仅是"提供"餐饮设施。

最初销售目标是由残疾部门发出 5 个竞标，并在随后的 12 个月内至少承办到其中的 2 个会议，并且获得成功。

行动战役

行动战役的第一步是利用 9 个月的周期（2003 年 11 月至 2004 年 6 月）完成下列步骤：

1. 调研和数据准备

调研残疾人部门的重要性和潜在价值的结果是令人惊讶的，包含了澳洲以下的实际情况：

● 每 5 个人中就有 1 人患有残疾。

● 每 10 个人中就有 1 人在看护残疾人士。

● 70% 的残助服务是从信息网络获取的。

● 93% 的残疾人士独自或者同家人、朋友同住在社区内。

残疾相关主题会议的与会者中大约有5%—10%的人士为需要提供特殊服务设施的残疾人,与会者的主体仍然是健全人士。

助残部门是传统意义上的服务部门而非稀缺部门,所以它不需要被当作机遇与资源来展示和吸引商机。因此,被选择的协作网络积极地回应了提供给他们的新机遇,并且表示乐意加入该项目。

2. 直邮行动

项目的框架被制作成小册子,分发给98个提供助残服务的协会,邀请它们来参加新发布的会议。

这次行动成功地收到45%的积极回复,对新项目表示支持。同时有9%的回复询问即将召开的会议,希望商讨相关竞标事宜。

3. 举行发布会

此计划于2004年2月正式发布,面向当地45家残疾部门组织并包括政府和学术界代表。发布会利用早餐论坛吸引助残支持项目,同时鼓励国内外会展界的组织方加入竞标。5家组织在听悉项目如何实现社区变革、如何改进基础设施以及如何在支持此项残助旅游业项目中给予财政补贴后,当场给出迅速回复。

行动战役预算

项目筹资和支持都来自于会议业成员。精英会展——一家专业的会展管理公司,以及弗罗曼特滨海大酒店——一家新扩建的会展场馆,均作为创业伙伴对项目进行了投资,并要求会议组织者的以增强营销影响力的方式回报其投资。柯顿大学提供了研究领域的内部支持。项目总营销支出包括了:

日　　期	活　　动	支出(澳元)
2003年11月至2004年2月	联合柯顿大学作调研和数据准备	$5 000
2004年2月	直邮行动	$950
2004年2月14日	发布会	$2 100
持续的	媒体和公关活动	0
2004年2月至6月	与各组织开会及启动竞标	$41 500
总计		$49 550

成果

截至2004年底佩斯会议局已经收到来自残疾人领域的3家国际组织和7家国内会议组织的投标意向,其中6家已确定投在了澳洲西部,1家放弃了投标,其余三家还在竞标的筹划阶段。

在 6 家确定投标的组织中,国际残疾艺术家会议将预计吸引 500 名与会代表加入,国际残疾人划艇协会预计在 2006 年吸引 700 名与会代表。这两场节事将使与会代表直接支出达 307 万澳元。加上将举办的国内会展,项目将共吸引超过 2 800 名与会代表,预计为该州经济带来 536 万澳元的直接收入。

未来前景

项目的第一个阶段就如此成功,带来如此丰厚的融资,使得原来集中于欧洲的国际会议业务扩展到了世界范围。史特·夏贝尔于 2004 年 11 月在应邀参加于伦敦和巴黎举行的助残会议上向与会代表们宣传和展示了 PCB 的项目行动战役。一个类似的英国助残组织残疾人权利协会,也加入到了鼓励更多的会议选择澳洲西部地区做为其会议目的地的宣传队伍中。

助残关注培训项目被引入到旅游服务供应商中间,它为 PCB 赢得了非常积极的社会影响。PCB 同时也在筹备一个"嘉奖晚会",以感谢那些为改进基础服务设施作出贡献的旅游业供应商,同时感谢那些为佩斯的会展投标作出贡献的助残机构。

2004 年 10 月举行的开普敦国际会议协会组织上,项目"超越屈从"捧得了最佳营销奖。

案例分析 2.3

多伦多应对 SARS 暴发威胁的危机管理策略

本案例研究目的地多伦多在重大危机爆发时,如何迅速高效地作出回应,因而成功地使潜在的负面影响最小化,并以此危机事件作为未来发展的新起点。

多伦多背景

多伦多是加拿大最大的城市,(大多伦多地区 Greater Toronto)拥有 470 万人口,汇聚了 100 多种文化。它的文化多样性还表现在拥有两种官方语言——英语与法语,同时另一些语言在该城也十分常用,如汉语、意大利语、泰米尔语、葡萄牙语和西班牙语。城市的上空拥有被称为"世界现代奇观"之一的 CN 塔,(安大略湖边)拥有数公里的水景沙滩以及拥有熙熙攘攘的市中心。它拥有的 120 个旅馆能提供多于 35 000 套客房,并拥有加拿大最大的会议中心,是北美持续排名前十位的会议设施之一。

SARS 对经济的影响

严重急性呼吸道综合征(SARS)始于中国。它的初始症状类似于普通感冒,绝大多数病人发展成了肺炎。它是一种高接触性传染病,但其世界平均康复率达 85%。它的死亡率与年龄层有关,对于 65 岁以上的患者,死亡率高达 50%,而那些小于 24 岁的人群则死亡率只有 1%,其估计总死亡率为 14%—15%(世界卫生组织全球 SARS 会议,马来西亚,2003 年 6 月)。

2002 年末加拿大爆发的 SARS 灾害,在 2003 年最初的 9 个月内对其旅游业带来了毁灭性破坏,尤其是在多伦多地区。加拿大会议联盟旗下的加拿大旅游研究会(CTRI)考查 SARS 给其经济带来的影响时,分析了商旅休闲旅游业的每一个部门,预估灾害给多伦多造成了高达 5.7 亿美元的经济损失(使国内生产总值 GDP 减少了 0.5 个百分点),更详尽的数据见表 2.2 和表 2.3。然而需要着重指出的是,与此同时,多伦多的会议商旅业也正受到来自伊拉克战争的环境影响,因此很难准确估算出究竟多少是来自"非典"带来的损失,多少是来自其他因素。

在 2002 年(SARS 爆发前),会议业给大多伦多地区带来的经济收入估计约为 369 393 454 美元,在余下的安大略地区为 136 057 175 美元。而对比一下 2003 年数据,会议业给大多伦多地区带来的经济收入则估计为 231 241 717 美元,其余安大略地区为 89 970 252 美元。从就业率的数据看,2003 年会议业共为大多伦多地区创造就业岗位 4 472 个,其余安大略地区 1 308 个,而 2002 年会议业在大多伦多区创造了 7 449 个就业岗位,在其余安大略地区创造了 2 031 个就业岗位,这些影响数据汇总见表 2.4。再来看一些具体的数据,多伦多失去了 9 个城市级别的大型会议,约损失 307 000 夜次的会议相关住宿。

我们可以看到在 2003 年多伦多的会议收入以及就业率遭受了重创,然而在 2004 年多伦多奇迹般地迅速崛起了,有 1 850 万游客访问多伦多,其中 691 000 人是来参加会议的。而在 2003 年,有 1 690 万人访问多伦多,参加会议人数仅 606 000 人。这组对比数据表明了会议业(14%上涨)相对总访问人数(11%上涨)的强劲反弹趋势。

表 2.2   SARS 对多伦多旅游业的影响

	百分比变动* (2003 年第二季度)	百分比变动 总和*(2003 年)
多伦多过夜旅行(按市场分)		
国内	[—]15	[—]4.8
美国	[—]20	[—]9.1
海外	[—]40	[—]16.7
多伦多当日返回旅行		
所有市场	[—]25	[—]11.4

* 实际支出与上一年同期相比的变动百分比。

资料来源:加拿大会议联盟。

表 2.3 SARS 对多伦多皮尔森国际机场以及多伦多旅游业的经济影响(百万加元)

	2003 年第一季度	2003 年第二季度	2003 年第三季度	2003 年第四季度	2003 年总计
影　响	—40.5	—403.7	—203.6	79.2	—568.7

资料来源:加拿大会议联盟。

表 2.4 大多伦多地区的商务会议业经济影响

	2002	2003	％变动
总经济影响	$ 369 393 454	$ 231 241 717	[—]37
就业岗位	7 449	4 472	[—]40

资料来源:加拿大统计和旅游部(TREIM 模型)。

多伦多复苏战略

为了应对 SARS 对公众与经济的负面影响,多伦多旅游局(该市目的地营销组织,www.torontotourism.com)在 2003 年实施了一项"复苏战略",旨在达成以下目标:

- 重建公众对多伦多城市安全的信任感。
    - □ 关键要素:迅速重塑当地与全球信心,在未来的一年里加强主动性沟通项目。激发广大民众("草根阶层")的热情与自豪感,号召他们参与到"多伦多战役"中来。
    - □ 引入所有投资者的支持,将多伦多战役发展成为一个独立的重点计划。
- 保留 2003 年已有的会议/会展/奖励旅游和休闲旅游业务,以避免"旅游业坍塌"。
- 在 2004 年重夺多伦多失去的市场份额,并借助市场地位的提高,为 2005 年和未来奠定发展基础。

复苏战略政策具体包含了三个阶段的"复苏流程",简要情况请参考表 2.5。

表 2.5 多伦多"复苏流程"

2003 年 5 月 1 日至 SARS 清除	2003 年 5 月中旬至 7 月 30 日	SARS 危机后至未来
阶段 1:普通民众的加入和信心确立	**阶段 2:开展多伦多公开宣讲和晚会支持**	**阶段 3:市场份额拓展**
公众信心宣传	晚会/节目支持广告与零售包裹	复苏战略宣传
会议损害控制	多伦多公众宣讲	会议销售推广
战略性媒体/密切贸易伙伴组织	贸易伙伴/家庭旅游组合/销售目标	战略性媒体伙伴
取消世界卫生组织发出的旅游禁令	名人效应战略和发言人	媒体游览

(接下页)

（续表）

2003 年 5 月 1 日至 SARS 清除	2003 年 5 月中旬至 7 月 30 日	SARS 危机后至未来
寻求国际重要组织多伦多办事处的合作与帮助	推行世界卫生组织发出的旅游警告	与贸易伙伴达成营销贸易协定
发布会——世界卫生组织宣布"SARS 清除"	贸易发展规划	在线营销战役
密切跟踪市场旅游态度与动机	密切跟踪市场旅游态度与动机	为所有旅游项目制定家庭旅游组合
寻求国际重要组织多伦多办事处的合作与帮助	名人效应战略	密切跟踪市场旅游态度与动机

危机管理和止损

多伦多旅游局从此次 SARS 的处理过程中总结了一系列重要经验教训，这类经验教训对其他目的地在面对此类公共卫生危机（许多其他相关形式的危机情况大致一致）时也同样适用。此类经验教训总结如下：

预先准备：自我学习成为此方面的专家

● 与地方公共卫生组织机构紧密合作。

● 与大使馆及领馆互通有无，以确保与世界沟通网络的迅捷联系。

● 与第三方卫生组织合作，诸如全国卫生机构、疾病控制中心和世界卫生组织。

培训您的民众并且规划一个沟通组织计划方案

● 确立一个沟通方便的专业卫生"专家"伙伴方，用来支持关键的旅游局信息。

● 任命一个固定的旅游业发言人，并建立一个企业信息通道。您可以充分利用以下通讯手段：

　□ 网站

　□ 业务通讯

　□ 会议通话、网站通告

会见组织方/供应方，以确保会展业务万无一失

● 检查会展计划：

　□ 财政殷实度

　□ 现场危机回应规划

　□ 医疗安全转移机制

　□ 场馆员工急救培训

- 检查合同:
  - ☐ 不可抗力条款
- 检查是否有再选址权
- 检查保险:
  - ☐ 取消保险
  - ☐ 责任保险
  - ☐ 本地健康保险
- 检查您的态度:
  - ☐ 在危机发生时,不是归咎责任或是区分谁对谁错,而是齐心协力共同寻找解决方案。

损害控制演练:

- 在您实施危机管理前确认存在危机。
- 组织一个信息网络并且运用它。
- 及时预备相关的确切的信息。
- 在下列主要群体中辨认重要的利益相关者,并与其培养建立伙伴关系:
  - ☐ 会展成员
  - ☐ 主办场地/社区
  - ☐ 供应方/赞助方
  - ☐ 媒体
- 解释关键词。
- 沟通渠道。
- 迅速启动复苏战略:损害控制完毕。

小结:成功的指南:

多伦多旅游局建议:目的地在面对重大公众安全威胁时,必须严格遵循一系列指导原则。它们是:

- 遵循公共卫生组织机构的安排:
  - ☐ 聚焦危机实况——而非对某种可能性的臆测。
- 最佳取得:
  - ☐ 取得相关领域内最专业的信息资源。
- 迅速行动——危机蔓延速度超乎您的想象:
  - ☐ 挖掘关键信息,然后遵循它们

　　　　□ 损害控制

　　　　□ 恢复计划

　　● 关注利益相关者的精力：

　　　　□ 人人都有提供帮助的意愿,寻找一个方式引导他们的兴致而不是忽略

　　● 唯一的发言人

　　● 动态网络：

　　　　□ 您永远无法如您所愿地及时够到每一个需要快速获得您信息的人

　　● 主动地开展研究：

　　　　□ 这是一个流动的市场,您必须始终与之保持联系并伺机而动

　　● 沟通渠道：

　　　　□ 会展成员

　　　　□ 客户/合作伙伴

复习与讨论题

1. 从一个客户的角度,将会议业目的地的作用与其他服务领域内的作用,作一对比分析。

2. 观察两个会议目的地:一个正享受市场份额的增长而另一个则市场份额下降。考虑一下是哪些关键的营销和管理因素导致两个目的地一个成功而另一个失败?

3. "支持会议目的地营销的公众筹资只应为与私人部分的资助相匹配而提供。"讨论并举下列方面的例子说明:

   (a) 政府筹资目的地营销组织

   (b) 公私合资目的地营销组织

   (c) 私人独资目的地营销组织

   包括投资回报(ROI)标准。

4. 观察某一城市会议目的地对重大危机的应对,比如自然灾害、恐怖主义或暴力事件、基础设施垮塌、人为制造危机(公众卫生除外)。该城市是如何成功地管理危机并恢复其市场占有率? 从目的地的回应方式中可以得到什么启示?

参考文献

Davidson, R and Cope, B (2003) *Business Travel: conferences, incentive travel, exhibitions, corporate hospitality and corporate travel*, FT Prentice Hall/Pearson Education Ltd

Rogers, T (2003) *Conferences and Conventions: A Global Industry*, Elsevier Butterworth-Heinemann

Tress, B and Sacks, A (2004) *Convention Centers Alone Not an Economic Panacea*, Ernst & Young LLP (SCORE Retrieval File No. AL0055)

McMahon, M and Sophister, J (1998) Paper entitled 'Tourism Taxation: No Such Thing as a Free Lunch', University of Dublin

第 3 章

场馆营销环境

本章概要

本章观察了影响会议场馆市场营销的许多关键问题和当今趋势。

本章内容涵盖了

- 会议场馆供给的增加
- 会议场馆日新月异的设计
- 会议场馆对技术的利用
- 会议场馆和环境

案例分析

- 盖洛德棕榈树会议休闲中心
- 坦佩雷大会堂环境管理系统

学习目标

完成本章的学习后,您应该能够:

- 理解现今增加会议场馆供给的原因
- 讨论会议场馆过量供应的论点
- 了解场馆应用的技术创新
- 了解场馆为使对环境的消极影响最小化而正在采取的一些措施

导　　言

就像目的地营销者必须理解营销环境的重大变革并做出反应那样（他们对营销环境没有或几乎没有控制），会议场地的营销人员也须意识到他们运营环境中的变革带来的各种机遇和挑战。这些变化中有些来得缓慢而渐进，反映社会整体的微妙变革；而另一些诸如新法令的颁布和技术的创新，它们所带来的影响则更迅速。现实情况是，如果企业和组织对变化的形势反应迟钝，那么他们会很快在市场上失去竞争优势。

本章着重研究会议场馆市场营销环境中的一些关键因素。

■ 过量供应？

21 世纪初，我们看到随着目的地数目的增长，会议场馆的供应量也在迅速增加。

相对新近加入该市场者通过大兴土木弥补失去的时间，用酒店和会议基础设施装备自身，并且相信这些东西会把它们变成国际会议目的地。

尤其是亚洲国家从 2000 年起纷纷建设新会议宾馆和会议中心，并且未见收拢之势。这些新建项目往往都是来自跨国酒店集团的投资，例如到 2005 年万豪国际酒店集团（Marriott International）在中国建立了 34 家连锁酒店宾馆，并计划继续增设 8 家。另一在中国投资的富豪级酒店管理集团——喜达屋（Starwood），其已开业或正在建设中的连锁宾馆达到了 34 家。

我们看到在 21 世纪的头几年里，随着越南和柬埔寨开通了与美国的直航，它们的经济也有了显著的增长。胡志明市（Ho Chi Minh City，越南最大的城市）计划 2007 年在城南区建设一个会展商业中心，占地面积 13 万平方英尺（12 077.395 2 平方米），并拥有 4 至 5 星级宾馆设施。柬埔寨商旅市场需求的增加，尤其是以首都金边和以毗邻吴哥窟的暹粒为目的地的奖励旅游的不断升温，使该国也投身到了宾馆建设的大潮中。

在一些著名的会议目的地,新场馆正敞开胸襟迎接着大大小小的各类会议。尽管其中许多场馆都是为专门目的而建,并且所谓的特殊场馆数量正不断增加,但是正如第 1 章所述:剧院、影院、博物馆和其他休闲设施,都具备盈余的馆藏能力或者能提供部分的租赁空间,以备特殊时期使用。

然而,北美市场也许是近几年会议设施供给量增长最快并且引起最多争议的地区。Farmer(2005)发表文章说,该地区新场馆的建设已经达到了一个史无前例的状态,以致没有空间再新建设其他设施,而只能在现有设施上进行翻新整修或是技术与舒适度的更新换代。

(不列颠哥伦比亚省)温哥华会议中心是场馆扩张及理性评价场馆扩张的典型案例。它将要从现有的 133 000 平方英尺扩展到 500 000 平方英尺,预计花费 5 亿加元。尽管该城将要举办 2010 年冬季残疾人奥运会,但据报道此次残奥会的举办也是在扩建决策作出以后才纳入规划的。温哥华会议旅游推广局副总裁在报道中说,我们现今由于场馆的限制每年将不得不拒绝 1.5 亿加元的业务。按此测算,扩展后的会议中心每年将会新增与会者消费 2.29 亿加元,也就是说可以为政府带来每年 7 600 万加元的新增税收收入,并预计在项目完成后将新增永久性就业岗位 7 500 个。

那么我们是否能够对关于潮流和估计的需求程度的事实作如此乐观的推断呢?

在 2005 年,布鲁金斯学会曾发表过这样一篇题为"可用空间:会议中心作为经济发展战略的现实"的报告(Sanders, 2005),由于其结论颇具争议而受到广泛关注。尽管研究是以美国为背景的探讨,但是他提出的一系列会议目的地与展馆的质疑确确实实地存在于任何一个国家。山达提到美国的会议市场实际上已处在萎缩阶段(并且这样的萎缩早已发生在 9·11 恐怖袭击以前),因此得出结论,绝对不能再继续支持美国迅速膨胀的会议场馆建设了。尽管研究聚焦的重点是贸易展览,而不是针对会议项目,但如果他的结论成立,则对会议中心的建设也具有重大关联性,原因有部分展馆原先的用途为会展类项目。Sanders 还提出,尽管会议中心的需求在下降。

然而,一些地方政府在州政府的推波助澜下,继续鼓励城市积极投身会展竞标,并投入大量资金在新会馆的建设和扩建上。仅过去的十年里,投资在会议中心上的公用资金,就以每年 24 亿美元的数字不断翻滚,自 1990 年以来增加会议空间超过 50%。在现今美国,还有 44 家新会议中心或者亟待扩展的中心在筹建或施工过程中。

布鲁金斯研究的核心结论是,尽管巨大的公共资金投资于美国的新场馆建设中,但是由此产生的收益——访问人数的增长和由建设发展及引入私人投资而带来的城市新貌,并没有体现在大多数会展目的地上。

回应布鲁金斯发布的研究报告,几家工业联合会纷纷发表声明反对此言论,其中包括会议研究中心和国际展览管理协会。两家组织一致对 Sanders 的市场萎缩论提出质疑,他们认为,Sanders 的研究数据仅局限于美国 200 个最大型的贸易展和会展中心,却忽视了市场正在不断扩张的会议主导型的宾馆会展,而那些新兴会议已经破壳而出了(米顿 Minton,2005)。

同时 Hazinski 和 Detlefsen(2005)也对 Sanders 评价工业状态的准确性提出质疑。他们认为,Sanders 在聚焦贸易展标的时候,依据的仅是一个"小型而不完全的样本",而将消费品展览和其他会议业的展览都排除在外了。

可以明确的一点是,我们仍旧需要更深入和更客观的研究,不仅仅是针对美国,而是对整个公共投资展馆领域内的任何一个会议目的地。总而言之,任何关于新会议生存性的评估,都必须基于对未来会议业现实、客观的展望,因为任何观点都将影响到会议业的现金投资决策,以及与之生存休戚相关的财富增长。

技术

我们曾一度以为新的信息及通讯技术必将导致会议业的萧条,因为技术使得人们可以更轻易地沟通讯息而不用专程去参加某个商业会议。然而事实并不像人们过去所担忧的那样,科技并未抹杀业务量,恰恰相反,这些沟通技术很好地帮助了会议场馆吸引到了更多业务。符合各种类型会议需要的基础设施,正在吸引着更多会议的加入。通讯技术的应用,尤其是各场馆日益完善的网站,为会议场地提供了一个强有力的并正在成为一个不可或缺的营销自身的手段。

但是日益加速的信息通讯技术发展同时也对设计和制作新会议场馆提出了新的挑战,要求其随着技术进步不断更新。在 20 世纪 90 年代末期,纤维滤镜光缆系统使得会展实现了更高速的即时媒介网络沟通,如今它们还在不断更新自身的无线逼真技术(现在此项技术还空缺),届时能够使所有会议代表、会议组织方和发言人通过网络实现完全的无线沟通。

人们普遍预测在未来几年里,无线电频率(RF)标签和无线电频率认证(RFID)将对整体会议业(尤其是场馆)产生重大的影响。

Ball(2005)将无线电频率标签描述成蕴藏在电脑中的小型芯片,它包含了一串类似条形码的验证数据。当标签具备了阅读功能以后,标签上的信息就能够通过无线电波被捕捉到。无线电频率标签在可靠性和快捷性上比条形码技术更高,无线电频率认证消除了条形码所必需的视觉阅读条件,这是一整套完全的感应系统,例如在第二次使用时就可以完全自动扫描,而不必像条形码那样需要花费数分钟甚至数小时的手动扫描操作。

　　由于无线电频率认证技术在会议业广泛应用——尤其是在检查与会代表名牌的情况下,许多场馆都已在准备为自身安装无线电频率认证扫描仪。一旦安装了此项装备,场馆将能够为会议筹备方和与会代表提供如下服务:

- 出入控制:场馆入口的扫描仪可以迅速识别佩戴在与会代表身上的无线电频率认证技术名牌,并以此作为准入的许可条件。
- 在进入网吧的时候,通过感应代表佩戴的名牌确定其身份,线路可以被直接打开,而不必输入代表的用户名。
- 登记材料的收集将更易于跟踪。
- 识别贵宾会员以提供特殊服务,比如当他们进入"服务区"时,系统会通知工作人员(Ball,2005)。

技术飞速发展所带来的新产品服务供应的增加,给会议业带来了实实在在的收益,因此会议业需要持续拓展此项业务,持续增加展馆建设投资,以保持它们的竞争优势。

　　2005年"会议策划者国际联盟(MPI)美国未来展望调研"问卷调查了会议场馆(包括宾馆的会议场所)下一年的相关技术投资计划。统计结果显示,有超过半数的场馆表示,将要在2005年对新型视听设备、客房技术、在线预订/计划系统和客户关系管理技术方面作资本投资。85%的被访问者计划加强网站投入,65%的被访问者计划投入无线电技术,这两项技术投资都比去年预期有明显提高。有关此问题的详细数据见表3.1。

表3.1　作新技术投资的场馆的比例(%)

	2003 年	2004 年	2005 年
网站建设	81	83	85
无线电技术	48	66	67
客房技术	55	65	56
新视听设备	55	62	58
会议组织者在线预订/计划系统	54	59	52
客户关系管理技术	50	59	51
注册技术	40	47	45
在线差旅客房预订系统	48	47	42
远程通话设备	35	29	28
与会者回应工具	25	28	26
网络会议/展览	24	24	20

　　资料来源:MPI美国未来展望调研,2005。

　　然而,各场馆间存在一个持续的争论:究竟应该将技术管理外包,还是聘用内部员工进行技术管理？哪一个才是更佳的策略？

类似的两难困境也同样表现在：会议地是要在科技上作新的投资和管理，还是继续运用更早先开发的视听服务设备。当视听设备还是只包含幻灯片和电影视频的时候，几乎每个会议地都自己拥有设备。但是挑战来自于如何紧跟客户日益上升的需求和日趋高端化的视听设备供给，许多场馆最终还是求助于专业的视听制作公司来提供此项服务。

支持技术外包者声称：技术外包使得会议场馆能够充分利用最新的技术优势而无须资本化成本。因为此项最新技术是由承担了外包责任的专业公司购买的。例如，Walshak（1998）引用了华盛顿会议旅游局技术服务部经理的一段话，其所持观点是支持外包技术服务的：

> 当您同时在为如何才能跟上技术进步的步伐、资本投资如何影响收益这些问题发愁时，您已经不可能如愿以偿了。我们可以看到，将技术内包其实完全没有必要……已经没有比外包更好的方式了。让专家们去处理技术问题，而我们只需要提供给我们客户最好的服务。在这个过程中自然就省钱了。

另一方面，反对技术外包者认为：将任何服务外包，都会使场馆增加服务质量降低的风险，因此更好的解决方案是自行开发技术，这样能更好地维持服务标准。

本章末的案例分析 3.1 向我们展示了美国盖洛德棕榈树会议休闲中心是如何在信息通讯技术方面充分利用资源的。

场馆设计

未来设计理念

世界各地的城市中，美丽的标志性的建筑能给城市的居民带来很大的文化自豪感，同时也是吸引参观者到访的重要原因。如巴塞罗那的高迪大教堂、意大利首都的古罗马圆形剧场以及伦敦的议会大厦都是杰出建筑的典范，有恒久不衰的吸引力与其所在的城市紧密联系。在许多国家，那些逝去的设计师与建筑家留给这些国家居民的遗产是气势宏伟的城堡与宫殿，它们中的大部分至今仍耸立在城市的中心位置，如，在爱丁堡、布拉格、曼谷和斯德哥尔摩。我们今天看到的皇家宫殿或城堡是一个时代的产物。在那个时代，壮丽辉煌的建筑、奢侈装饰的客厅或具独创性的喷泉能衡量一个王子或一个民族的显赫与豪富。这些建筑无一不在宣告这些世上最具权力家族的高贵。

曾有人说,会议中心有潜力被认为是"未来之城堡",即标志性建筑很有可能因其完美的设计而成为所在城市的标志。事实上,许多地方政府在委托建设新会议中心的时候,有一部分动因就是想为城市建造一栋享有盛名和富丽堂皇的"地标性"建筑,而不是像过去那些几乎没有想象力的"空盒子"。

一些闪耀光芒的地标性场馆有:科罗拉多会议中心(Colorado Convention Center),高达125英尺的尖顶直刺云霄,完美地将丹佛(Denver)水天相割;另一所名至所归的展馆是香港会议中心;还有曼彻斯特国际会议中心。

设计杰出建筑的挑战自然而然地吸引建筑师,同时,许多会议中心的设计竞标往往宣布了此类建设的开始。然而建筑师需要对他们的客户有一个非常明确的梗概了解,以作为日后设计的指导方针。为了使建筑师与客户间的沟通更为准确有效,客户(通常是地方当局)需要事先与那些有过丰富会展经验的利益相关方进行深入会谈。在此过程中会展组织者就是主要的利益相关方。

当今社会,越来越多的迹象证明,会议场馆的外形与设计已成为会展组织者最终决定选择在哪里开会的最重要依据。从场馆设计来看,布局安置的灵活性对组织者来说日趋重要。同时投资方也越来越重视一些物理特征对会议的影响,比如自然日照时间的长短,以及会议厅座位的舒适程度,都被纳入会展成功与否的考量标准。Minton(2005)在描述缘何会展组织者会越来越重视会展地给项目带来的战略要义时说:"对于组织者来说,他们关心的不是会议能给会议中心带来什么,而是那些会议中心能给他们的会议带去什么"。换句话说,他们日益期待的不仅是节事的场地及住宿,更多的是展馆如何为项目添砖加瓦。

因此,实用主义成了会议展馆成功的关键因素。会议策划者经常被用作了解会议操作性需求的可靠信息来源,并且现在有一种日趋清晰的认知:将会议组织方的需求(包括与会代表方和终端客户方)纳入到设计草图中,要求建筑师遵循执行。所以,出于城市文明蓝图的构想,开发经典建筑的需求,不能以减少对建筑内在功能重要性的关注为代价。实际上,一些设计展会专家已经深信这样的设计理念:会议中心的建设重点应当立足建筑内在功能,而不是仅仅追求外表的卓越。

灵活性设计

上文提到的科罗拉多会议中心代表了另一种当今会议中心的设计潮流,这是一种趋于展馆用途多元化的潮流,体现在展馆的设计和布局方面更趋灵活与个性化,目的是吸引更广泛的项目。

负责该会议中心部分扩建工作的建筑师科蒂斯·范特斯(Curtis Fentress),带领其团队在此场馆内创设了 50 000 平方英尺分合自如的多功能会展分割空间,其可分为 18 个不同的制动空间,使之适应展览馆、聚会厅或复合会议厅的多种需求。作为同一场馆扩建项目的一部分,会议中心内新建了一座 5 000 个座位的阶梯式讲堂,能拆分为 3 个独立的会议室。作为丹佛唯一一个拥有 5 000 个座位的场馆,科罗拉多会议中心,还承办了诸如布鲁斯·斯普林斯汀(Bruce Springsteen)和艾莉西亚·凯斯(Alicia Keys)这样的明星的演唱会,以及许多高中毕业典礼。

类似于多功能场馆,混合用途场馆同样正日益成为开发商与市政当局的选择。例如,坐落于西雅图的华盛顿州会议与贸易中心,除了它的会议设施,还包括一栋办公楼、沿街零售店和一家博物馆。在大洋彼岸,位于上海周边,由登顿库克马歇尔建筑事务所(Denton Corker Marshall)设计,新建并预计在 2009 年开放的东钱湖国际教育论坛中心,将不仅包括一个会议中心和展厅,还包括一家酒店与购物设施。这个中心极富想象力的外形设计蕴含有舞动的中国龙的寓意。

Minton(2005)引用了 C. 安德鲁·麦克兰(C. Andrew McLean)(TVS 协会总裁——该公司是一家在过去 30 年内建设了超过 50 个会议中心的建筑公司)的一段话:

> 我们经常被要求考虑在场馆设计中引入零售业空间,通常情况零售店被安排在毗邻场馆的街上,这使整条街充满活力。人们往往认为在没有会议和节事的时候,建筑物总是缺乏活力的。

安全性设计

安全问题正成为会议组织者和与会者日益关注的焦点之一。对所有展馆来说,确保展馆不含有任何安全隐患,为会议代表及访问者除去一切后顾之忧是它们义不容辞的责任。某些展馆由于其先天的特质,会吸引到各类涉及敏感话题的展会,因此据危险性评估,此类展馆的安全性级别就需要被提高好几级。一些潜在威胁和展馆的应对义务见表 3.2 的分类。

表 3.2 威胁展馆安全性的因素

威 胁	展 馆 义 务	举 例
轻度犯罪	向忽视中的公物破坏与轻度犯罪宣战	扒窃者穿梭在节事活动
产业安全	在合作峰会上预防产业间谍	窃取代表手提电脑内包含的机密文件
公众安全	在敏感话题会议期间,防止与会者受到示威游行或类似行为的伤害	针对高峰论坛的抗议
恐怖主义	在恐怖主义可能重点袭击的目标建筑内,确保展馆大楼和与会代表的安全性	对进行动物实验的科研人员实施人身攻击

展馆设计师在设计阶段就将针对潜在风险的应对措施纳入设计,可以大大有利于会议管理者在高风险项目来临时顺利完成任务。这绝不仅仅是利他主义,这对展馆营销与收益都是有非常正面意义的贡献。

埃里克·瑞姆(Eric Rymer),"正确决策"咨询公司的会议安全问题专家,对会议安全性设计做了如下研究:

如果在设计和建造的初期阶段就将安全性措施考虑在内,那么一旦状况发生则容易处理得多。这种安全性设计的费用不高,而且,会议经营方会非常感激这种能使之在最短时间内控制住安全问题的设计。比如一个高度保密性会议需要一个特殊的"小岛国"供其使用,那么布置完成所有警力的时间越短,就意味着可供出售的时间越长,因为受其影响闭馆的时间短了。

一般情况下,有许多建筑规范都由法律明确规定,比如一些防火措施。这些规则因国家不同而存在差异,还有些国家根本没有此类规范。英国的规范在世界上是属于最苛刻的,它给出了一个很好的建筑设计的底线要求。

除了法律规范,馆内设计和装潢也可以大大加强与会代表的安全。比如,那些一旦被弄湿就易于滑倒的地板就不应该被使用,尤其在入口附近。设计师应避免过道或者小拐角取光不足。清洁并且空气流通的门厅和拐行区域,不仅能创造一个令人赏心悦目的环境,同时能给人带来更多安全感。即使是设计方面一个很小的元素,都要将安全性问题考虑在内。而有一点可能令人难以置信,会议中心的所有会议室都是不上锁的。

在设计中,路线尤为重要。标志清晰的直线路程能帮助人们解除疑惑,尤其在危急时刻来临时更是如此。同时,自然控制点也必须标志在路线上。比如,楼梯和电梯成为控制点后,能够轻易地在其区域部署警卫,以保证只有授权的代表才能通行。

贵宾专门通道在设计中也应仔细考虑。一些重要贵宾需要抵达和离开大厅时都保持隐蔽,他们可以通过后门路线走。同样,大厅必须设置一条直接从主展区(特别是议会厅)通向出口的路线,比如记者见面会,代表则不需要绕道从展馆正门出馆。

场馆正面的安全性措施同样需要考虑。比如,在馆前标志的地方立一座坚实的屏障,可以做很好的枪击庇护。此类需求正在不断上升。

尽早地考虑电子安全性措施也是大有裨益的,如入侵警报、安检、电子封锁系统和监控录像(包括外示的和隐蔽的摄像头),所有这些措施都是为了确保一个安全的公共环境。有些电子设备并不需要长期使用,比如X射线装置或者金属检测装置,但是在某些场合下,仍然有必要配备这样的设施以备不时之需。但在大部分场合下,只需要使用最基本的供给,比方说入口处的电源插座即可。所以,各方面的安全性措施如果能在设计早期就被规划入内,则可避免日后许多的不便。

通畅性设计

在案例分析 2.2 中,我们着重分析了佩斯会议局的"超越屈从"项目,已经了解了满足残疾人与会者需求的重要性。

确保残疾人士的畅通性渠道,将是展馆设计的一个关键性要素。在许多国家,都用立法将设置保障残疾人士畅通渠道纳入法律强制性范围。比如在英国,1995 年的《残疾人歧视法案》为残疾人士赢得了此项平等的权利,享受和参与一切同正常人一样的活动。这就使展馆设计必须作合理化的服务与设施调整,以适应残疾人士的需求。此外,不仅仅与会代表有可能患有残疾障碍,还有演讲者、参展方甚至是一些展馆的工作人员都有可能患有残疾。因此,在展馆设计中尽可能包含符合残疾人士需求的配套设施是强制性需求的。

其实,为残疾人士配置通畅性渠道不仅是法律需要,同时也是一个重要的商业决策。比如,在英国有将近 1 000 万残疾者,每年产生 500 亿英镑的总购买力(DRC, 2004);在美国同样有一个庞大的残疾人士旅游市场:在 2004 年和 2005 年,总共有 210 万人次成年残疾人士外出休闲旅游或者商务游。有数据显示,那些住宿宾馆的残疾人士中,48% 由于生理障碍在使用设施途中遇到不便(Anon, 2005)。

举一个简单的例子来说明残疾人士所面临的问题,以及可如何采取行动解决这项问题。一个宾馆会议中心规定只提供给代表自助餐形式的午餐,并且需站着完成就餐,将饮料放在腰线高度的小餐桌上。对于那些行动障碍和视力障碍的残疾人士来说,几乎不可能自行从自助餐盆上获取食物,也不可能在没有餐桌的情形下完成就餐。如果要为场馆作合理化调整的话,就是配置一些员工为这些特殊人士提供服务,并且为他们特别供应一些可以坐下就餐的餐座。这将是一个很好的尝试:为残疾人士提供他们所需要的特色服务区。

最终场馆选择的决策权还是掌握在会议组织者手中,他们深知对残疾人士应尽的义务,我们发现越来越多的会议组织者在实践中只考虑选择能够提供完全通畅渠道的场馆——可以使残疾人士出入自由、移动方便,并且为残疾人提供专用卫生设施,甚至最理想化的是,所有活动只在同一个楼层内的场馆举行。

检测建筑设施对残疾人士是否真正方便的最有效方法,是对这些通畅渠道作一项全面检验,对于会议组织者而言,技术性是他们考虑会展场所日趋关注的问题。并且,大多数检测是通过独立的、专业咨询师来完成的,他们考察场馆并出具一份设施供应现状报告和改善建议书。但是对于更倾向于自己检验的会议组织者,我们给出了一份检验清单。

这份清单包括:停车场出入口、洗手间、门廊、电梯、餐饮部、集体会议室、休息室和入口大厅。比如,会展将要设置展示台和陈列柜,那么会议组织者就要考虑:展馆是否能为每一位客人在展示台间提供足够宽裕的安全空间和自由活动范围,包括那些使用轮椅和导盲犬的特殊人群。这项畅通性检测经常建议展馆做这方面的整改:建立残疾人士专用卫生设施,入口设施或者一些极其简单的改善措施,如改变门把手和周围门窗的颜色,使用强对比色为视觉障碍者提供便利。

对希望提供完全满足残疾人士需求的设施的新场馆,或对想改进它们的设施以适应这一市场的旧场馆给予的建议和指导可谓铺天盖地。完全没有必要对场馆施加压力迫使他们运用这种方式或是那种方式。对物理环境的设计改观,不仅使他们吸引到了更多的会议组织者,并且也为他们赢得了更多残疾人士的青睐。在场馆内清晰的标志不仅仅帮助了视觉障碍者,对所有与会代表都大有裨益。

绿色场馆

对环境高标准关注的需求贯穿于人类活动的每一个方面已得到广泛的认可。正如我们第1章所讨论的,整个会展业对建筑与自然环境都有一系列的影响,并且越来越多的投资者都纷纷担负起将环境负面影响最小化的责任。

那些设计与经营会议场馆的人士同样对环境保护作出了贡献。那些会议专业中心尤其有可能对当地的环境产生重大的危害性影响,诸如耗损了大量淡水和其他能源,又如产生了大量的废品垃圾。

可是,正如 Bauer 和 Lam(2003)坚持认为的那样,尽管会议业在世界上的地位举足轻重,但是它仍然没有引起环境专家的足够重视。在他们现有的前瞻性的论著里,作者调研了"绿色化"在会议业试行的效果,评估了会议经营者对"绿色化"的态度。通过问卷和深入访谈的形式,他们调研了 175 家国际会议协会成员。在收到的 38 家成员回复中,超过 60% 的问卷回复来自欧洲(其中德国是回复率最高的国家——5 家参与此次调查),15% 的回复来自北美。作者因此得出,西方国家的环保意识要强于亚太地区的国家。调查结论显示,46.2% 的展馆已经在运行"环境管理系统",33.3% 正在筹划建立这样的系统。此系统被定义为一种以"绿色"为目标不断完善保护环境的行动力的措施,它伴随能源保护和降低浪费的环保措施建立,应被看作场馆在实行"绿色"行动中的最高的衡量尺度之一。

然而,专家也总结出这样一个不可避免的事实,仍有许多国家没有意识到与环境和谐相处的必要性。但是:

一旦展馆的环保措施成为会展组织者与策划者选择场馆的关键评判标准时,展馆的经营将毫无疑问地发生急速改变——推行环保措施以迎合环境友好型的市场需求。(Bauer and Lam, 2003)

案例分析 3.2"芬兰的坦佩雷大会堂",详细描述了会议展馆环境管理的成功典范。

本章小结

在新场馆的数目与类型不断增长,为与会者提供更多选择机会的同时,另一现象也逐渐凸现,对展馆设施需求的增长未见同步满足。展馆不仅在量上膨胀,也应在质上有所飞跃。信息通讯技术正迅速颠覆着会展举办方式,设计新型的革新的展馆越来越被重视,人们开始将灵活性、安全性、通畅性都考虑进展馆设计中。在考虑新建会议中心时,会出现这样的不同意见(当然这一点都不新鲜)——是委命去建造一座夺目而经典的建筑,还是一座更大众化、符合规划与参展基本操作需求的展馆。

但是,考虑的最为关键的因素可能是:构建与经营展馆应以对自然环境的负面影响最小的方式进行。

案例分析 3.1

盖洛德棕榈树会议休闲中心

盖洛德棕榈树会议休闲中心(Gaylord Palms Resort and Convention Center)地处美国,该场馆充分应用了信息通讯技术,其作用主要体现在以下几个方面:

招标

会议组织者只需利用盖洛德棕榈树会议休闲中心网络向各方发出竞标,颠覆了原先费纸费时的传统意义上的书面招标形式。

联接

安装全光缆覆盖系统,保障了错综复杂的会议成员网络(VLAN)的安全、可靠和迅捷。VLAN 包括了与合作方(VPN)的互联网连接,会议成员网络可按客户需求作有线或者无线连接,甚至可以连接进入客户的私人空间。此外,该场馆配备了各类灵活的宽带连接方式以适应不同客户的需求。

内聘员工服务

盖洛德棕榈树会议休闲中心拥有一名恪尽职守的、现场"技术解决代表",来解决客户技术方面的需求。宾馆销售经理与会议服务部门协同工作,起到宾馆及会议技术服务与客户服务的桥梁作用。

高速上网（HSIA）

高速上网免费服务于宾馆客户,包括了盖洛德棕榈树会议休闲中心的专业搜索链接,提供客户服务与信息支持,并在客服区的泳池与豪华浴室都提供高速上网网线。

视听

该场馆的视听系统包含一个拥有自动旋转台的多功能厅,供客户们开展大型娱乐活动和举办展览项目,专业的"录音室"提供音频录音和段落复制,整个会展空间都配置了艺术形式的视-听觉数据处理和数据分销网络,充满设计感的门户网站提供了个性化的会议室控制和预运行空间。

内置的强大娱乐功能与现场视听技术部服务于多功能厅与展览层面的各类场馆,馆内拥有一个40英尺×100英尺的永久性内置视听展台,一个内置搜寻无线电电视信号的外部收播台(用以接收卫星信号)。经理室都安置了计算机、远程电话、视频会话系统。

商务中心

全方位服务的商务中心包括:图片扫描、激光打印、秘书服务、文档装订、信息网源打印、场下制作、名牌制作、法律顾问、广告与禁告打印、双色信笺抬头、手册传单制作、传真、微机服务与联网、计算机及小型设备租赁。

在线注册

与会者通过专署网站输入密码,即可享受在线的住宿登记,免除了人工预定程序,客户同样可以在网站上找到满意的特需客房。

公告栏

会议及营销公告显示在宾馆会议中心大厅的全屏等离子显示屏上,客户的公司标志可以显示在项目日程后面。因为等离子显示屏和LED公告栏都归属区域内部网络,信息可以即时地更新。

卫星电视

盖洛德棕榈树会展休闲中心在宾馆的敞口平台上,拥有自身超大型卫星电视。这让人很容易联想起时代广场上的大屏幕,当日的重要新闻和与会者以及其他客户所需信息都会在大屏幕上公布,并且每日更新。

案例分析 3.2

坦佩雷大会堂环境管理系统

背景

坦佩雷(Tampere)位于芬兰首都赫尔辛基(Helsinki)以北 170 公里处,坐落于两大湖之间的地峡上。它是 19 世纪芬兰领军的工业城市,如今的旧工厂大楼留给了游客关于芬兰工业历史遗产的独特影像。如今,该城市已成为多领域的高科技工业中心,拥有 2 所综合性大学、2 所综合性工艺学校、1 所医科大学和多所研究机构。坦佩雷因此成为重要的教育研究中心。

1981 年,坦佩雷成立了一个委员会,专门规划和实施会议与文艺场馆的建造。为了争夺 1983 年会展设施的设计权,进行了一场建筑界的竞争,最终获胜方是 Sakari Aartelo 和 Esa Piironen。

1990 年 9 月,坦佩雷大会堂在该市的核心位置正式落成,正对坦佩雷大学,并靠近地铁站。作为城市发展的旗舰,至今,这个大会堂已承接了来访者超过 300 万人次的各式会议与文化节事。坦佩雷大会堂归属于坦佩雷市,是北欧各国中最大的会议中心。2003 年,该场馆的营业额达到 380 万欧元。坦佩雷大会堂曾被两度授予芬兰最佳会议中心的称号(1999 年和 2001 年)。

环保计划

坦佩雷大会堂将全力降低环境负荷作为企业运营的重要主张之一,企业多年以来都扮演着环保先锋的角色,它也是全球率先采取措施并提供服务为环保尽责的会议中心之一。除了严厉监督自身行为外,坦佩雷大会堂在环保行为方面对其客户及其他展馆使用者都起到了良好的表率作用。

坦佩雷大会堂的环境友好型措施集中于:低能源消耗、废品销毁以及废品回收的行动上。同时企业也密切关注环境友好知识,因为此类信息关系其措施推行的有效性。

能源消耗:坦佩雷大会堂运行节能项目多年以来,已经成功节省热能 30％,电能 20％—25％。这项节能是通过精确调整自动化控制实现的,主要途径是控制空调、供暖、热水系统和办公室的电能消耗。比如就坦佩雷大会堂的惯例来说,场馆按音乐会及会议的负荷大小调节空调,负责空调的员工在大厅里巡逻,根据二氧化碳测量表来调高或调低空调的温度。

废物处理:依靠消除废品产生和废品分类回收来尽可能地减轻环境负荷。废品分类除了针对员工自己每日的工作垃圾,同时也包括会议、展览和其他节事的垃圾分类。这项举措成功地减少了混合垃圾的数目,从而达到了节省处理成本的效果。

在位于其展厅的节事期间,坦佩雷大会堂的"生态导向"观点广受推崇,其中包括极具价值的用来指导会议方如何在会前和会后作废品分类的建议,以及房屋的"绿色外衣"——房屋修理工和技师同样能提供会议方相关建议。

在该场馆中,材料有下列分类:

- 纸张
- 公告板
- 能源垃圾
- 混合垃圾
- 玻璃
- 金属废料
- 电子零件
- 生态垃圾
- 荧光灯
- 危险品废料

指示:坦佩雷大会堂倾向于使用循环利用产品,而不是会产生危险性废料的产品。

奖项

坦佩雷大会堂因其对环保业作出的贡献,而被多家组织授予奖项:

- EIBTM(欧洲商旅和会展激励组织),1994 年;
- Hameen ymparistopalkito(地区环保奖励),1994 年;
- 绿色地球,1997 年。

拥有着世界上最受人尊重的专业环保会议设施,坦佩雷大会堂向世界范围敞开窗口。可喜的是,它已成功地吸收到了一大批与环保主题相关的科技项目。其中的两个国际科技会议例子:一个是国际毒素研究协会(2004 年 7 月);另一个是"环境 2005"(2005 年 9 月),主题是智能环境——智能外衣、感应成衣、智能房屋与生存环境。

深入阅读

更多坦佩雷大会堂环保措施参见:

Anja Van Aerschot and Pekka Heikura(1995)'Tampere Hall: an Environmentally Conscious Congress Venue in Finland', *Industry and Environment*, 18(2-3), published by the United Nations Enviroment Programme

复习与讨论题

1. 能否证明建造更多的会议中心是有道理的?

2. 今年建造的会议中心与 20 世纪末建造的相比,可能的设计区别在哪里?

3. 您有什么建议给那些有意向建造新会议中心的企业家,使他们建造的中心尽可能地更为环境有好型?

参考文献

Anon (2005) 'Do you overlook the disabled?', *Association Meetings International*, September

Bauer, TG and Lam, L (2003) 'The greening of convention venues', *Proceedings of 2003 Convention & Expo Summit*, Hong Kong Polytechnic University

DRC (2004) *Creating Accessible Events*, Disability Rights Commission

Farmer, RP (2005) 'The meeting industry's growth fuels a surge in renovations, expansions and new constructions', *The Meeting Professional*, August

Giannini, D (2004) 'WiFi, e-mail, war games, live streaming surgeries: technology raises the bar for the competitive convention host', *Hospitality Forum*, May

Hazinski, T and Detlefsen, H (2005) 'Is the sky falling on the convention center industry? A critical review of the Brookings Institution Research Brief on Convention Centers as Economic Development Strategy', *HVS Journal*, May

Minton, E (2005) 'What planners really want', *The Meeting Professional*, June

Sanders, H (2005) *Space Available: The Realities of Convention Centers as Economic Development Strategy*, The Brookings Institution

Walshak, H (1998) 'Great tech'xpectations: high-tech centers creating the next wave of convention networking', *Convene*, PCMA

第 4 章

目的地与场馆营销规划：
原则和理论

本章概要

本章研究了场馆和目的地用以营销其设施和服务的规划策略所依据的原则和理论。

本章内容涵盖了

- 市场营销计划的目的
- 市场营销调研的运用
- 市场细分
- 产品的定位和品牌建立
- 营销组合
- 评估和监控营销计划的必要性

案例分析：

- 为皇家医学院会议设施建立品牌
- 堪培拉会议局 2005/2006 年度商业计划

学习目标

完成本章的学习后,您应该能够:

- 理解有效营销规划的优势
- 了解市场营销调研在规划过程中的运用
- 了解市场细分和定位的作用和其中运用的技巧
- 讨论建立品牌形象可如何应用于目的地或场馆的营销
- 理解营销组合的使用
- 了解可用于评估和监控营销计划的技巧

导　　言

　　任何目的地或场馆的成功无疑依赖于有效的营销规划。所以营销经理必须付出充分的时间和精力进行未来规划。而规划过程的表现形式则是目的地或场馆的营销计划。

　　一个组织的营销计划是其总体战略计划或商业计划中极其重要的部分,是策划和实施成功的营销方案的基本工具。Gartrell(1994)把营销计划描述成一种组织的"导航图";把这一比喻用于会议业,就很清楚,任何会展局或会议中心如想营销其设施和服务却没有正式的计划,就会有严重迷失方向、随波逐流的危险,只得依赖于一系列心血来潮的决定和对外部节事的临时反应。

　　Middleton(2001:194)强调营销策略规划过程"完全是前瞻的,因为它规定和预示了组织的未来存在方式和对变化的产业模式、技术、市场条件和消费者需求的回应"。那么,如果要在一个特定时期内(通常是一年)实施一系列复杂而相互关联的活动,营销计划就能够为经理们指明方向。

　　有效的营销规划还有更多的优势。Kotler 等(2003)罗列了营销计划的目的如下:

- 为下一年的所有营销活动……提供发展之路;
- 确保营销活动与总体战略计划一致;
- 迫使营销经理回顾并彻底而客观地考虑营销过程中的所有步骤;
- 协助预算过程以把资源和营销目标匹配起来;
- 设定一套程序以使实际结果和预期结果相一致。

营销计划过程的组成部分

　　有效的营销计划是一个操作文件,最终使目的地或场馆形成以一系列活动计划为表现形式的可操作策略。然而,在形成那些策略前,须采取若干关键步骤。

营销计划的制订是营销文献的共同主题,学者们大致认同按照逻辑,此过程包括以下几个相互依存的步骤。虽然对于营销规划过程实际有多少步骤和每个步骤所用的术语鲜有一致,但有几个因素几乎无例外地都被认为是不可或缺的:

1. 进行营销调研;

2. 选择目标细分市场并进行企业/机构组织自身的定位;

3. 制订目标和行动计划(要做什么、何时和由谁来做);

4. 营销计划的监控和评估。

本章以下部分将逐一探讨这些内容。

营销调研的运用

规划过程一般始于某种形式的调研,目的是评估企业/机构组织目前和未来可能的市场定位。这最初的步骤通常被描述成"形势分析"或"SWOT分析",包括对产品(目的地或场馆)本身以及外部市场环境的系统评价。

产品

营销计划的这一元素涉及对目的地或场馆进行的详细调查,看其在市场中处于什么地位和怎样处于该地位,其市场份额和其与竞争对手的关系。很清楚,为了更有效,这样的调查须直接和全面,且须部分基于组织内部的"微市场"信息:销售数据、客户概况、事后评估、广告/促销有效性研究,等等。

对产品优势和弱点的缜密回顾,从最广泛意义上说,是该过程的关键部分。在第1章中,强调了目的地和场馆的互相依存。因此,相应地,任何场馆的形势分析须包括对目的地和自身特定优势和弱点的回顾,反之亦然。

类似地,"竞争对手分析"——对场馆或目的地的竞争对手的能力和缺陷的坦率而完整的评价——在调研产品要素的过程中是不可或缺的。名副其实的竞争对手分析要求目的地和场馆认识到,真正的竞争优势仅限于那些得到会议买家和策划者认同并影响其购买决定的因素。

市场环境

所有的组织都在市场环境中运营而对市场有很少或没有控制力。因此,经营者为充分了解可能影响特定的目的地或场馆的主要环境因素，需要进行调研。这能使它们尽量利用积极的趋势（机遇）并确定通往成功的实际和潜在障碍（威胁）。这方面的形势分析有时通常叫做环境预测。

目的地或场馆的直接和间接竞争对手的活动和商业表现必将创造一些机遇或者构成一些威胁。例如，若一家会议酒店的主要同城对手计划扩充或翻新其会议设施，这意味着该酒店在其营销计划中必须考虑到一种潜在威胁。任何目的地如果受到地方劳动力或全国航空公司屡次罢工的不利影响，就会为与其竞争的目的地提供商机，这些应反映在其营销计划中。

然而，对于所有的机构组织，评估外部营销环境的主要步骤是，对所有可能影响其总体运营的问题和趋势作全面的回顾，特别是对组织提供的设施和服务进行需求水平的评估。因为需求水平很少是一成不变的，所以环境预测在营销计划中是极其重要的一步。

对任何目的地或场馆，调研将包括对本书第 2 章和第 3 章中提到的所有政治、经济、社会和技术因素的仔细考虑——如，新法规规定制药公司可以花多少钱在赞助医学会议上；或货币汇率的重大调整；或远程会议技术的提高；或开通了新的交通线路。对所有这一类因素的概括分析，是所有组织机构系统评价其目前地位，确定重大机遇及威胁的重要一步。

一般对形势分析的这些方面的研究是通过利用目的地和场馆可得到的相关"宏观市场信息"作出的，这些信息通常是全国旅游组织、工业协会、顾问、学院或会议和奖励旅游业出版社提供的"形势"研究报告或调查报告。一年一度的 EIBTM（全球会议及奖励旅游展览会）产业趋势和市场份额报告是此类调研的典型例子，它由一个大型会议贸易展的组织者（里德旅游展）约稿和出版。这种宏观市场信息可包括会议供需总趋势报告、经济预测或诸如 ICCA/UIA 设计的绩效表。

市场细分和定位

一旦一个组织完成了其市场地位的评估研究，它即可开始营销计划的下一阶段：选择其目标市场并为自身定位。

市场细分

人们普遍认同对市场细分或市场细分分析的兴趣和重视在过去几十年间一直在增加，因为它对改善目的地和场馆营销效果的作用已日益得到认可。

Kotler 等(2003)把市场细分定义为把市场划分为同种性质的客户子集,任何子集都可能成为某一明确营销组合所选定的目标市场。换言之,市场细分由在某些方面类似的客户组成,这些客户在营销计划中对于目的地或场馆实施的具体的营销活动可能是相互独立的目标市场。

Fifield(1998:130)注意到"这样把营销分解成一定数量的不同组合,就营销投资和管理而言明显提高了成本,但是有一个更有针对性的组合,会增加在特定市场细分中的渗透程度,增加的市场占有量会抵消增加的额外成本。"

所以,所有营销计划的一个极其重要的因素是分析可得到的细分市场,并选择最合适的细分市场为目标。可得到的细分市场一览表将包括目的地或场馆目前的目标细分市场,以及新认可的细分市场。因此说选择最合适的细分市场,必然要求仔细分析在营销计划形势分析阶段收集的信息,因为进行有效市场细分的先决条件是准确了解组织在市场中的地位,其如何得到和保持这一地位,以及决定市场环境的主要力量(有些重要外力可能会产生新的细分市场或排除现有细分市场)。

所以,如果目的地或场馆想了解可用的细分市场,知晓自己是否有能力满足这些特定细分市场的具体要求,良好的形势分析是关键。

对会议和商务节事活动进行市场细分有一系列不同的分类标准:

- 根据地理范围:如,一个会议场馆可选择,基本上把地区性和全国性活动作为目标——如行业协会年会和/或位于场馆所在地区的公司的商业活动。
- 根据产业部门:例如,维也纳的许多会议场馆专门吸引医学大会。
- 根据价格敏感度:比如,大多数英国大学的场馆能提供非常有竞争力的价格,因此它们的细分市场通常是追求物有所值的顾客,如青年团体或 SMERF 市场。
- 根据访问目的:比如,毛里求斯岛以其奢侈和独特的形象,基本上以奖励旅游和奖励会议市场为目标。

可无论划分市场的一个或多个标准是什么,想要做出能占领最多市场的细分,Yoram Wind 的五个原则必须考虑。据 Wind 认为,一个细分市场应该是:

- 可计量的——它多大,如何与整个市场有区别。这显示该细分市场是在增长还是减少。
- 可进入的——企业/组织的沟通渠道可及。
- 大量的——足够大,能产生利润,记住制订特定营销组合需要额外投资。
- 以互不包容为特点——真正的细分市场与针对它的营销信息有关,与针对其他细分市场的信息无关。

● 对营销变量的反应一致———一旦营销变量改变，细分市场中所有人的反应相同。

然而，评论者一般承认细分市场不是营销者创造的，而是由营销者识别的。这在 Fifield (1998：132)中有最简洁的表述，Fifield 写道：

> 市场细分最有力的方面可能是它迫使营销者了解细分市场基本的实际情况，那就是组织或营销者并非真的划分市场，而是市场自我划分，人们属于不同的细分市场。我们的工作不是划分市场——我们的工作是识别市场如何划分自己，然后相应地包装和推出我们的营销组合。

定位

在识别和选择目标市场后，场馆和目的地的下一个任务是影响细分市场接受其产品的方式。这一过程通常叫做产品定位，或简单说定位——即在目标客户的脑子里确立产品的地位。

市场提供了大量有相似特征的产品，因此潜在顾客对特定场馆和目的地的看法在决策过程中起着极其重要的作用。Holloway(2004：77)调查了这种看法在休闲旅游决策中的重要性，调查结果同样可用于会议业：

> 对那些未实际访问过目的地的人，感觉就是现实。所以，在市场中建立清晰、积极和吸引人的形象非常重要。然而，这种形象不该通过错误引导来创造。产品的形象必须建立在其独特而有吸引力的品质上，并通过有意识的、系统的产品定位方法来实现。

Middleton(2001：199)也强调形象的重要性，把产品定位的重要作用归纳如下："定位通过在潜在顾客和重要利益相关者中创造和保持长期良好的形象和看法来巩固产品/市场增长。"

因此，很清楚，为增加从目标市场成功吸引业务的机会，场馆和目的地须先有明确的定位，然后把这一定位有效的传达给买主。会议类产品必须根据目标市场的实际需求和潜在需求明确定位。那么，在此过程中重要的是确定产品的益处并向目标市场宣传他们的需求如何由这些益处来满足。同样，该信息应在营销计划的形势分析阶段收集。

Holloway(2004)介绍了可用来制定定位策略的四种方法：

1. 根据产品益处定位：展示产品/服务的特色将如何为顾客创造利益/价值。定位为迎合商务市场的产品，并使用类似"万怡：由商务旅行者设计的酒店"的口号。

2. 根据价格和质量定位：该策略对于价格区间的二个极端——高价奢侈品和低价经济型产品一般更易做到，更有效。每年在戛纳举办的奢侈旅游市场交易展有许多会议场馆参展，它们的定位很明显是市场高端的高质产品，比如以很高的价格提供豪华的会议设施的法国城堡和宫殿。

3. 与产品类别有关的定位：该方法强调场馆或目的地所属的特定产品类别。这一方法的形式可以是与同类产品的定位相似（如案例 7.1 爱丁堡的例子中，它的定位是最佳城市联盟的一员）；或者与同类产品相区分，以提高产品的地位（就像墨西哥把自己定位为唯一对外国公司在该国举办的会展征收 0% 增值税的南美国家）。

4. 与竞争对手有关的定位：有时叫做"针锋相对的定位"（head-on positioning），该定位策略把目标直接对准产品直接或间接的竞争对手并把它们引入广告战。如：欧洲之星把自己的列车服务与飞往相同目的地的航空公司作比较，有效地把自己定位于商务旅行市场。

这里有必要区分定位和重新定位的不同。顾名思义，新产品在买主脑子里无先前存在的形象，为决定买主对新产品的看法，必需创造一个形象。无先前存在的负面形象需要抵消，这一事实使为新的场馆或目的地建立定位变得稍微容易些。

重新定位，即改变现存形象的目前地位，会因不同情况而产生，包括新竞争对手的到来。然而最经常的情况是重新定位的需求源于场馆或目的地重新适应市场变化。如，由于缺乏维护和产品改进，一些在英国海滨胜地的会议场馆已无法继续满足策划者和与会者越来越高的期望，结果不得不把自身定位改变为大众娱乐中心。

在产品如何面临需求变化而重新定位的另一个例子中，Gartrell（1994）强调，美国许多较大的会展旅游推广局出于市场压力（中小型活动重要性的提升），已试图把它们的目的地重新定义为小型会议或公司会议目的地，虽然传统上它们以举办大型会议闻名。

很清楚，即使是已有场馆和目的地，评估其形象的有效性，然后决定保持它或通过重新定位策略改变它也一直是极其重要的。

一旦确立了，想要的定位就可以写定位报告了。Holloway（2004）认为定位报告是纯粹创造出来给组织内部使用的文件——通过所有营销信息组合成的言简意赅的主题/报告。本质上，它是帮助公司指导营销工作的内部文件，让组织成员分享相同的观点和统一的目标。

另一方面，营销口号是外部的营销工具，往往是定位报告中总结出的语句，用来吸引目标市场的注意，并强化产品形象。它应通过强调场馆或目的地的独特的销售主张表明此产品如何有别于其他产品，并使用能形成鲜明形象的词语（最大、最快、最便宜……）。

那么营销口号，或称广告语可视作一种帮助潜在客户在脑中识别和定位场馆或目的地，并使它区别于所有其他场馆或目的地的主张。在休闲旅游（"我爱纽约"）和商务活动（波兰城市弗罗茨瓦夫把"会议之地"作为广告语）中这样的标签多如牛毛。Middleton（2001）考察了在旅游目的地营销中的广告语使用，强调为取得成功，它们必须：

- 能提供游客认为可信而非虚假的产品的真正价值和品质。
- 能让顾客一读就懂。
- 至少涉及商业领域里的领先玩家。
- 纳入一国地区和旅游胜地的推广工作。
- 几年内持续不变（以克服信息传递惰性等）。
- 系统地用于一系列促销和顾客服务技巧，这些技巧不仅用于来到目的地的游客，也用于客源国的潜在游客。

建立品牌

建立品牌的概念正日益与所有类型的产品包括场馆和目的地的定位相联系。

品牌概念最好被视为与特定目的地、场馆或连锁场馆有关的联想，它存在于买主的记忆里并帮助买主了解：

- 这一品牌是什么？
- 为何这一品牌可能与他们有关？
- 这一品牌如何有别于其他竞争对手的品牌？

品牌联想来自产品供应商进行的各种销售行为，包括广告和一般媒体传播，及产品的某些特色（包括名称和标识或广告语）。来自新闻界、舆论领袖和口头的关于商标的情况也影响这些联想的性质。

那么，本质上品牌是潜在顾客脑子里的一些感觉。"这是顾客和产品间的心理、感情和动机联系"（Harrill，2005：32）。

早在尝试给目的地和场馆建立品牌以前，品牌概念即应用于消费品领域，随着日益加剧的全球竞争，消费者在很拥挤的市场上越来越难以区分事实上很相似的产品，建立品牌的需求应运而生。我们以当今矿泉水市场为例，在该市场，为使自身区别于行业内多个品质近乎完美的产品，建立品牌被广泛使用。

可是，建立品牌的概念在多大程度上能用于场馆和目的地的销售呢？

20 世纪 90 年代初期以来，许多连锁酒店已为其会议产品建立了品牌，以帮助区分它们和竞争对手的会议设施和服务，并建立顾客忠诚度。引进品牌部分是为了确保买方无论使用哪家连锁酒店，都会得到相同质量的服务。从买方的角度，品牌的主要优势之一是确保它们的会议将依据许多有保证的、成文的标准来安排和举办。如这种标准可能规定最初的问询会得到如何迅速的处理，酒店在活动当日会如何协助举办方，会议室将如何布置，账单会如何计算及活动后多久会送给客户（Davidson and Cope，2003）。

连锁酒店的例子可令人信服地论证使用品牌为它们带来了可观的"品牌效益",其形式表现为 Aaker(1991)的基于顾客的品牌资产模型中描述的四种主要资产,Pike(2004)又将它们详细描述为:

- 品牌忠诚度:老顾客和推荐顾客,源于想减少不满体验的风险。
- 品牌知名度:一切销售活动的基础。知名度代表品牌出现在目标顾客脑子里的强度。有一种共识认为策划者通过重复接触和强烈的联想增加了对酒店会议设施品牌的熟悉程度。
- 品牌认知度:给质量差或不稳定的任何产品建立品牌没什么意义。
- 品牌联想:品牌联想是记忆里与品牌"相连"的任何内容。这些联想是产品功能和情感因素的结合,其中一些将代表关键的购买标准。"最关键的是品牌联想是强烈的、正面的和独特的,依此顺序"(Keller,2003;Pike,2004 引用)。

虽然为会议设施建立品牌的方式可能与消费品接近,但涉及为目的地建立品牌时,却还有很多讨论空间。尽管为目的地建立品牌的话题最初出现在 20 世纪 90 年代末的旅游文献中,但与目的地品牌有关的研究依然很少,尤其关于一般目的地品牌或特定商业目的地品牌的长期有效性,几乎没有什么出版的研究成果。

然而目的地品牌的提倡者相信,目的地营销的未来将是一场品牌战,因为"即使大多数目的地现在还不可取代,它们也将日益变得可被取代,因此它们是商品而非品牌"(Pike,2004:69)。他们相信当消费者面对的互相竞争的目的地都提供相似的质量,那么品牌是唯一可改变消费者对目的地看法的东西,因此,品牌应处于营销策略的核心,所有目的地营销活动的目的都应围绕提高品牌价值。

关于此话题有大量著述的 Pike(2004)认为,如果单靠推广产品特色不足以有别于竞争对手,那就需要建立品牌。因此,DMO 面临的基本挑战是开发一个能概括某个有特点的目的地、销售代表和东道社区的本质或精神的品牌特征。他坚定地认为这样的品牌特征应是指导 DMO 和利益相关者的一切营销活动的宗旨。

他承认品牌开发、执行和管理过程对目的地营销者比对个别场馆的营销者更复杂,因为前者对实际履行品牌承诺没有控制力。这种复杂性产生的原因部分来自被派克称为目的地品牌序列的存在,它由几层"品牌"组成,见表 4.1。

很显然,假如能为目的地建立品牌,该过程的复杂性之一将是需要确保序列的各层品牌都是协调的,且目的地的商务旅游品牌与休闲旅游品牌也应协调。Harrill(2005 年)强调目的地品牌需要受到序列中不同层次的支持时着重提到,要证明品牌计划是成功的,它亦须有目的地组成机构(在国家层以下的)的参与,他们应积极参与到目的地的营销沟通传递体系中。

表 4.1 目的地品牌序列

层	实体
1	国家品牌
2	国家商务旅游品牌
3	州商务旅游品牌
4	地区品牌
5	本地社区品牌
6	个体供货商的商业品牌

资料来源:选自 Pike(2004)。

然而,在更多的目的地品牌案例研究出版前,对品牌概念用于目的地的有用性还有争议,且某一类问题被持续提及:真的能用有意义的方式给整个国家或城市建立品牌吗? 抑或这只是重复劳动甚至是起反作用的方法,可能造成不可预见和不希望出现的结果? 然而,目的地品牌提倡者的呼声震耳欲聋,不同意的声音几乎没有,例外的一个是由 Pike 引用的(Holcolm,1999):"把城市作为整体向游客推广将毁了它的精华。城市的形式和精神被改造以适应市场需要,而非居民的梦想。"

无论如何,Harrill(2005)的说法有些道理,即品牌是一个时髦词语,人们都想加以利用,可是却很少有人真正理解品牌。

目标和行动计划

形势分析完成并用于市场细分和给产品定位后,场馆或目的地可进入项目规划阶段。这一阶段始于设立一系列清晰的按优先顺序排列的目标,这些目标帮助营销者以营销组合为基础制定一套最有效的营销策略。所谓营销组合是为实现这一系列目标而设计的行动计划清单,并在每个特定的细分市场内实施。

目标

营销计划要求场馆或目的地设立短期和长期目标。设定的典型目标包括如:在一定时期取得一定程度的销售增长。对每个设立的营销目标,须规划单独的营销沟通组合。

普遍接受的观点是,为了有效果,目标应显示某些关键特征。如,据 Kotler 等(2003)所载,它们应:

- 可量化(用货币价格或某个其他度量单位表示,如占用率、举办会议的数量等);
- 有特定时间(一年、半年……);
- 有具体利润/边际效益(如:22%的平均利润率)。

行动计划

行动计划概述为为达到每个特定目标所需设定的营销活动。其形式通常是列出一年期间每月所有主要营销活动的综合性日历。这些活动的实施是营销计划的行动阶段。为此,须清晰地规定最后期限,以表明到营销日历中的哪一天须完成什么。行动日历需考虑固定日期因素,诸如重大贸易展的日期,重大促销活动的开始和结束日期,以及已经安排好的体验旅行或销售旅行的日期。

在营销计划中还应处理和记录实施行动计划所需资源的问题。这既涉及人员又涉及资金。列出行动计划中负责各活动的人员任命名单,这样在实施过程中有清晰的责任范围。同时,很关键的是应详细确定每项活动所需的具体预算。

然而,为最有效地达到设定的目标并使目的地或场馆获得最大的营销投入回报,营销计划阶段主要考虑的问题是到底该为每个细分市场提供什么以及如何提供。营销者为计划和实施营销策略并达到营销目标可用的所有方法的组合通常叫做营销组合。

营销组合

营销组合的概念是一切营销规划的核心。构成营销组合的不同变量包括:产品(product)、渠道(place)(或传送过程)、价格(price)和促销(promotion),通常被称为4P。对任何场馆或目的地,这些是营销计划的可控因素——与组织无法控制的因素有明显区别,如市场环境中的 PEST 因素和竞争对手的行动。

针对不同目标市场选用的营销组合构成了营销计划策略的基础。

- **产品**是场馆或目的地为满足顾客需求而提供的用来销售的东西。这包括一切有形元素(视听设备、坐位、会议食品等)及无形元素(如接待态度,或目的地的气氛)。
- **渠道**一般用来描述场馆或目的地让潜在顾客接触产品而采用的那些分销渠道。这些可能包括贸易展及网址,通过这些策划者能获得有关信息。
- **价格**是对所提供的服务收取的总金额——所以相对于不太可能向客户直接收费的CVB,这是场馆更需要考虑的重要因素。
- **促销**包括为赢得选定的细分市场可采用的一切营销沟通技巧。

近年来,已尝试通过再加上另 3 个或 4 个 P 来提高这一组合。如,Holloway(2004)建议加上人(people)(目的地的居民)及有形证据(physical evidence)(基于景象、声音等所有可表现目的地特点的细节)。

Burke 和 Resnick(2000)说一些旅行营销专家已经加了另 4 个 P——有形环境(physical environment)、购买过程(purchasing process)、组合(packaging)和参与(participation)。他们感到这些额外的 P 对描述营销旅行服务涉及的过程是必需的。当场馆或目的地试图成功营销设施和服务时,把这 8 个 P 作为可控变量,可举出令人信服的例子。

我们可以举一个有会议设施的酒店的例子,见表 4.2。

表 4.2 营销组合

P	定 义	例 子
产品	公司提供什么来销售	酒店的会议室
渠道/传送过程	分销和传送渠道	酒店预订代理机构
价格	为产品付的金额,由卖方基于某些因素决定	100 欧元/天/人
促销	激发对产品兴趣的活动	在贸易杂志上做广告
有形环境	销售发生的环境 产品生产和消费的环境	网站、贸易研讨会
购买过程	动机和搜寻信息	挑选会议目的地
组合	把配套产品组合在一起	提供会前及会后参观和/或合作者项目
参与	交易或体验	买主、中间人和卖主互动

资料来源:选自 Burke and Resnick(2000)。

为每个细分市场设定合适的销售组合可视为营销规划过程前几阶段的最终结果。场馆或目的地决定了想赢得谁、卖什么、为赚取利润须收费多少以及将通过哪些渠道赢得顾客后,就要想出一种把信息传递给顾客的方法。这些营销沟通技巧是本书后三章的重点。

把营销组合记录在年度营销行动计划中,组织就可以专心撰写针对下一年度的营销策略。可这并不意味着在此期间组合里的所有因素都不能被更改。市场环境中变化的情况能产生新的机遇(如竞争对手场馆遭受某个意料之外的危机)或威胁(例如主要入境市场国家的货币贬值),所以在营销计划中需要避免绝对的僵化。如果没有这种灵活性,计划就不能起到导航图的作用。

很显然在任何情况下,营销组合中的某些因素可能临时改变(促销、价格),但其他因素的改变耗时多得多(产品、分销渠道)。

监控和评估

对任何计划都必须进行**监控**和评估。需要对营销经费不断进行**监控**，以确保不超预算。

此外，场馆或目的地在营销组合上可花费的资金数额有限，应不断**监控**组合中每个因素的表现以确保计划将取得目标中具体设定的结果。

为验证营销计划正在取得预想中的结果，对它的不断**监控**假设在每个具体计划里结果是可量化的。然而，应使用何种标准对计划结果作出评价呢？

Gartrell(1994)建议以下可衡量的标准，大多数可用于场馆及目的地：

- 预订的房间数·夜次；
- 总的会议代表出席人数；
- 会议代表出席人数分布（地方、州、地区、全国、国际）；
- 预订的会议总数；
- 预订业务的分布（地方等）；
- 预订的种类（会议、展览、贸易展、节事、小型会议）；
- 预定的场馆类型（会议中心、广场、酒店）；
- 预定业务的获得途径（贸易展、直接邮寄广告、直销、广告等）；
- 产生的情报数量；
- 转换率；
- 住宿预订；
- 对会议业总的经济影响；
- 产生的本地税收数量。

无论使用何标准，只有通过评估营销组合中每个要素的表现，场馆或目的地才能回答一个关键问题，即对营销活动的高成本投入是否得到了足够的回报。

本 章 小 结

任何目的地或场馆的营销规划过程，其有形表现就是营销计划。目的地或场馆的营销活动常常是复杂而相互联系的，营销计划恰能帮助经理们确定这一系列活动的目标，并保持其发展方向。

　　以深入研究为基础的优秀营销计划，其最终成果应该是形成一个针对每个目标市场的营销组合。在这方面，形成有效的营销计划是营销经理最重要的任务之一。

案例分析 4.1

为皇家医学院会议设施建立品牌

　　本案例分析是关于一个有 500 年历史享有全球声誉的专业机构，它拥有一个 20 世纪 60 年代建成的会议场馆，我们要考察面对 21 世纪，为该会议场馆建立品牌面临的挑战。

背景

　　能俯瞰伦敦摄政公园（Regent's Park）的皇家医学院第五分院是 20 世纪 60 年代最好的建筑实例之一。这幢现代化大厦却拥有皇家学院可追溯到 1518 年亨利八世统治时期的悠久历史，1964 年竣工时它即被列入一级建筑名单。1992 年，此建筑的建筑师 Denys Lasdun 爵士因该设计被不列颠皇家建筑学院授予一枚奖章。该建筑临近纳什区最好的一些摄政街，不列颠皇家建筑学院评委会对它的评价是"充分展示了新与旧的结合，不仅在形式上体现了古典和现代的传统，而且在运作上也包含了多种功能"。1994 年该建筑赢得了不列颠皇家建筑学院金奖。

　　皇家医学院的核心作用之一是，它作为英格兰最古老和最享盛名的专业医学机构设立专业标准并控制医学实践质量。它保证研究生医学教育和内科医生培训的质量，现已在全球有接近 20 000 成员和会员。

　　学院为医生的教育和培训提供 11 个功能空间，其中 Wolfson 剧场（300 个座位）和 Seligman 剧场（400 个座位）是最大的两个；看得见私家花园和附近历史建筑的奥斯勒厅（Osler Room）可举行宴会或提供 240 个人的活动空间；会议室的墙成曲线，有豪华富丽的穹形天花板；藏书丰富，给人深刻印象的多尔切斯特图书馆可举行大型演讲、酒会或其他重大聚会。Jerwood 教育中心是新建的独立设施，2003 年开放，毗邻一座摄政大楼，提供为专项目的设计的带最新型设备的培训室。

为皇家医学院设施建立品牌

　　1998 年学院的新院长决定改变发展方向，要求提高学院医学活动的层次。这一新倡议需要资金，结果，通过对外出租房屋增加收入（对于学院是第三个最重要的收入来源，仅次于会费和检查费)得到了额外关注。学院作了一系列研究,比较了自身与伦敦其他竞争对手的会议和宴会服务,以确定学院的市场定位。研究显示,学院能提供良好的4星级标准服务,并有潜力成为伦敦领先的场馆。于是,学院作出了重要的决定,接受"非医学"界的预订。

这一战略变化要求制订更积极的营销策略,并在此策略引导下设计开展新业务的具体活动。研究认为学院的主要卖点是极好的环境和480年的历史以及"陈列的"遗产。简言之,学院提供了独特的新旧反差。然而学院有会议设施但缺少场馆品牌。为场馆定名经历了长时间的讨论。是该把这一场馆的品牌定为"皇家医学院",还是"摄政公园会议中心",还是"圣安德鲁街11号",还是其他名称?最终决定把该场馆作为"皇家医学院"来推广,因为这是一个已建立起来的国际医学院品牌,成员包括全世界一些最杰出的开业医师。

关于场馆名称的这一关键决定带来了许多挑战:

- "学院"的名称会引起许多负面联想如学生、廉价、低质量,等等。
- 作为场馆,它被要求在促销活动、产品开发和能接受的业务性质中体现专业医学机构的价值和精神特质。如,它可能拒绝某些会议业务(诸如制药公司想用此场馆获得对有争议的新药的支持)因为该业务会与其作为皇家医学院的精神特质背道而驰。与保护历史价值和机构形象比较,收入就并不怎么重要了。对建筑及其设施的投资,一方面要兼顾产品质量和工作质量,另一方面又不能给学院会员和成员造成在豪华设施上过度开支的印象。

2002年学院聘请了品牌开发专家为皇家医学院建立品牌。他们的工作首先确定了皇家医学院与其他伦敦场馆不同的因素:地标性位置;历史;不仅是会议和宴会场馆;合乎道德的公共机构;无食宿限制;独特的场馆;学术宝库;遗产。之后,又将其发展成为一系列更详细的关键卖点(KSP)和独特卖点(USP),见表4.3。

他们还撰写了一份如下的价值声明:

我们专业化产品和服务的质量依赖于每个人的意识,我们的承诺和我们对顾客的友好态度。

功能上的有利条件用以下的字眼表述:最新型的设备;会议或会晤的系列设施;两个阶梯式讲堂;5星级的宴会设施;定制的展览会;惊人的建筑。感情上的有利条件被归纳为:成功、奇迹、发现、荣誉、鼓励及被认真地对待。

皇家医学院雇员的素质对它的成功是绝对重要的。这意味着先用正确的态度招募正确的人,接着再继续投资于员工培训及其不断的职业发展。皇家医学院雇用了来自26个国家的约54个全职员工(加若干兼职员工),许多人有曾在国际酒店工作的经验。皇家医学院的工作团队以其员工具有不同的文化和观念出名,并被视为有助于使团队显得"特殊"。员工每月有一次非正式聚会,在会上认可和表扬有出色表现的个人,交流来自顾客的反馈,并提出未来可改进的建议。

为所有员工实施详细的培训计划,而合适的员工每年至少参与一次团队建设和价值提示练习。

作为会议场馆,皇家医学院因提供优质的会议和节事管理服务通过了国际水准鉴定ISO9001:2000。它是"卓越会议中心"(www. cceonline. co. uk)、国际大会场馆协会(www. aipc. org)、国际会议中心协会(www. iacconline. com)和伦敦独特场馆(www. uniquevenueso-flondon. co. uk)的成员。这些成员身份赋予了皇家医学院较高的地位并证明了人们对它的认同,强化了它的品牌里包含的承诺和保证。

学院有一项真正独一无二的财产是多尔切斯特图书馆,藏有约 50 000 册手稿、书、地图和其他藏品。其中包括许多原件,并形成了英国历史和遗产的一个关键部分。这批藏品估计价值3 500 万英镑,有专业员工来维护这批藏品,包括一位遗产中心经理和一位档案保管员。有些珍宝可拿出来展示,供晚宴和特殊活动使用,特别是当试图吸引国际医学会议时,这一特色是"卖点"的重要组成部分。学院仪仗官(学院的官员)也能被活动组织者雇来担任宴会主持人。

以下数字是 2004 年学院举行的会议数与 2003 年的比较,概括了会议数量的增长,证明学院作为一个会议场馆正日益成功并得到更多认可。2004 年举行了 1 667 个内部活动(即针对皇家学院成员的),比 2003 年增长 62%。有 621 个外部活动,比 2003 年增加 28%。两个数字合起来,每年业务平均增加 30.5%。从收益角度看,外部活动比内部活动产生 5 倍以上的收入,尽管内部活动的数量与外部活动数量的比值是 3:1。

资料来源:www. rcplondon. ac. uk/venue。

表 4. 3　皇家医学院的卖点

1	关键卖点	**极好的会议和宴会设施** 难忘的总体设计和布局
	关键卖点	专门建造的倾角阶梯式讲堂 最新型的视听设备和技术
	关键卖点	灵活的展览空间
	关键卖点	供招待会用的花园区
	独特卖点	"皇冠上的宝石"多尔切斯特图书馆——在 16 世纪它是除牛津和剑桥外最重要的图书馆
	关键卖点	有自己的发电机,能防止万一停电时活动中断

(接下页)

（续表）

	关键卖点	物有所值的优质场馆
	关键卖点	专门建造的新培训中心
	关键卖点	较其他场馆具有更多的专业资源(信息技术支持、复印机、扫描仪、设备等)
2	关键卖点	**伦敦中心位置**
		很便利,公路、铁路和地铁(外加连接伦敦希思罗机场的帕丁顿火车站)为组织方提供免费停车(在拥堵收费区外)
3	关键卖点	**高质量的食物及服务**
		五花八门的现代美食
		餐饮部经理对美食有激情
		提供 5 星级标准的饮食及服务
4	关键卖点	**专业和友好的多语种/文化的职工**
		出色的后台团队(前台、搬运工等)
		支持服务,如酒店预订
		便捷的传真、复印
5	关键卖点	**有国际会议经验的专业场馆**
		提供的会议和节事管理服务获 ISO9001:2000 认证
		"卓越会议中心"成员
		二个国际会议中心协会成员资格
6	独特卖点	**位于"陈列着"500 年历史的极佳环境中的 1 级现代获奖建筑**
		"伦敦独特场馆"会成员
		权威的公共医学机构
		俯瞰摄政公园
		纳什特色的房屋和世外花园的迷人风景
		迷人、光线充足、地方宽敞
7	关键卖点	**可向特定团体提供带向导的历史主题游览**
		(国际医学会议的特别待遇)
8	独特卖点	**学院收藏的书和物品**

案例分析 4.2

堪培拉会议局 2005/2006 年度商业计划

所有的 CVB 都制定年度商业和/或营销计划。本案例研究举例说明这样一个计划的结构和内容,即澳大利亚首都堪培拉的会议局所做的"2005/2006 年度商业计划"。本案例聚焦该局营销和销售的活动和策略,不仅如此,如图 4.2 所示,该计划也涉及更宽泛的该局的业务、成员发展和人力资源管理等内容。

堪培拉会议局声明的远景是"堪培拉的竞争优势使它成为领先的商务节事目的地"。该局的使命宣言陈述道:"作为关键商务节事营销团体,本局致力于通过增加堪培拉的会议、奖励旅游和会展活动,增加堪培拉和我们主要利益相关者的经济收益。"

以下实施提要对堪培拉会议局的主要目标和活动作了一次概述,并为该局的营销和销售活动提供了背景和框架。

实施提要

下一年度的规划受以下需要驱使:

- 在改组的组织结构中巩固新的团队并加强组织的力量;
- 与利益相关者建立积极的关系;
- 为会员和政府树立更强的投资回报信心;
- 提升该局对客户和更广泛社区的服务。

由于减少人员流动并采纳学习型文化,该局的总体组织结构健康将改善,并通过职业培训和职业发展,提高人力资源的总体水平。

知识管理方法将为销售能力和信息系统管理力量的提高提供基础。堪培拉在很多领域有吸引会议的良好纪录,因此应扩大这些已有市场的份额,同时还要围绕堪培拉的知识中心及现有市场优势开发新市场。另外,从 2007 年起推出以提升改造国家会议中心为主题的节事活动。

营销活动将包括修改后的目的性更强的熟悉计划,把全国范围的熟悉活动从每年 2 次提高到 4 次。除了依靠传统的娱乐和目的地特征,这次将更强调堪培拉公共机构的知识优势。

2006/2007 年度的实施计划将重新考察并调整成员结构和利益。为抵消上一年的成员数量下降,下一年度的成员人数应在现有基础上提高 5%,并应体现在高端客户的增加上。一个地区会员项目也将试行,以满足现有需求。应在不削弱该局对澳大利亚首都地区的经济影响的前提下把此项目发展为增加收入的手段。

该局将继续在发布产业增长限制方面扮演市场领导的角色。这将包括对更新国家会议中心的工作范围提供咨询服务,对议员进行游说,争取在 2013 年建成一座新的"世界级"会议中心,参与城市复兴规划并鼓励质优价高的酒店/房间投资开发高新产品,也鼓励对相关商务活动的产品和服务进行投资。

尽量多的组织营销和销售活动,但财务管理上通过保留固定比例的未拨资金,确保不危及该局的中期财务状况。这能使该局战略计划的实施和问题管理更具灵活性。在下半年度组织一个相关的规划会议。

目录

1 实施提要
2 优势、弱势、机会、威胁(SWOT)和行动
3 目的地营销/会员/沟通
  策略
  3.1 品牌形象
  3.2 目的地营销
  3.3 形象培育
  3.4 沟通
  3.5 合作营销活动
  3.6 会员审核
    3.6.1 会员结构和利益审核
    3.6.2 会员结构和利益研究
    3.6.3 会员资格操作过程审核
  3.7 会员目标
  3.8 地区会员
4 销售
  4.1 销售概况
  4.2 策略
    4.2.1 细分市场分析
    4.2.2 国际投标策略
    4.2.3 增加全国投标的机会
    4.2.4 审核体验计划
    4.2.5 利用"知识经理"资源
    4.2.6 地理增长区域
5 知识管理
  5.1 范围
  5.2 战略
  5.3 细则
6 人力资源管理
  主要目标
  6.1 组织结构图
  6.2 2005年5月的能力矩阵
  6.3 2005年5月设定的每月学习和发展日历
  6.4 2005年5月设定的每人学习和发展日历
7 预算
8 附录
  (i) 活动日历
  (ii) 该局2005年5月做的基于2003—2004年年度报告的竞争对手分析

图4.1 堪培拉会议局商务计划目录

计划目录(图4.1)表明,从SWOT分析到营销、销售目标和活动,再到考虑预算问题,该计划遵循着一个合逻辑的过程。

　　堪培拉会展局的目的地营销和销售策略针对的既是内部市场(在堪培拉地区的关键利益相关者)也是外部市场(更广泛的产业和客户)。策略的详情如下(各部分的编号与图 4.1中出现的计划各部分有关)。

活　动	描　述
网站重新设计	创造浏览起来简单的网站,并对会议策划者和会员提供一系列服务。这是自 2004—2005 年度第四季度开始的升级过程的第二阶段
会议策划者指南	见"合作活动"
公司小册子	可用于发展新会员并作为针对潜在顾客的销售工具的小册子。该小册子将概述堪培拉会议局提供的服务
小册子封面	与品牌定位一致的新设计
公司礼品	用作销售工具
目的地 DVD	创作把堪培拉作为严肃的会议目的地介绍的视频展示,同时也展示会员服务并作为一项互动的销售工具
奖励旅游目的地	创设一个奖励旅游产品,作为国内和国际奖励旅游业务的销售方案

图 4.2　相关产品

3.1　品牌形象

　　在产业内和相关利益者心中树立起堪培拉会展局的形象,即该局是为堪培拉增加会议业务的高度有价值的资源。

　　通过提供统一和集中的信息,提供各种方式进行沟通,强化我们的地位和未来目标,在相关利益者心中树立该局的积极形象。

3.2　目的地营销

　　为堪培拉作为商务活动目的地制订清晰的定位声明。

　　把堪培拉作为一个有各种丰富的文化和遗产特征的严肃的商务目的地,从而强化该市在会议业的地位。为支持在该细分市场的销售,还将开发一个奖励旅游产品。

　　市场定位要与以下内容一致:

● 堪培拉作为澳大利亚的首都;
● 国家的会见地点;
● 有丰富文化和遗产特征的城市——国家级胜地;
● 堪培拉的商业案例——知识经济。

3.3　形象培育

　　通过一组有目的协调的相关产品提升该局的形象,并反映我们的目的地地位和品牌形象。

开发一系列相关产品，以推广堪培拉作为会议和节事市场领导者的形象，同时推广堪培拉会议局作为便利渠道的形象。相关产品设计将与"在堪培拉看见你自己"的广告词句和谐一致，并支持我们的目的地定位和品牌形象。

3.4　沟通

通过该局的活动，向当地社区、会员及其他利益相关者传递统一而积极的信息。

主流产业、联邦和地方政府以及一般公众眼里建立堪培拉会议局的有益形象。为达到此目标，可通过有目的的公关活动，重新设计相关产品和建立目的地形象传递稳定统一的信息。

3.5　合作营销活动

开展并保持一系列合作营销活动，不断强化我们的品牌定位，强调堪培拉引人注目的商业案例，展示我们的会员服务。

销售策略在计划的第4部分有论述。它们包括：

4.1　销售概况

以下销售目标综合了历史表现的趋势，知识经理资源的引入，以及新建销售团队的力量加强。

重点和增长的主要领域是：

- 着重于过去已成功且有商务案例的优势目标市场；
- 把国际投标次数从2004/2005年的1增加到2005/2006年的3；
- 把国内投标量从31%增加到40%；
- 引入目标更明确的巧妙的熟悉计划；
- 利用"知识经理"帮助新一代领导争取投标项目和进行目标市场分析；
- 地理区域上着重于有增长能力的地区；
- 引进"成熟的"奖励旅游产品，它应包含区域内令人向往的胜地。

4.2　策略

4.2.1　细分市场分析

利用我们的商务案例和过去的成功经验，把资源集中在历史上较强的细分市场，如健康与医学，科技与国防/安全。

4.2.2　国际投标策略

把从国际投标中取得的会议次数从2004/2005年的1次提高到2005/2006年的3次。基于国际投标选择过程，我们有能力确定机会，并把资源只用于我们有机会获得的国际投标。

活　　动	描　　述
业务通讯—堪培拉会展局信息更新	每月向会员、类似组织和当地政府发布一期更新的信息公报
新闻稿	每月最少开发二个新闻事件提供给媒体,向主流观众简介堪培拉会展局和商务节事产业的价值
公关咨询运用	运用咨询支持以确保与所有媒体的沟通信息是前后一致的、有针对性的和有效的
公关活动	商业社区成员、政治家、媒体及其他利益相关者出席绝密的体验活动
发布	为已确定的商业节事安排事前媒体发布会。邀请政客和其他利益相关者参与,作为保证手段
录像和发言人资料(推广会展局在目的地营销中的作用)	运用澳大利亚会展局协会的“会展局的作用”这一录像和发言人的资料向利益相关者作展示
贵宾会宴	与地方和联邦部长及其他贵宾建立经常性社交渠道,如定期举办会宴等
与类似组织的合作活动	强化该局对澳大利亚首都地区经济的价值,并通过关于堪培拉会展局活动的宣传过程吸引商业团体
	发挥领导作用并与政府和商业团体合作,鼓励对与商务活动有关的设施进行投资和良好规划

图 4.3   公共关系

活　　动	描　　述
广　　告	通过在贸易出版物包括 Quorum、CIM、Mice. net 上的广告,推广“会议策划者指南”。可利用的其他渠道还包括主流媒体《悉尼先驱晨报》和《堪培拉时报》,或与其他旅游团体(如澳大利亚旅游局)合作广告

图 4.4   广告

A. 国际投标策略之一

根据其他澳大利亚城市中标的结果把卫星会议作为目标。根据过去澳大利亚中标的结果,识别商务案例机遇并接触有类似商务计划的会议策划者,以便:

a. 把卫星会议带到堪培拉,或

b. 为堪培拉创造卫星会议。

B. 国际投标策略之二

鼓励具有国际社团身份的地方组织“为堪培拉投票”。

活　　动	描　　述
会议策划者指南	每年一份的使用手册,是提供给 CCB 成员的主要展览文件
4 次全国性熟习旅行	1 次绝密目的地;2 次全国性的,针对有"特别兴趣"的目标群体;1 次针对全国性会议组织者(PCO)
3 次当地熟习旅行	这些熟习旅行针对驻在当地的会议组织者,推广我们的成员服务
2 次 CCB 首席执行官市场情况更新	强调本局对关键成员和利益相关者的价值。突出本局目前在进行的一二项主要活动并向成员提供市场情报
2 份客户业务简讯	这些业务简讯将取代《最新会议》而被主要用作销售工具,它们将包含有关堪培拉的一般促销信息并突出最新会议预订情况。成员单位可将其作为促销平台
3 次协会管理人员聚会	这些活动在新南威尔士、维多利亚和澳大利亚首都地区举办,旨在向协会买主展示 CCB 服务与会员团体的销售工具
10 次联谊晚会	继续现有的联谊晚会计划
AIME 贸易展	与参展成员一起完善堪培拉站,使其更便捷有序
地区熟习旅行	根据地区成员的兴趣开发两个主题地区熟习旅行

图 4.5　合作营销活动

1. 重新使用"为堪培拉投标"(这也可为全国会议产生机会)

2. 识别并锁定机遇:

a. 有委员会成员在堪培拉的项目;

b. 亚太地区会议;

c. 5—10 年的循环项目;

d. 有其他商业理由而可能选择堪培拉为会议目的地的项目。

作为团队我们需要识别项目的特性来帮助"知识经理"获得关于国际投标的合适信息。

4.2.3　增加国内投标

我们 2005/2006 年的目标是把中标会议从 31%增加到 40%。基于前 3 年的平均数据,单个项目的投标平均值是 530 000 澳元,总中标业务量是我们每年业务的 32%。要增加到 40%,我们每年需再获得 5 个投标,也就是另外再获得 265 万澳元业务。利用"知识经理"的资源达到此目标是关键的。

4.2.4　审核体验计划

在 2005/2006 年度我们一致同意安排 4 个全国范围的体验计划。这些计划的重点将是:

1. 根据细分市场和买主要求确定目标;

2. 更小范围和更经常的体验项目以便协助及时有效的销售跟进；

3. 在体验计划中包含商业案例的优势。

销售团队目标 2005/2006 年度

年　　　度	澳元价值	房间·夜次	比上一年的增长（%）
2005/2006 年度预算	2 800 万澳元	51 538	7.7
2004/2005 年度预测	2 600 万澳元	45 000	11.5
2003/2004 年度实际	2 510 万澳元	52 781	2.5

地域目标 2005/2006 年度

推　销　区	百分比	澳元价值	住宿夜次
澳大利亚首都地区	38	1 064 万澳元	18 754
新南威尔士	39	1 090 万澳元	20 537
维多利亚	18	504 万澳元	9 329
昆士兰	3	84 万澳元	1 871
南澳大利亚	2	58 万澳元	1 047
	100	2 800 万澳元	51 538

图 4.6　销售目标

4.2.5　利用"知识经理"资源

为增加业务，业务发展团队和"知识经理"必须建立密切的工作关系。这将明显有助于在堪培拉树立成功的商业案例，以及帮助分析细分市场创造新的领先机会。

4.2.6　地理增长区域

我们把以下地理上的区域定为目标增长区域：

● 新南威尔士地区：潜力未挖掘；与"知识经理"联合研究确定该地区对于堪培拉的前景，每年 2 次销售旅行。

● 维多利亚地区：商业发展经理从 2004 年 10 月进驻市场；销售工作将要在 2005/2006 年度完成；2005/2006 年度增加 3%。

● 昆士兰和南澳大利亚地区：该地区的增长源于关注和销售活动的增加；由于持续服务于该市场，昆士兰的目标增长应为 2%，南澳大利亚 1%。

用于测试上述市场和销售活动表现的指标列在图 4.7 里。

资料来源：www.canberraconvention.com.au。

	2005 年 5 月作的 2004/2005 年度预报	2005/2006 年预算	差　距
销售（用与会代表的支出衡量）	2 600 万澳元	2 800 万澳元	8%
住宿夜次	45 000	51 538	14.5%
中标会议	31%	40%	29%
会员收入	174 800 澳元	204 410 澳元	9%
会员数	116	122	5%
人员流动	80%	20%	−75%
总收入	1 188 311 澳元	1 120 478 澳元	−6%
总支出 盈余/亏空	1 144 755 澳元 43 556 澳元	1 208 408 澳元 （87 930 澳元）	5.3% −149%
预测 2005 年 6 月年度末保留资金	198 930 澳元		−44%
预测 2006 年 6 月年度末保留资金		111 000 澳元	

图 4.7　主要业务领域表现小结

复习与讨论题

1. 为什么会议目的地或会议场馆应把时间和其他资源用于每年订立详细的营销计划？

2. 作为为目的地或场馆准备营销计划的第一步，所有承担营销调研的人可得到的主要资料来源是什么？

3. 讨论关于摩纳哥作为会议目的地的市场细分和定位。

参考文献

Burke, J and Resnick, B (2000) *Marketing and Selling the Travel Product*, Delmar Thomson Learning

Davidson, R and Cope, B (2003) *Business Travel: conferences, incentive travel, exhibitions, corporate hospitality and corporate travel*, FT Prentice Hall/Pearson Education

Fifield, P (1998) *Marketing Strategy*, Butterworth-Heinemann

Gartrell, R (1994) *Destination Marketing for Convention and Visitor Bureaus*, Kendall/Hunt

Harrill, R (2005) *Fundamentals of Destination Management and Marketing*, IACVB

Holloway, JC (2004) *Marketing for Tourism*, Prentice Hall

Kotler, P, Bowen, J and Makens, J (2003) *Marketing for Hospitality and Tourism*, Prentice Hall

Middleton, V (2001) *Marketing in Travel and Tourism*, Butterworth-Heinemann

Pike, S (2004) *Destination Marketing Organizations*, Elsevier

第 5 章
目的地与场馆营销沟通：
原则和理论

本章概要

本章研究会议目的地和场馆可运用的各种营销沟通技巧的原则和理论根据，重点是与顾客、潜在顾客及其他关键利益相关者联系时目的地和场馆使用的主要营销工具。

本章内容涵盖：

- 客户关系管理
- 直接营销
- 出版物
- 公共关系
- 商品展示
- 体验旅行

案例分析：

- 圣塞瓦斯蒂安 Kursaal
- 塞浦路斯体验旅行

学习目标

完成本章的学习后，您应该能够：

- 认识使用客户关系管理的重要性
- 讨论用于直接营销的主要技巧
- 了解出版物和能利用的各种媒体所起的作用
- 深刻认识公共关系专业人士使用的各种技巧
- 了解商品展示和体验旅行在促进供应商和买主间的联系中起的作用

导　言

正如在第 4 章中强调的，为了更有效果，目的地或场馆的年度营销计划应包括，为达到计划的一些特定目标而将举行的营销沟通活动。这些目标中几乎必然涉及用合理的成本引起潜在买主对目的地或场馆的关注。但综合营销沟通活动不同于单纯的销售活动，它包括与买主及其他利益相关方发展关系的全系列活动和技巧。

本章将给出并详细讨论会议目的地和会议场馆可运用的各种沟通活动。

客户关系管理

也许可以论证公司最重要的资产是其顾客基础，因为如果没有销售，那么什么都不会发生。而紧随其后的是收集到的关于那些顾客的有价值的信息。那些信息以及如何利用它们，正是有效的客户关系管理（customer relationship management，CRM）的关键。

CRM 这个术语用以指"设计用来帮助组织与关键客户建立……长期紧密和有利的联系的一套技巧"（Holloway，2004：114）。据 Canning（2004）所述，"CRM 应是推动整个组织更好地服务于客户的哲学。它是一项工程"，是建立在客户至上基础上的成功的关系管理工程。它能产生忠实的顾客，这些客户购买更多，并会为公司介绍其他客户，而需要对其付出的成本却更少。

CRM 是 20 世纪 90 年代以来的主要营销潮流，已被广泛认可为使组织能确定和管理对它们最有用的那些客户关系的商务策略。如果实施得法，该策略能产生一系列益处，包括提供更好的服务，获得更高的客户满意度，更好地留住客户及得到更多重复购买。

据 Pike 所言，"建立客户关系的全部理由是这些关系随着时间的推移将比一次性销售交易更有利可图，因为不断打动一批又一批新客户的成本将远远超过与现有客户保持联系的成本"（Pike，2004：127）。

很显然,对目的地和场馆,忠实客户因其带来重复购买的机会而代表很大的潜在利润来源。酒店尤其明白,在公司会议市场的成功部分依赖于与该细分市场的关键客户培育有质量的关系。

供应商与客户关系的发展深度可以在 Kotler 的五种关系层次中得到说明。以想在酒店预订会议的客户为例(Kotler et al. , 2003:391):

1. 基本的:公司卖产品但不以任何形式跟进。

2. 反应式的:公司卖产品并鼓励客户每当有任何疑问或问题即打电话。

3. 可靠的:公司的代表在客户预订后很快打电话,与客户核对并回答问题。活动期间和以后,销售人员从客户处征求任何产品改进建议和任何具体的失望之处。该情况帮助公司不断改进待售品。

4. 彼此互动的:公司销售人员或其他人带着已作改进的建议或对未来活动创造性的建议,时不时给客户打电话。

5. 伙伴关系:公司不断与该客户和与其他客户合作,发现提供更好价值的方法。

所以,CRM 为组织提供了一种可能性,使组织与买主不只是交易联系,而更接近于持续的伙伴关系。对于会议目的地和场馆,CRM 的营销方法正被日益使用,作为加强它们自己与实际或潜在客户间的联系的手段。

不少具体营销工具已被广泛用于此目的,其中许多已经因用于客户市场而为人熟悉。目的地和场馆的 CRM 实践正在扩大,因为其优势变得日益明显。CRM 使用者可向客户提供三大益处。

财务优惠

购买频率项目是用于给从同一供应商处重复购买的客户财务益处的最普遍手段。航空公司和酒店普遍使用这一手段,许多目的地和场馆也尝试这样的计划作为对一再使用目的地举行活动的会议策划者的奖励手段。往往,受奖励的是策划者自己,就像在明尼苏达圣保罗 CVB(www. stpaulcvb. org)运行方案的例子中那样。该 CVB 1996 年开始"圣保罗会议里程"计划,奖励那些经常预订会议的顾客,在一定里程内他们可以免费乘坐西北航空公司和荷兰皇家航空公司的飞机。据 CVB 发言人所说,在运行的第一年里,该计划被认为带来了800 多住宿夜次(Lenhart, 1998)。

社交益处

社交益处是那些旨在通过记录个人客户的具体需求和喜好并当进行重复购买时期待通

过这些与他们增加社交联系。比如，酒店利用 CRM 计划的一个用途是确保职员认出常客及其喜好(禁烟房、客房用早餐服务等)甚至称呼他们的名字。在会议目的地的案例中，常用的一个社交益处是为买主指定一个与 CVB 联系的人，个性化并独家处理那些买主的要求。

结构性捆绑

有时，可提供一些有形益处形式让供应商想接近的买主得到特殊服务。如航空业内的显著例子是办理登机手续的快速通道和头等舱客户休息室。对目的地和场馆，从客户结构上与特别客户联系的一种方式是邀请他们出席商品展示中目的地展位的鸡尾酒会活动。

大多数作者同意最近技术的进步使运行有效的 CRM 的资料管理更为便捷。信息和通讯技术(ICT)已使组织可能追踪客户的购买模式并购买和管理能突出在未来购买中可能有利可图的客户的资料库。ICT 的使用使供应商能够迅速而准确地管理大量数据并利用结果对产品、销售策略和竞争优势做出明智的决定。ICT 也对下一个考虑话题——直接营销有巨大影响。

直接营销

与 CRM 紧密联系的是名为直接营销的营销工具。相对于传统销售技巧，直接营销的重点是组织与其客户或潜在客户间联系的互动或双向性。

直接营销是过去几十年里意思有改变的术语。它曾仅仅用来指服务或产品从生产商直接营销给客户(或购买决策者)而不用任何形式的中间销售渠道的营销。但 Kotler 和其他人注意到随着越来越多地使用电话和其他媒体把提供物直接推广给潜在买主，直接营销的意思被重新定义了。学者们援引直接营销协会的定义："直接营销是用一个或多个广告媒体引起可估量的反应和/或在任何地点的交易的营销互动系统"(Kotler et al. , 2003:650)。

Middleton(2001:313)也强调直接营销方法的双向性："直接营销的主要目的是在对客户及其行为深入和逐步了解并与他们直接联系的基础上，更合算地使用营销预算。正是此目的把直接营销与传统形式的直接销售区别开来。"

所以，直接营销是 CRM 里必不可少的工具。它提供会议目的地和场馆通过对话与客户发展牢固关系的机会，旨在从他们那儿得到回应并使之成为忠实客户。在 ICT 方面的进展，特别是国际互联网的发展，极大地改变了直接营销。ICT 给组织提供快速、有效和方便的手段与客户经常保持联系。它也便于创建复杂的数据库来管理客户关系。

发展和使用客户概况资料库处于有效直接营销的核心。Rogers(2003:105)介绍了目的地和场馆记录每个客户或潜在客户的一系列典型资料范围:"完整的联系方式(至少有客户姓名、职位头衔、公司名称和地址、电话和传真号码和电子邮箱地址)……然后……客户购买要求概况(如组织会议的类型、使用场馆的种类、节事规模、考虑的地点)"。

当这些客户概况资料库建成,组织就可以运用许多直接营销方法来与实际或潜在客户保持联系。目的地和场馆最常用的方法有:

- 直接回应媒体广告:在如贸易/专业媒体登广告,邀请读者通过回邮、使用礼券或打电话直接反馈。
- 直接邮寄广告:寄给以前的客户或回应询问的邮件/从广告返还的礼券。这可以采取有关伙伴间联合邮寄的形式,如 CVB、会议中心和为目的地服务的航空公司联合。
- 电子邮件:作为电子形式的直接营销,这种联系形式经常使用于如贸易展前几周,以鼓励访客来参观目的地或场馆在活动里的展位。很清楚,该技巧的一个问题是买主已收到太多电子邮件,这意味着许多只是被删除了,没读过。
- 电话推销:使用电话打动客户或潜在客户。在客户市场,使用此方法可通过电话服务中心。但企业对企业用电话服务中心要比企业对客户的情形少,因为这是"冷不防电话"。在目的地和场馆营销领域,更常采用事前问询一览表来取代电话推销。

虽然这四种方法被列为个别技巧,但它们往往联合使用,以取得最大影响。Kotler 如此解释由多手段、多阶段的运动组成的名叫"整合直接营销"的技巧:

有反馈渠道的付费广告→直接邮寄广告办法→电话推销→面对面销售拜访

在上面例子中,付费广告引起对产品的意识并刺激问询。公司然后直接邮寄广告给那些问询者。在 48—72 小时内,公司按照邮件回执打电话,寻求订单。一些可能成为顾主的人会下订单;其他人可能要求面对面销售拜访(Kotler et al. ,2003:656)。Kotler 宣称直接邮寄广告本身可能只产生 2%的反馈率,但配合整合直接营销可能产生 12%或更多的反馈率。

出版物

大多数之前谈到的技巧有赖于设计和制作出版物,作为载体有效地把目的地或场馆的信息传递给潜在买主。某些出版物还是 CVB CRM 策略的关键元素。

促销的小册子、目的地规划手册、业务通讯和观光指南都是目的地和场馆使用的主要营销和促销工具。Gartrell 认为,"出版物对会议局起到主要营销和沟通工具的作用,本质上又分二大类：那些设计用来营销和吸引客户的和那些设计用来在会员中沟通信息，引起会员对会议局计划兴趣的"（Gartrell，1994：92）。下面将对这二类分别作研究。

吸引业务的出版物

这些出版物也叫"补充读物"，在向市场传递目的地或场馆的形象中起着极其重要的作用。作者们同意应尽可能"度身定做"地设计出版物。如 McCabe 等（2000）强调应为定为目标的具体细分市场制作补充材料。"制作一本满足所有可能的客户需求的小册子不是有效的……补充材料应强调和推广产品对具体细分市场客户来说重要的好处"（McCabe et al.，2000：180）。

以下例子说明了设计制作这样一个有针对性的出版物的全部理由：

2004 年，悉尼 CVB 初次试用了特别针对亚洲奖励会议市场的策划，以利用策划奖励会议的亚洲公司和旅行社对悉尼的强烈兴趣。悉尼 CVB 在向英国、欧洲大陆和美国发行 2 500 份《想象悉尼》的同时，另外发行了 2 500 份亚洲版的 28 页的小册子。悉尼 CVB 总经理 Jon Hutchison 解释说，亚洲市场代表着特别的细分市场：

> 通常美国和欧洲的奖励旅游团队往往在 50 到 300 人之间，而亚洲更常见的是从 500 到 4 000 人的团。所以我们不仅看到来自亚洲的预订比其他市场更多，我们还看到大得多的团。通过创作两种版本的小册子我们能更容易地向不同市场强调我们城市最相关的特色并在全世界建立业务。（Anon，2004）

与利益相关者沟通的出版物

许多 CVB 出版物的主要目的是与利益相关者保持联系，这可能包括实际和潜在的客户，但推广局的分发范围必定比这个特定团体广泛得多。如 CVB 的年度报告可起到重要沟通工具的作用，因此应反映目的地想传递的形象。然而，最常用的广泛沟通的出版物是新闻简报。Gartrell 意识到这种形式的出版物的重要性："（新闻简报）能起到不仅是信息工具而且是业务指导的作用。新闻简报还可包含该局的营销活动的内容，在该局会员中正在发生的情况和即将到来的会议和教育论坛的日期和介绍"（Gartrell，1994：92）。

显然，ICT 对如何创作出版物并将其传播到各类读者处也有着巨大影响。电子媒体在目的地和场馆的促销和沟通策略中起的作用已被详尽地记录在案：如戴维森（2004 年）预测，由于国际互联网的使用变得比以往任何时候都更巧妙和有创造性，在今后五年中会议策划者对此载体的使用也将增加，以达到与场馆接触的目的：

> 愈来愈多的活动策划者将登录国际互联网，而非打开满是小册子和场馆指南的文

件柜。通过几乎可以即刻接触到目的地和场馆情况的技术,反馈时间已大大缩短,过去花几天甚至几周的选址过程现在只需以分钟或小时计。到 21 世纪头十年末,邮寄 RFP(建议要求书)给数个物业再等待回复将只是模糊而遥远的记忆。(Davidson,2004:9)

下例说明了目的地对 ICT 的一种创造性使用:

　　2004 年 2 月,《会议新闻》杂志报道说亚特兰大 CVB 正用"视频电子邮件"来帮助新团队向潜在的出席者推广它们的节事和该市自身。该服务免费提供给亚特兰大 CVB 最大的会议客户,并包括提供推广即将召开的会议并鼓励观众网上注册的顾客视频邮件。一封录像电子邮件以亚特兰大猎鹰队的橄榄球明星 Michael Vick 作为号召,邀请活动出席者访问"我居住的城镇亚特兰大"。该流式视频(streaming-video)邮件出现在浏览窗口,可由 Windows Media Player 播放。此服务对大的会议团是免费的,对其他团根据其规模浮动收费,以支付制作成本。

　　据亚特兰大 CVB 的营销总监所言,该技术以易懂和及时的方式直接把形象放在客户面前:"它是在成本效益原则下节俭地使用广告费的同时通过 CVB 寻求新的会议机遇,直接扩大服务范围"。(Davidson,2004:8)

公共关系

在目的地的营销技巧宝库中,公共关系也许是最被低估的创建和保持积极形象的方法。但公共关系运用得当,能帮助形成成功的会议目的地或场馆的强烈、积极的形象。

Holloway(2004:339)把公共关系解释为"为在组织及其受众间创建和保持赢得称赞的关系而设计的一系列沟通技巧"。

根据公关特许协会的说法,公共关系是关于名誉——你做什么、说什么和其他人说你什么的结果。"公共关系关心的是名誉,旨在得到了解和支持并影响见解和行为。它是为建立和保持组织及其受众之间友好和互相了解而付出的持续的努力。"

Middleton 宣称广告和公关都是"巧妙地处理需求并影响买主行为的主要手段。简言之,它们使企业能打动人们……并向他们传播影响其购买行为的信息。"(Middleton,2001:237)

大多数作者强调公关和广告间的对比。对比结果之一是公关的目标受众范围一般比广告广泛得多。它可以包括本地居民、本地和中央政府政治家、现有和潜在买主、雇员、媒体、股东、供应商、投资者、行业/贸易协会和压力集团。

Pike(2004：144)认为，公共关系的使用是"目的地营销组织建立对目的地的有利形象的协同努力。这既涉及为 DMO 赢得积极的名声，也涉及刺激内部和外部利益相关者之间的积极关系"。他补充说"公关行动的成本通常不会过多花在 DMO 上，特别是考虑到大多数公关行动的有限资源"。

会议目的地和场馆在公关活动中能用的主要技巧是什么呢？ Holloway(2004)和 Kotler 等(2003)一致认同与公关作用有联系的五大活动：

1. 新闻关系：把有新闻价值的情况登在新闻媒体上，以产生有利的名声或减少不利名声的影响。

2. 产品名声：实施策略，以吸引对特定产品如新的或新改建的酒店、特殊节事等的注意。

3. 公司名声：在内部和外部都为组织自身产生有利的形象。

4. 游说活动：与议会议员和政府官员打交道，以推进一件有争议的事或否决一项特定法律。

5. 咨询：寻求有关公共问题，特别是关于可能与组织有关联的任何敏感问题的管理咨询。在这方面，公关部有研究和监督功能。

现在对这些技巧中的两条作进一步详细研究。

使用媒体

显然，即使作了最好的营销努力，很多关于目的地和场馆的正面和负面名声还是出现在媒体中而不受这些供应商的影响或控制。所以，与媒体建立有效的关系对于它们的成功至关重要。

正面的编辑报道对目的地的形象特别重要——据许多评论家所言，比广泛的广告更重要。举个例子说，Gartrell(1994)承认广告的重要性，但坚持只有编辑报道才能以一种广告做不到的方式延伸和创造目的地的形象。McCabe 等(2000)强调公关在纠正目的地的负面形象中的力量："在一般消费者媒体里负面的目的地形象或名声……必须处理。这样的负面名声难得会仅凭广告就消除。回应和'好的新闻报道'必须通过曾经报道负面消息的同一媒体传递，以消除坏名声"(McCabe et al.，2000：182)。

而且，决策者接触广告"噪音"量的快速增加意味着许多人日益不受目的地和场馆的广告中声称的内容的影响。这为公关的作用创造了机会，用得合适，会比广告产生更高水平的可信度。

在此背景下就必须与媒体合作。组织的沟通人员须与贸易媒体联系以促使其出版关于目的地或场馆的文章；他们可为记者个人或记者团主办新闻界之旅；他们也可准备一套提供关于他们的服务和设施基本情况的媒体资料。

一般认为组织维护一个公关资源图书馆是个好的做法,这样能快速和有效地回应媒体要求得到的材料,如照片、统计数字和录像镜头。许多目的地和场馆利用国际互联网的力量设立自己的网上媒体中心,在那儿记者能下载新闻稿、照片、小册子和业务通讯。此设置的一个实例是两个英格兰北部毗邻的目的地纽卡斯尔和盖特谢德,它们联合在休闲和商务旅游市场推广自身,创建了一个网上媒体中心(www. 2005alive. com/mediacentre)。

访问该网站的人可以读到:

我们(纽卡斯尔盖特谢德倡议公关团队)与旅行和特写作家;本地、全国和国际媒体;会议贸易新闻界紧密合作,形成和推广关于欧洲最热门的新文化、休闲和会议目的地之一纽卡斯尔盖特谢德的报道。

我们能向您提供新闻报道、特写见解和无版权的特写材料、事实和数字、引用和媒体录音、图片和影像、媒体包和 VHS 镜头。我们也组织和帮助媒体甚至为其度身定做专题访问,第一手展现本地区的世界级胜地和节事。

何不访问一下我们独特的媒体论坛——为纽卡斯尔盖特谢德媒体中心用户独家设计的生动的时事讨论区。发布问题,发表你的意见或回应关于纽卡斯尔盖特谢德的评论……是时候参加最近的辩论了。

与政府沟通

公关的一个主要作用是游说政府。Gartrell(1994:93)强调与政府的有效关系对 CVB 的重要性:

其范围不仅包括监督立法议决和议案,它也意味着与几乎每天与会展局联系的那些当选官员合作和建立融洽关系。那些当选官员对公共资金的合同安排有控制权,因此该局必须与这些官员保持积极的关系,以培育他们对会议局及其任务的了解。

考虑到这些,许多 CVB,特别在美国,有具体的委员会负责管理该局的政治活动。例如,得克萨斯的阿瑟港 CVB 下设"政治问题委员会",它有以下作用:

- 密切注意和处理当地、县、州和全国的问题;
- 如需要,与适合的商会协调处理政治问题;
- 就立法问题与官员和机构联系;
- 协调候选人论坛;
- 策划和推出研讨会,帮助加强在各种当地、县、州和联邦政府部门中的形象建立,目的交流及相互协作;

- 与其他部门合作处理地区问题;
- 新官员当选时与其发展关系。

公关对目的地和场馆的协助是明显的。然而,正如 Holloway(2004:339)指出的,公关是"最难进行开支结果比较的营销技巧。公关一般花更久才能产生结果,且根据对公关的定义这些结果取决于组织不能直接控制的第三方的态度和行为"。公关本质上是具有长期影响的营销工具,但这决不应意味着目的地或场馆放弃对此项的技巧运用。

本章结尾选取的案例研究 5.1,列举了一个成功的公关技巧运用,它消除了最初各方对一所西班牙北部会议场馆的负面态度,而最终将其转化为对此项目真正热情的支持。

商品展示

商品展示的定义是:"以引起销售或告知参观者为目的向受邀观众呈现产品或服务"(Davidson,1994:194)。

这样的节事又为目的地和场馆提供了一条建立产品形象,产生新的信息交流并培育与现有客户关系的途径。所以,此类节事成为展出者(CVB 和各场馆)与参观者(会议设施和服务买主)间信息双向交流的有用平台。

出席这样的活动并展出,本身就是一种声明。Gartrell(1994:194)继续说道:"会议决策者能在现场接触到员工,这一事实是目的地在会议策划中获得认可和可信度的重要因素……无疑参加商品展示是昂贵的;但它应被视为投资和任何会议局营销组合中必要的组成部分。"

会议业贸易展存在不同地理层次,从全国的到全球的。在本卷附录中给出了会议业最相关的贸易展一览表。

这些活动的组织者为吸引展出者和参观者,提供许多"附加值"服务。如印度国际机场工业展览会和欧洲奖励旅游会议展的国际活动着重于研究和教育,而更多的地区性商品展览会,如 AIME 或 EMIF 则为参观者和展出者提供一系列讨论会和论坛。

体验旅行

对于许多行业,商品展示不但是展出者能面对面与买主见面的平台,而且是买主或潜在买主能第一手地实际体验产品的活动。如食品和饮料行业的贸易展能向买主提供自己品尝产品的机会；民用电子展让参观者能"亲身接触"参展产品，如手提电脑。

会议业的商品展示无法向参观者提供这种对产品的直接体验。虽然一些酒店确实在一些贸易展的摊位上建了客房的样板房，但建会议场馆复制品是完全不同的挑战。

因此，体验旅行（familiarization trip，常缩略为"fam"旅行）成为提供潜在买主在目的地和场馆中第一手体验的唯一手段。体验旅行给潜在买主访问目的地或场馆的机会，设计该访问为使他们了解当地具体的设施和服务并促进节事预订。这样的旅行通常提供给团体买主，但有时也面向散客。

体验旅行是会议策划者、场馆和负责营销目的地的 CVB 的重要资源。策划者在现场预先审查与会者将体验到的一切；目的地及其场馆的销售和营销代表有机会与合格的会议策划者分享关于目的地的实际情况和特色。

从这一点上，体验旅行代表了被日益关注的"体验式营销"——一种潜在的买主与产品、品牌或"品牌大使"面对面互动的现场活动。体验式营销使客户深入体验产品，给他们足够的信息来做购买决定。此营销工具指的是以推动产品销售为目的，让客户实际体验该产品或与之互动，与其相对比的其他可视营销方式有，如录像、网站或小册子里的理想化的目的地或场馆介绍。体验式营销是通过局限的促销小册子或贸易展告诉买主有关产品的特色或好处，和让他们直接亲身体验之间的区别。这使体验旅行成为供应商和 CVB 最有力的营销沟通技巧之一。

本章末尾介绍的案例分析 5.2 提供了体验旅行的详细例子。

本 章 小 结

无疑在竞争日趋激烈的环境中，全世界的目的地和场馆比以往任何时候更须要意识到本章讨论的营销技巧提供的优势。实际上，世界旅游组织作的《2004 年目的地管理组织调查》显示，预计今后三年内包括 CVB 在内的各类 DMO 将在以下两个领域内显著增加营销活动：

- 电子邮件营销；
- 客户关系管理（CRM）。

可以确定，在买方市场，为成功吸引到会议活动，会议目的地和场馆将须要更具创造性地，尽可能地运用他们所掌握的各种营销沟通技巧。

案例分析 5.1

圣塞瓦斯蒂安 Kursaal

Kursaal 一词意指大型游乐场。1999 年,当"Kursaal 中心"作为会议和娱乐场馆开张时,它已为争议所困扰。该场馆位于约有 200 000 居民的西班牙北部旅游胜地圣塞瓦斯蒂安的滨海区,距离法国城市 Biarritz 20 公里。它以其原址上一所 19 世纪的赌场兼游乐中心的名字命名。圣塞瓦斯蒂安的旅游传统可追溯到 20 世纪初,当时它被认为是欧洲最贵族化的水疗中心之一。

把一个新的、最优良的会议中心建在这样一个标志性的环境中——面临大海而且就在市中心——决不会是一项简单的任务。但 1990 年设计该新场馆的比赛吸引了许多有名望的建筑师,包括 Rafael Moneo。他对该建筑的大胆想象——描绘"被冲上岸的两块岩石"的两根巨大半透明玻璃管——当选为获胜设计图。当 Moneo 的设计被评委选出时,它被视为一项雄心勃勃的工程,将为圣塞瓦斯蒂安增添现代化的具开拓性的基础设施。这个壮观的混凝土、金属和玻璃结构,在建筑和设计界获得了国际认可。两根管子的 10 000 块半透明窗玻璃片覆盖了场馆的 1 800 席礼堂和展览中心、二个音乐厅、各多功能会议室、商店、咖啡馆和餐厅。

但从 1995 年在该建筑上开始建设工作起,大多数当地人坚决反对 Kursaal 工程。他们的批评主要集中在三个问题:被选出的建筑设计——极其前卫并与该市相对传统的风格冲突;会议中心经济上的可行性——那些被推断为会带来亏损的活动,将需要公众的捐款使之可行;使用该建筑有一种潜在的高人一等的优越感。对新场馆的反对由当地媒体领导,刊登了标题醒目的新闻,如"Kursaal:Rafael Moneo 的巨兽"(Anon, 1995)。

争议发展到建立起强大的群众反 Kursaal"市民论坛",对于 Kursaal 作为可行工程的未来提出了疑问。

为应对负面的名声和广泛的公众和政治反对,该场馆管理部门联合圣塞瓦萨斯蒂安会展局创立了工作小组,宣称目的是把这种反对变成当地对 Kursaal 积极的支持和全国对它的认可,并力争在当地人民的全力支持下开办该场馆。会议中心职员、物业开发商代表、旅游委员会职员、该市的市长、商店的业主和市民的代表被召集起来,以制订应对众多工程诋毁者的公关策略。

　　针对圣塞瓦斯蒂安的市民和企业的一项外部公关计划通过报刊、广播、电视和国际互联网传递了出去。这包括在不同媒体(公车、当地集市、互联网等)上的造势运动,以承受得起的价格向整个公众宣传文化计划——挑战认为 Kursaal 只服务于花费慷慨的外地会议代表的看法。此造势运动着重引入"广场概念"——把中心向当地居民开放用于各种文化活动——以抵消该建筑作为专用空间,对圣塞瓦斯蒂安居民关闭的看法。把中心向当地民众开放的另一技巧是推出面向公众成员的有向导的参观。

　　为应对公众对场馆经济上的可行性的担心,Kursaal 的管理部门发布了新闻稿,强调中心连续五年(1999—2003 年)每年末账款都有盈余。还委托独立咨询公司做经济影响研究,此研究估计会议市场在圣塞瓦斯蒂安产生的经济上的益处在 Kursaal 运营的头 5 年将达到9 500 万欧元。

　　最后,贯穿此公关运动,强调"Kursaal"的称呼,而非圣塞瓦斯蒂安会议中心,故意用特别的名字突出该场馆。

　　到 2003 年,把最初压倒一切的负面反应转变为对 Kursaal 的真正热情的运动取得了成功。国际建筑界对该建筑的广泛认可(如它 2001 年赢得欧洲最佳当代建筑欧洲联盟奖)对该运动也有很大的激励。

　　2003 年该场馆得到了许多重要的赞扬:

● "Kursaal"品牌与 42 个其他主要品牌如国际商业机器、诺基亚、梅塞德斯和美国运通一起被品牌委员会选为"商业顶级品牌"

● Kursaal 被 AIPC(国际大会场馆协会)投票选为全世界排名第 5 的最佳会议中心。

● Kursaal 营销团队因其公关运动赢得国际大会及会议协会最佳营销奖。

　　然而,最重要的是,当地人民和新闻界的意见被转变了,20 世纪 90 年代贬低性的重要新闻,被庆祝 Kursaal 成功吸引大型高调节事到圣塞瓦斯蒂安的报纸文章所取代。如,2002 年10 月,当关于家庭和社区医学的会议吸引到了 5 000 个与会代表及一个食品和饮品展吸引到了 55 000 名游客到该市时,当地报纸《El Diario Vasco》刊登报道夸耀 Kursaal 破纪录的成就:"史无前例的 Kursaal!"

　　资料来源:www. kursaal. org。

案例分析 5.2

塞浦路斯体验旅行

本案例分析公布了一份 2004 年 11 月塞浦路斯体验旅行的合理日程。该旅行由 Amathus 酒店（见第 9 章）和塞浦路斯旅游组织伦敦办事处联合组织，专为一群常驻英国的会议策划者及一名陪同的英国记者设计，使用一家常驻塞浦路斯的目的地管理公司"虹光会议和奖励"来处理交通和活动日程问题。

以场馆为主的体验旅行

第 1 天　周四　2004 年 11 月 25 日

- 9:45 乘塞浦路斯航空公司 327 航班离开伦敦希思罗机场。
- 预计 16:10 抵达 Larnaca 机场——"霓虹"迎接并欢迎寒暄。
- 赴利马斯索尔 Amathus 酒店。
- 在酒店用晚餐并过夜。

第 2 天　周五　2004 年 11 月 26 日

- 早餐。
- 介绍情况后坐吉普车出发去 Troodos 山考察，包括参观陶器展和在乡村客栈吃午餐。
- 下午晚些时候回酒店，自由活动。
- 出去吃晚餐：在利马斯索尔的传统餐厅度过一个塞浦路斯之夜。
- 在利马斯索尔 Amathus 酒店过夜。

第 3 天　周六　2004 年 11 月 27 日

- 早餐后带领大家参观酒店。
- 出发赴帕福斯。
- 在途中参观寇瑞恩圆形剧场和阿佛洛狄特出生地，在一家高尔夫俱乐部的场外轻击区上课并举行一个小型比赛，抵达帕福斯吃午餐
- 在帕福斯老港口边的渔家客栈午餐，然后参观有著名镶嵌画的世界遗产考古公园。
- 在帕福斯 Amathus 酒店办理入住手续。
- 自由活动。
- 与酒店管理人员一起参加晚宴。

第 4 天　周日　2004 年 11 月 28 日
- 早餐及带领大家参观酒店。
- 水疗时间：享用酒店的水疗设施。
- 在酒店午餐。
- 14：00 离开酒店去 Larnaca，搭乘塞浦路斯航空公司的 CY326 航班回伦敦。

复习与讨论题

1. 客户关系管理的原则和实践如何改变会议目的地和场馆与客户和潜在客户相联系的方式？
2. 讨论此观点：信息和传播技术日益频繁的使用，不久将意味着印刷出版物的终结。
3. 分析场馆和目的地使用广告和使用公共关系间的区别。

参考文献

Anon (1995) 'El Kursaal de Rafael Moneo monstruoso', *El Diario Vasco*, 29 January

Anon (2004) 'Sydney launches New Asian incentive planner', *Australasian Special Events* (magazine), November

Canning, C (2004) 'Understanding CRM', *The Meetings Professional*, July

Davidson, R (1994) *Business Travel*, Pitman Publishing

Davidson, R (2004) *EIBTM 5-Year Trends Report: Technology and Transport*, EIBTM

Gartrell, RB (1994) *Destination Marketing for Convention and Visitor Bureaux*, Kendall/Hunt Publishing

Holloway, JC (2004) *Marketing for Tourism*, Prentice Hall

Kotler, P, Bowen, J and Makens, J (2003) *Marketing for Hospitality and Tourism*, Prentice Hall

Lenhart, M (1998) 'Can you be bought?', *Meetings and Conventions*, March

McCabe, V, Poole, B, Weeks, P and Leiper, N (2000) *The Business and Management of Conventions*, Wiley

Middleton, V (2001) *Marketing in Travel and Tourism*, Butterworth-Heinemann

Pike, S (2004) *Destination Marketing Organizations*, Elsevier

Rogers, T (2003) *Conferences and Conventions: A Global Industry*, Butterworth-Heinemann

Weber, K and Chon, K (eds) (2002) *Convention Tourism: International Research and Industry Perspectives*, Haworth Hospitality Press

World Tourism Organization (2004) *Survey of Destination Management Organizations Report*, WTO

第 6 章

目的地与场馆营销沟通：
实践（Ⅰ）

本章概要

本章察看关于目的地和场馆通过印刷、视觉和电子媒体的信息推广和有效沟通。第 7 章将继续信息推广和有效传播的主题，但着重于在一对一基础上与客户进行这种沟通的方式。

本章内容涵盖：

■ 出版物(包括网站和电子小册子)的有效使用

■ 有效公关

■ 有效广告

案例分析：

■ 太阳海岸会议局第 1 届国际会议和奖励颁奖仪式(2004)

■ 哈罗盖特国际中心指定一家广告代理公司

学习目标

完成本章的学习后,您应该能够:

■ 解释"线上"和"线下"推广活动间的区别

■ 评估印刷和电子沟通工具的相对优点和弱点

■ 了解公共关系在目的地和场馆营销中的功能

■ 叙述广告的作用和有效广告造势运动的特点

导　言

词语和图片或影像在目的地和场馆营销中起着极其重要和主要的作用。它们一般帮助目的地和场馆与其目标观众——会议和商业节事组织者形成最初的接触或交流。当然在某些情况下，不可能控制或选择使用哪些词语或图像，因为它们将由目的地或场馆的访客在访问后传递。另一方面，词语和图像也可能被广播、电视或报纸记者用来报道特别地点的事件或新闻"报道"，而与其作为会议或大会地点的用途完全无关——然而，它们的报道和广播将在听众或读者中树立目的地/场馆的形象。

场馆和目的地营销者相信，在自由的世界里，人们有权利写和说（在诽谤法限制范围内!）他们想写的和说的。营销者得集中精力和创造力建立和推广正面的信息和联系，以引起商业节事组织者对产品发生兴趣，为销售产品创造机会。且需创造性地使用词语以在读者脑海里描绘出目的地或场馆的图片，帮助他们想象和设想该地将会是什么样子。

本章将研究营销沟通如何通过广播媒体帮助达到此目的。广播媒体，有时被称为"线上"推广活动，以广大听众为目标。而第 7 章将更多地研究建立在与潜在客户一对一或"线下"的基础上运作的营销传播。

▌ 出版物的有效使用

在深入研究若干不相关的线上营销沟通工具前，先建立下面这种观点也许是有益的：由于许多场馆和目的地营销组织是中小企业，它们可以得益于把营销外包给专业营销机构或咨询公司，而不是试图在机构内部发展该专业特长。这种咨询公司可在"提供全面服务"（即涵盖第 4 章里概括的常规营销规划和营销组合策略，及设计、公共关系和广告服务）的基础上运营，也可集中于常规营销规划而把设计、公关等分包给其他专业公司。

印刷指南

多数目的地和场馆制作印刷指南给会议和节事的组织者使用,一年或者有时更久更新一次。目的地指南提供目的地及其优势的概述,包括交通路线和通讯基础设施详情、主要供应商(如音像公司、长途公共汽车运营商、专业会议组织者)和每个会议和节事场馆的详细条目。

目的地指南应该:

● 使用高质量的照片;

● 有两个层次的地图显示:(a)目的地在国家和/或地区里的位置和(b)每个场馆在目的地里的位置;

● 包括综合索引;

● 总结一个一目了然的场馆容量及其房间情况的概述,包含所有清单上所列的场馆,使会议组织者能迅速看出哪些场馆有潜在能力接待一项特定节事。

以作者的经验,最成熟的一份目的地指南可能是马德里会议局制作的 2005 版包括三个单独而统一的部分(涵盖关于首都城市马德里的背景资料、关于场馆的详细情况和关于专业会议组织者和其他供应商的部分)及多张可展开地图的指南(马德里会议局,www. mun-imadrid. es/congresos)。

格拉斯哥市营销局(www. seeglasgow. com)每天制作自己的指南,并用最新的彩色打印机和基于网络的技术来打印。其获奖的会议指南标明刊印的日期并具有一年的"保质期",注明"在(某日期)前最佳"。这么做是假设 DMO 除了自己的信息别无所有:如果它们通过小册子提供过时信息,这会连累其服务。由于关于目的地的信息每天变化(如新电话号码、参观销售经理的变动、新餐馆的开张),该小册子或指南能与这些变化保持同步并保持更新。

虽然制作这种目的地指南一般用于地方或城市的目的地,但有时也可在国家层面制作它们以推广整个国家。由国家旅游局法兰西之家出版的法国会议局指南是国家指南的一个例子(www. franceguide. com 和 www. meet-in-france. com),而英国会议目的地协会的全国使用手册采取稍微不同的重点,介绍的内容既有个别的目的地,又有推广这些地方目的地并为之服务的会议局和会议司(www. bacd. org. uk)。

一些目的地决定发行以"目的地对买主的吸引力"为主题的出版物补充主要介绍事实的指南,设计该出版物是传递目的地吸引人的和积极的形象,但相对几乎不含硬性的、事实方面的信息。在英国,达勒姆市和西南威尔士这样的目的地就制作过类似的读物。

场馆小册子在提供关于特定场馆的详细信息中有重要作用。它们在目的地的范围内给场馆定位。场馆小册子应包括：

- 详细的地图和位置信息，最佳做法会建议至少应包括两份地图：一份显示场馆在特定镇/城市/区域里的地点，另一份显示其在邻近社区内的详细位置和到达路径（有邻近道路的名称；周围的单行交通系统的细节；是否邻近火车站等）。
- 场馆的照片，显示至少一张外景和多张内景照片以表明会议室、客房、餐厅、休闲设施等。这样的照片里如果有人，而不是像多数情况下的那种没有客人的纯建筑照，那它的效果总是会更好。
- 关于每个会见和会议室的详细的技术信息——不同座位布局的容纳能力；房间的长、宽、高（包括天花板高度）；空调；房间是否有自然光以及房间里配备的各专用视听设施的详细情况。
- 内部布局详图：这是尤其有用的部分，因为它说明了在场馆内不同会议室的具体方位——这将有助于大会组织者根据他们的需要选择具体展厅，还为往来于会议室间的与会者减少不必要的时间浪费提供了可能（如辛迪加式会展，或访问一个同时举行的展览）。

大多数目的地和场馆的介绍手册是 A4 格式纸，这使得会议组织者很容易在标准的文件柜内放置会议文件。少数的目的地和场馆，在设计公司有创意的想象力驱使下，出版不同尺寸的指南。如它们比 A4 纸小，这不会带来问题，但如果指南比 A4 纸大，它会造成问题，因为它们将放不进文件柜，结果可能被处理掉而非被留作参考。不同尺寸的指南分发成本也可能更高，因为也许需要特殊信封且邮寄成本更大。分发成本需纳入整个营销预算。指南将主要通过邮寄分发吗？如是，将在国内还是国际上流通？还是可以直接交到目标客户手上，比如在其访问目的地或场馆时分发或放在展览摊位上自由取阅，以获得最小或零分发成本呢？

正如分发环节上的左右权衡，印刷的使用手册（和 CD-Rom/DVD 形式的电子版使用手册）在制作数量上同样进退两难。目的地和场馆营销者得精确估计特定小册子的印数。如果他们低估了所需数量，加印会相对昂贵，使每本小册子的净成本比最初印正确的较大数量所需要的更高。反之，如果证明不可能把所有小册子和指南好好利用的话，印太多份也会浪费钱。对此解决方法当然可以是按需印刷或按需刻录 CD-ROM，尽管单位成本比当大量印制时要高。

纸质的还是电子的指南？

在这日益电子的时代，目的地和场馆还需制作纸质指南吗？虽然不可否认，愈来愈多的信息正通过电子通讯媒体传递，但似乎印刷的指南仍然还有其作用。它们还未被 CD-Rom

和 DVD 取代。后者已被视为有价值的额外促销工具,是印刷文字的补充而不是使之废弃不用。图 6.1 比较了纸质指南和电子信息来源的不同优势。

纸质指南的好处
- 灵活性和可携带性,如能置于公事包内带来带去,在火车上或在家阅读
- 使用速度——没有等待电脑的耽搁
- 可比较性——便于同一目的地的场馆间或同一场馆会议室间的比较

电子指南的好处
- 存储容量——电子通讯工具持续降低的成本和有巨大记忆容量的新电子设备的迅速发展,可削弱纸质指南目前享有的易使用优势
- 活动的图像——CD-Rom/DVD 相对于静止的、印刷的文字的主要优势之一是,在目的地或场馆推广中能传递活动的图像和声音。目的地的一组录像镜头或场馆的"实地"参观能以印刷的小册子所不能的方式使目的地在潜在的客户眼前活起来
- 解说工具——CD-Rom/DVD 还能起解说工具的作用,它使会议组织者能利用其给上级管理团队或会议决策委员会作关于特定目的地或场馆的带视听效果的解说
- 更低的分发成本——CD-Rom/DVD 的邮寄成本少于印刷的指南

图 6.1 纸质与电子指南对比

网站

无疑印刷指南更大的挑战来自国际互联网。今天,几乎所有活跃于会议和大会领域的目的地和场馆都有自己的网站,并带有网页间的链接。网站把 CD-Rom 和 DVD 提供的好处与不断更新的设施结合了起来。印刷指南的内在弱点之一是它们包含的数据无法更改。许多指南和使用手册甚至在出版时就有一部分过时了,一旦它们流通了一年或更久可能实际上很不准确。

网站能一天 24 小时、一周 7 天地在世界上任何地方使用,分发成本最小。当然,在搜索引擎注册,告之客户网站内容以及注册网址本身,还是有一些推广成本的。

网站还可被会议和大会组织者用作有价值的促销工具,帮助他们营销他们的活动并尽可能增加出席代表人数。亚特兰大 CVB"视频电子邮件"的例子(见第 5 章)就是以此方式开发目的地网站的一个展示。类似地,许多目的地和场馆现在提供在线住宿预订服务。

成功的目的地和场馆网站可能有以下特点:

- 能快速装载和操作简单;
- 视觉上吸引人并利用全屏;
- 包含优秀的地图和旅行指导;

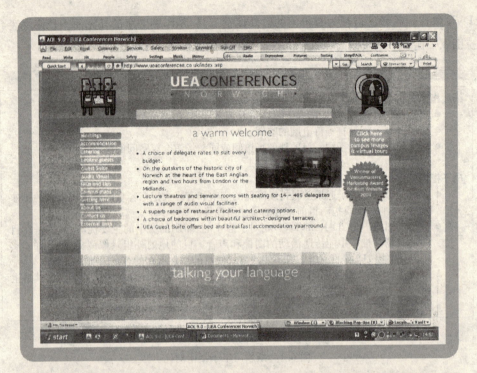

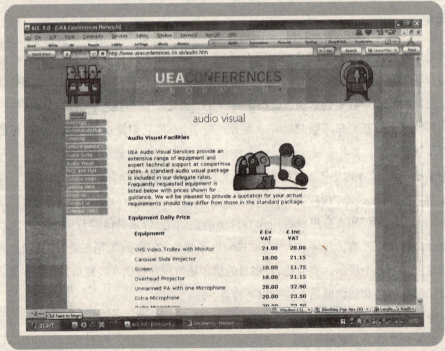

图 6.2　来自东安格利亚大学的获奖网站(www. ueaconferences. co. uk)的网页

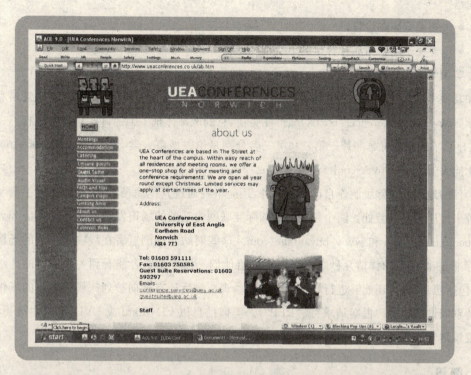

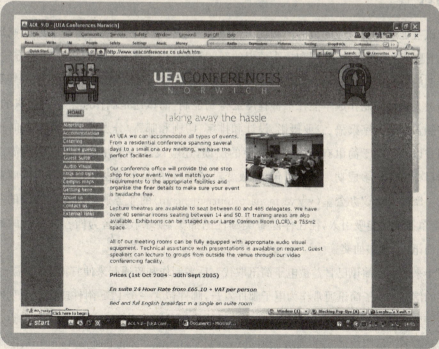

图 6.2 续

- 包括视觉导游过程；
- 包含关于场馆布局和容量的事实情况。

英国学术场馆营销会 Venuemasters(www. venuemasters. co. uk)每年为其成员大学、学院和其他学术场馆颁发一次营销奖,其中一个奖项是发给最佳网站的。2004 年,东安格利亚大学(www. ueaconferences. co. uk)赢得此奖项,它的网站体现了上述许多最佳实践特点。图 6.2 显示了网站的屏幕照片。第二和第三名分别是伦敦城市大学(www. city. ac. uk/ems)和利物浦大学(www. livuniconferences. co. uk)。

目的地和场馆除了制作自己的指南外,还应审视通过其他途径,如印刷的使用手册和网站等来推广自身的益处。两个领先的以国际互联网为基础的场馆发现和问询体系是:www. venuedirectory. com 和 www. onvantage. com。这些网站允许浏览者在线输入自己的场馆搜索标准,匹配的场馆详情几秒之内就能提供给他们。接着浏览者能看到关于场馆的详细情况,包括照片,也许还能够进行场馆的"实地"参观。最后还有能向被列入候选名单的场馆发送特别问询的设置("提案请求"或"RFP")。类似信息以 CD-Rom(或 DVD)形式也能得到,会议策划者一年几次收到最新的 CD-Rom。

简讯

简讯被证明是受欢迎的目的地和场馆营销手段已有十年或更久。传统上以印刷形式制作,它们把吸引人的照片/插图和短小精悍的新闻相结合,是有效的客户关系管理方式,通过提供定期的信息加强目的地/场馆和客户间的关系。虽然通过限制简讯的规模(6—8 页将是典型的最大长度),制作成本能在某种程度上得到控制,简讯还是制作起来相当昂贵的,因为预算需涵盖广告文字撰稿、专业摄影、设计和排字、印刷和邮寄/分发成本。需时不时地进行读者调查以获得关于简讯有用性和可读性的反馈,还应设计一个评估过程以监测简讯在其设定的目标方面有多成功。目标可包括:改变对场馆/目的地的看法或产生特别的商业线索和查询。摩纳哥会议办公室(www. monaco-tourisme. com)的业务通讯是简讯制作的一个范例,它简单易读又能吸引人,往往伴随着奖励性的抽奖,要求收到者为回答关于目的地的问题而读简讯,以参加抽奖。

近年来印刷的简讯已日益被电子简讯取代。后者制作和流通起来便宜得多,如需要,可包括更多的信息。电子简讯通常作为电子邮件发送,邮件包含一个 PDF 附件或提供系列网站页面链接,每一页面包含一篇不同文章。后一选择使接收者能看到简讯文章的索引,并点击那些特别感兴趣的。英国旅游局的商务旅游处(www. visitbritain. com/businesstourism)、国际会议协会(www. iccaworld. com)、最受喜爱酒店(www. bestloved. com/data/newsletters/html)和贸易展欧洲奖励旅游会议展(www. eibtm. com)的简讯都是此种方法的好例子。

有效公关

另一极其重要的推广方式简称为"公关",即公共(有时是"新闻")关系。公关的原则和范围在第 5 章里解释过了,本章举出公关实际应用的例子。许多场馆和目的地选择利用专用公关机构的服务,这些机构通常是专攻会议和商务节事领域的。

公关有免费给媒体曝光的好处。其劣势是目的地/场馆无法控制信息如何出现、何时出现(如果最终出现的话)或甚至在哪儿出现。给的报道也许是负面的,或至少不准确,也许给品牌定位不正确。

公关还是可衡量的。能提供此衡量的关键绩效指标(KPI),可评估公关团队或专用公关机构的工作,也能为个人制定目标,据此目标评价他们的表现。表 6.1 和 6.2 说明了如何通过一条新闻或一篇文章/专题或一张照片所获得的发行量及其财务价值来衡量公关。

表 6.1　通过获得的发行量衡量公关

	发　行　量			
	2005—2006 年度考察期	2004—2005 年度对比期	2005—2006 年度年末时点数	2004—2005 年年末时点数
产品公关	2 152 744	4 145 758	6 457 877	8 398 762
公司公关	2 840 125	2 474 058	4 954 216	5 065 209
总　　计	4 992 869	6 619 816	11 412 093	13 463 971

资料来源:格拉斯哥市营销局。

表 6.2　通过报道获得的财务价值衡量公关

	等　值　广　告*			
	2005—2006 年考察期	2004—2005 年对比期	2005—2006 年年末时点数	2004—2005 年年末时点数
产品公关(£)	247 503	236 079	2 263 446	1 037 451
公司公关(£)	45 954	17 210	76 413	171 299
总　　计(£)	293 457	253 289	2 339 859	1 208 750

*用编辑报道等于三次广告费用的公关业标准。

资料来源:格拉斯哥市营销局。

为使公关活动有效果,需要做适当的规划,公关计划应密切配合总体场馆或目的地的营销计划(见第 4 章),确保所有合适的营销活动由公关来支持。公关计划应包括诸如以下部分。

确立目标

它们可以是:

- 传播一条特别的新闻
- 提升目的地或场馆的形象
- 提升目的地或场馆团队的形象

确定客户

确定客户指确定目标观众:

- 公司节事组织者
- 协会会议组织者
- 代理公司或中间商
- 地方政府或公共部门机构

确定可能的公关方式

这些可包括:

- 活动
  - ➤ 产业展览
  - ➤ 针对某个市场(如个人助理/秘书)的特殊展览
  - ➤ 与协会有联系的活动
  - ➤ 新闻活动/发布
- 媒体
  - ➤ 会议和节事业报刊
  - ➤ 行业专刊(通信、制药、金融服务等)
  - ➤ 针对专职人员的报刊(如个人助理、培训经理)
  - ➤ 一般商业报刊
  - ➤ 地方性/商会报刊
  - ➤ 全国性报刊

    ➢ 电视和广播
- 奖项
    ➢ 产业奖
    ➢ 职位名称特别奖(销售团队/个人助理)
    ➢ 全国商业奖
- 本章结尾给出的案例分析 6.1 介绍了太阳海岸会议局组织的会议和奖励业的一个国际颁奖仪式
- 发言者论坛
    ➢ 产业会议或展览
    ➢ 目的地组织的节事

最简单的传播方式之一是新闻稿。新闻材料的表述方式几乎与其内容一样重要:它需看起来专业,这会大大增加获得报道的机会。

新闻稿依然是推广目的地或场馆最有效的方式之一,但现实是,也许超过 70% 的新闻稿最终被扔进垃圾桶! 坚持图 6.3 里英国专业公关代理公司"星期五媒体集团有限公司"提出的指导原则,将提高稿子被录用的可能性。

特写

多数会议业杂志编辑的内容可分成三个很不同的领域:新闻、评论/意见专栏和本期/目的地/场馆特写。新闻稿应尽力争取得以在新闻版面报道,而在其他两个部分露脸的机会也不应忽略。这可通过以下方式实现:
- 在现有特写和报告中提供来自目的地或场馆的合适的"评论"。
- 场馆和目的地,尤其是后者,也可写信给杂志编辑,提出对包括目的地或目的地元素的特别报道的想法。
- 另一方法是通过推广目的地的名人,把其作为产业"领袖"。
- 另一来源是在该地区成功举办的活动。对这些活动应作研究并撰稿,由此发掘出来的问题能形成特写和评论专栏的基础。

有效广告

广告,类似公关,是一个有自身特点的独立的营销领域。好的广告,如同公关,可能要求专业广告代理公司的参与,通常也是对会议和商业节事领域已形成其理解和经验的代理公司。

广告费用通常比公关昂贵得多。原创是贵的,媒体成本是高的,但传递的信息、媒体、定位和时间安排尽在目的地和场馆的掌握中。

新闻稿如果遵循如下主要原则和指导,更可能被媒体编辑录用:

- 使报道有新闻价值——编辑寻找的是原创新闻(如着重于"最初的……"、"最好的……"、"最大的……"等)。
- 旨在创造一幅文字图画:不要仅说"城市是100%被占用了",用诸如30英里周围无法找到没有人睡的床这样的描述!
- 用引人注目的标题概括被推广的报道题材。如果标题不抓住忙碌的编辑的注意力,他们将忽略一篇稿子!但不应该太微妙。双关语是有趣的,但应留给审稿人。内容应从标题里一目了然。
- 在第一段对稿子作概括,因为这将帮助编辑判断他是否想要更多细节来展开一篇报道——这可出现在稿子的主体部分但开头那段必须引起他们的兴趣。
- 记住"五个W":谁?什么?何时?为何?何处?
- 产品发布包括以下信息:主要特色;对用户的好处;价格;获得的可能性和一般说明;详细联系方式以提供更多情况。
- 至于风格,用短的句子和段落。避免俚语、术语、观点和吹嘘,着眼于事实。记住任何说法都能被证明是有理的。新闻稿不像销售文献,它应是摆事实的,并作为可能出现在报纸或杂志上的新故事写下来。
- 如可能,包括对别人说的话的援引,最好是组织里的关键人物。
- 总是用单倍或2倍行距打印稿子并避免复杂的格式——内容才是重要的。

合适的话,在稿子末尾声明应可提供图像。避免与稿子一起发送图像——如邮寄,这是个昂贵的过程。如通过电子邮件发新闻稿,发送主动提供的附件被认为是不好的做法。最好的情况它们会堵塞编辑的收件箱,最差的情况它们会导致稿子被反垃圾邮件软件隔离或甚至在被打开前即被删除。图片应拍摄得专业,并以照片、幻灯片或以光盘/PDF等电子信息格式形式提供。确保提供的图片能给出一切相关情况的说明,包括照片中任何人的姓名和职业,从左至右列出来。不要把照片或幻灯片订在新闻稿上。当提供电子图像时,确保它以300 dpi(大多数出版物的标准分辨率)扫描并能在PC和苹果MAC电脑上读出。把文档名改成与报道有关的东西并清晰地表明哪个说明指哪个文档。

最后,只撰写有新闻价值的新闻稿!

资料来源:星期五媒体集团有限公司。

图6.3 有效新闻稿的指导方针

传统上,广告代理公司要么是"线上"的,要么是"线下"的,即"线上"主要指(通过电视、广播、海报、报刊广告)面对大量受众的收费广告,而"线下"集中于在一对一基础上赢得受众的机会(如邮寄给资料库或在展览摊位向客户推广)。所有代理公司都考虑树立品牌的问题,但对一家线上代理公司,这是它们的主要焦点。它们的广告(品牌营销)试图改变人们的想法,并为品牌创立独特形象。用上奇广告代理公司前董事、现任 BLAC 创意总监的克里斯·阿诺德的话说:

> 线上广告试图告诉你有关该品牌的情况,并改变你对它的看法,直接营销……(线下)寻求在你和品牌间建立关系,并使你改变行为。

现在随着同一家代理公司既处理线上活动又处理线下活动——术语"线中"被杜撰出来以指这多种活动,代理公司间一些传统的区别正在消失。

广告得有战略规划,作为一项"运动"持续一段时间并纳入目的地或场馆的整个销售和营销计划。在第4章里详细介绍的目的地或场馆的品牌创立和推广过程中,广告是重要的组成部分。

广告代理公司可以协助为广告活动制定清晰和可以衡量的目标:如,该活动的主要目的是引起对目的地/场馆的注意,改变认识,引起访问或"购买"的倾向,还是以商业询问形式产生实际反应。代理公司设计一个广告或系列广告,建议它们应投放何处(如在杂志、商业报纸上还是火车站),并帮助监测反馈。正常情况下代理公司将依据来自目的地/场馆的明确的指示从事该工作,最终形成一份合同,包括详细的酬金和支付费用。

英格兰的哈罗盖特国际中心(HIC)(www. harrogateinternationalcentre. co. uk)在 2005年前几个月指定一家广告代理公司所用的过程,说明了场馆/目的地和代理公司间的角色和关系。该广告代理公司将负责向适当媒体(主要是贸易类报刊)投放新的线上广告活动,但中心决定并不指定一家代理公司来处理中心的所有要求,提供全面的服务——比如在印刷媒体购买广告空间一事,将继续由另一家单独的代理公司处理。该指定过程即为本章末尾的案例分析 6.2。

本 章 小 结

线上营销沟通是会议目的地或场馆推广里绝对必要的组成部分。虽然沟通工具的组合会有变化(比如是强调广告活动,公关活动还是以网络为基础的推广活动),这种变化可以是场馆和场馆间的,目的地和目的地间,也可以是针对不同时间的(对这一年是最合适的,可能对下一年就不这么合适),无可争议的是这种沟通的有效利用对未来其他营销和销售活动的成功是必不可少的。它们奠定了客户对目的地或场馆的意识和积极兴趣的基础,在此之上才能进行更多的推广活动,并确保这样的活动有更大的成功机会。

案例分析 6.1

太阳海岸会议局第 1 届国际会议和奖励颁奖仪式(2004)

太阳海岸会议局(CDSCB)(www. costadelsolconventionbureau. com)是太阳海岸旅游委员会的一个专业部门,成立于 1993 年,向大会、会议和奖励旅行市场推广位于西班牙西南地中海沿岸的马拉加和太阳海岸。2004 年它创办和组织了"第 1 届国际会议和奖励颁奖仪式",用会议局的说法,该节事:

> 是长途跋涉的最后阶段,这一跋涉有明确的目标——把顶级旅行业专家和我们的会议局会员联合在一起。我们的梦想是向世界展示这迷人的目的地和毕加索市,让他们体验过去的魔力和现在的激情。

CDSCB 举行颁奖仪式的活动得到了西班牙全国旅游当局 Turespaña 的协助,并准备今后每两年举行一次该活动。

目标

虽然组织颁奖仪式的公开理由是"给欧洲、美国和加拿大的会议策划者、旅行经理、大会和奖励旅行组织者以及会议、奖励、大会和活动业媒体颁奖(并答谢他们)",它还有很清晰的内在的营销目标。这就是:

- 推广太阳海岸及其作为领先的国际会议和奖励旅行目的地的所有潜力;
- 改善目的地的形象并改变市场对太阳海岸的态度;
- 加强现有客户忠诚度并吸引潜在客户;
- 为与会议、奖励、大会和节事业的顶级决策者在轻松的环境中面对面接触以交换信息和思想提供便利。

目标观众

活动的意图是邀请三个主要群体出席颁奖仪式:

- 实际和潜在客户
- 业界媒体
- 获奖者

实际和潜在客户或买主将从各种获奖场馆、会议策划者和公司买主的一览表中确定。活动希望从 15 个不同国家吸引 100 个顶级买主(及其合作伙伴)。在最后分析中,105 家买主及其合作伙伴实际参加了该节事。表6.3显示了各国的出席人数。节事时间选择在2004年7月2—4日是由于其对最大多数的买主是方便的。

表6.3　出席者来源

买主来源国	参加人数
英国/爱尔兰	11
比荷卢经济联盟	15
加拿大	8
美　国	12
斯堪的纳维亚	15
法　国	3
西班牙	23
意大利	7
德　国	11
葡萄牙	1
波　兰	2

CDSCB一开始即意识到，从主要业界贸易杂志取得尽可能多的支持很关键。七种专业刊物被其选为合作伙伴。

其创立的奖项类别涵盖：

- 最佳产品发布
- 最佳创意计划
- 最佳太阳海岸推广者
- 最佳科学大会
- 最佳媒体特写

每一类别和各自获奖者的更多详情可见网站：www. costadelsolconventionbureau. com/ awards。该网站还提供了该节事取得业界媒体报道的详情。

营销活动

颁奖仪式的营销活动始于节事举办前一年半，在向一系列客户和利益主体深入了解后确定出席者的兴趣、需求、愿望、建议和喜好及其关心的商业问题。CDSCB决定活动应达到节事的目的（如上所列），捕捉出席者的兴趣，但同时反映目的地的真实性和特色。CDS-DB对活动和营销材料的设计要素进行了详细检查，最终决定依据与毕加索有关的内容设计主题毕加索出生于马拉加，被称为20世纪最伟大的艺术家——拥有其作品最大私人收藏，并可用作会议、奖励、大会和活动设施的马拉加毕加索博物馆最近开放，也为活动选择此主题增加了分量。

节事推广利用了：

- **公共关系**：通过 Turespaña 和项目涉及的所有联网的西班牙旅游办公室，为节事创立了电子邮箱、电话、传真和网站。
- **广告**：与挑选出的贸易杂志联手。在以太阳海岸为特色的特刊上获得免费广告。
- **直接营销**：通过打印的材料包括特别设计的请柬、问卷调查表、小册子和简讯。
- **国际互联网**：创立临时的网站，为的是与被邀请者联系但也面向全球开放。

CDSCB 把营销活动最重要的方面总结为：

- 以观众为目标；
- 提供合适的内容；
- 用正确的设计。

在所有用于活动的场馆和地点，使用不同形式的展示以引起对活动的关注。这些包括旗帜、公告板、镶嵌板、海报等。

管理和财务方面

活动的成功很大一部分归功于好的联系。CDSCB 在会员内部成立了策划委员会，由多家酒店、一家铁路公司、一家高尔夫球场和一家音像公司的代表组成。委员会制作了《行动计划》，有紧凑的日程，随着项目的进展，它变成一系列小活动，每个活动都有自己的目标、管理要求、工作人员考虑、预算和联系需要。

对于出席者，唯一的代价是用于旅行和参加活动的时间，所有费用都由组织者和赞助者负担。收到的资金和实物的细目分类见表 6.4。

表 6.4　活动的资金和实物支持

组　　织	捐款金额（欧元）及实物支持
太阳海岸会议局	60 000
Turespana	42 000
安达卢西亚旅游	47 000
马拉加市政府	9 000
西班牙航空	给所有国际出席者免费机票
官方酒店	免费食宿
铁路公司	免费乘车
一系列其他赞助组织还提供具体捐助款物	

结论

参加第1届国际会议和奖励颁奖仪式人员的水平和质量以及之后从出席者得到的很积极的反馈，证明了此节事的成功。以后几年可对其影响做更多的评估，因为届时可能看到该节事带给马拉加和太阳海岸的新商机和直接的数据结果。

用于推广和举办仪式的财务和人力资源是大量的，说明为了在高度竞争的全球市场里使节事和目的地从竞争中脱颖而出，大规模的营销投资是必须的。但如果目的地的做法正确，产生的新业务投资回报也会是巨大的。

英国的《会议和奖励旅行》杂志编辑 John Keenan 用以下语言描述了该节事：

第1届国际太阳海岸颁奖仪式强调了在该地区可得到的会议和奖励旅行产品的种类和质量。它展示了一个在欧洲被认为没有新意的地区所能提供的好的基础设施和绝妙的场馆及其价值。该项目为组织者提供了一个关注太阳海岸的更好的理由。

案例分析6.2

哈罗盖特国际中心指定一家广告代理公司

2005年1月中，哈罗盖特国际中心（HIC）发了一封信给大约12家代理公司，邀请它们提交计划供参考。信中说：

"我们为新的'线上'广告活动寻求广告图画和概念的展示和计划，该活动计划从2005年春开始出现在适合的媒体（基本上是贸易报刊）上……请标明计划从概念到完成以及为提供给各媒体制作的预期费用。"

此信提到 HIC 2005年2月竣工的女王套房设施，它能提供额外的会议空间，并附了关于 HIC 和关于哈罗盖特地区作为休闲和商业旅游目的地的更多背景情况。此信暗示了"（未来）把委托延伸到包括假日/商业旅游推广、印刷购买、媒体、公关活动和以网络为基础的电子营销"的可能性。收到此信，有兴趣的代理公司受邀在2月初联系 HIC 营销和销售负责人，对4月前的新活动"安排进一步的简短介绍并就以后的展示时间达成一致"。信尾提示在2月21日开始的那一周可能需要一个进一步的最后的介绍，有 HIC 的董事出席。

约一半投标承包的代理公司被请求提交计划。HIC 用以评估这些代理公司的标准包括：

概念／广告图画

这些需要：

- 迷人
- 相关
- 有活力
- 有启发性

并应避免抄袭和批评竞争对手的场馆。

其他考虑

影响对代理公司最后选择的其他因素包括：

- 成本计算（概念／艺术作品／制作）和时间
- 关系，即代理公司和作为他们客户的 HIC 的私人关系，被视为成功的关系里重要的部分
- 代理公司对市场和 HIC 产品的了解
- 代理公司对 HIC 的竞争对手和业界媒体的了解
- 代理公司的成绩记录，包括从以前／现有客户处得到的认可和推荐书
- 账户管理方面
- 把代理公司的业务范围延伸入媒体购买、公关、以网络为基础的活动等的机会

在提交和展示后，一家代理公司被指定

复习与讨论题

1. 比较书面简讯和电子简讯，它们各自的优势和劣势是什么：

   (a) 从场馆／目的地（即作为简讯的出版者或制作者）角度？

   (b) 从接收者（即会议组织者／买主）角度？

2. 评估由以下组织发行的简讯：

   (a) 场馆或场馆组织；

   (b) 目的地；

   (c) 业界协会。

用本章简讯的最佳实践指导方针作为你评估的基准。

"客户关系管理（CRM）和直接营销的发展将大大减少未来线上营销沟通在会议、大会和

商业活动领域的使用。"讨论这句话的可取之处,用本行业的例子和/或案例研究证明你的结论。

参考文献

Arnold, 'What's the Difference between Above, Below and Through the Line', accessed at: www.ad-mad.co.uk/contentstudentforum.htm

第 7 章

目的地与场馆营销沟通：
实践（Ⅱ）

本章概要

本章继续考察始于第 6 章的目的地和场馆推广信息的有效沟通，但主要着重于在一对一基础上与客户进行沟通的方式。

本章内容涵盖：

- 在贸易展上展示
- 组织讨论组和路演
- 举办体验旅行和教育活动
- 组织有效的大使计划

案例分析：

- 一封到罗马参加意大利场馆讨论组的邀请信
- 爱丁堡会议局的爱丁堡大使计划

学习目标

完成本章的学习后，您应该能够：

- 确定成功参加贸易展的核心策略
- 区分展览、讨论组和路演并了解每种活动提供的好处和机遇
- 了解体验旅行在营销沟通过程中的作用
- 规定举办富有成效的体验旅行的详细规划步骤
- 解释大使计划的目的、运作和发展

导　言

在商业节事业，节事本身能被用做营销沟通中的主要工具也许并不令人惊奇。此类节事的规模大到吸引上千参观者和展览公司的行业展、研讨会，针对几十或几百人的路演，小到较私密的活动，诸如仅针对少数买主的体验旅行。在所有例子中，它们都是面对面营销的形式，涉及与潜在客户的人际互动。它们着重于线下营销活动，产生一对一的接触，旨在与各个客户建立关系。

另一方面，大使计划寻求征募特定团体里利益相关的参与者作为目的地的代表或传播者，实际上成为能传递营销信息和活动投标的媒介。

本章详细考察这些不同形式的线下营销沟通，其中许多将被目的地和场馆用作其营销策略的关键组成部分。

参加贸易展

贸易展是成熟的营销媒介，这样的针对会议和商业活动领域的展览或展示已存在几十年了。参加贸易展是场馆或目的地营销策略的另一部分，与广告和公关一样是规划活动的一部分。以下给出的有效展览的建议大量汲取了总部在英国的丽晶展览有限公司的董事长，兼一年一度在德国法兰克福举办的重要会议和商业旅游展 IMEX 的组织者之一 Ray Bloom 提出的见解。

参加贸易展往往能提供机会发行新的小册子，举办新的活动，发布新产品或新形象。目的地或场馆在贸易展上的展示和活动能以电子邮件、信件、新闻简报和广告形式在全国或全世界得到加强。有可能以世界领先的 100 家商业旅游出版物为目标，并期望新闻报道就出现在展览之前、期间或之后马上出现。一个有趣的方法是制造氛围，即暗示展览期间将有一个特别发布……通过用推广花絮承诺给来到摊位的买主礼物或提供一个详细解释新产品/服务的满意礼包能够增加这之前的兴奋。

除了确保综合营销方法并利用展览组织者自己的推广活动（诸如确保完整登录展览指南和展览的网站，这可能被设计成一个全年的"实际展览"），还有许多不应被忽略的通向展览成功的合乎规范的主要方法。

设定目标

第一个要求是设定更加有挑战性的目标！比如，这些目标也许是确认当前的合同和感谢现在的客户，去赢得新的生意，上市新的产品，提升形象和知名度，获得几百个好的线索，与具有影响力的伙伴发展新的关系，进行市场调研，展望行业的趋势，与世界顶尖的贸易杂志编辑会面，观察竞争者正在做什么，思考出一些创意或者寻求参与行业内更广泛的主动举措。换言之，参加会展的传统理由是能实现商业上的成功，同时有更广泛的作用——为将来建立数据库、激发对品牌意识的兴趣、体现市场的领导地位、定位或重新定位产品的形象、测试对新产品的反应和更多内容。

展台设计

其次，展台设计将影响展览会的成功。在这种环境下，所谓的市场是最直接的，展示者有自由运用所有五官——视觉、听觉、味觉、触觉和嗅觉——作为他们的营销武器。这种感性的方法可以用来吸引买家并让他们在展台作逗留。与众不同的要点也许是，使用的色彩、开放和欢迎的展台布局、特别的吸引目光的特点和呈现技巧，那些受过专门训练的专业员工，他们了解目的地/场馆的价值与目标并能把它们推广给正穿过走廊的买家。

与访问者互动

第三，对于来到展台前的不同类型的访问者运用不同的手段是重要的。活动管理咨询业的乔治 P. 约翰逊公司的品牌体验客户总监马克·桑德斯在《展览》杂志中作了如下解释：

> 处理一位你知道名字并在活动前很久曾和你互动过的眼熟的潜在客户的方法和冷不丁来到你们展台的不认识的人的方法迥然不同。例如，一位眼熟的潜在客户了解并评估你们的产品，但是还没有成为客户，也许会从预订的在展台上和你们 CEO 的高层会见中获益。如果他们成为一个客户的话，这将传递出他们将受到的个人关注。为了强调这些，你可以然后邀请他们到客户的招待会和满意的客户在一起。相反，一个过客，至今还没有向你证明作为潜在客户的价值，也许对你们的组织并不十分了解，将需要对你们公司和所提供的东西有一个清晰的"走马观花"般的感受。他们可能需要阶梯式讲堂陈述以及足够的展示。所有这些都会在展台的布局、建筑和标识上显示出来。

衡量投资回报

参展者现在可实际衡量预期的参展投入回报了。比如，这可以通过计算提交的后续报价的潜在价值、作成生意的实际水平、已经分发的手册的数量、对组织的展台比赛的反应程度和随后获得的编辑报道的页数来完成。更加复杂的方法涉及利用市场调研——也许可以通过电话或启用专门小组追踪对特定目的地变化的感受。国家将渴望监测由展出带来的决策者中积极的态度改善以及他们逐渐增加的预订和购买欲望。这种衡量可持续数月甚至数年，为的是全面评估参加一个展览的结果。

跟进

当然，这种专业的方法必须也适用于节事后的随访跟进。应询问展会销售团队与起始目标有关的成果及接下来每周的进度。这对于利用展会目前的余热使得潜在客户还能轻易回想起在某展台的谈话尤为重要。

组织讨论组和路演

讨论组可以认为是目的地和/或场馆与一群被邀请的会议组织者或"买家"进行互动的一种小型展览。典型的这种讨论组只要几个小时而不是数天(尽管不总是这样——见以下意大利场馆案例)，也许只是展览者在桌上展示一些文献而不是搭好的全尺寸的展台，通常为来访者提供点心，可以包括给来访者的一个正式的视听演示或安排展览者与来访者一对一会见。它们比展览会的规模小得多，可以在宾馆或会议中心举行，或者在特别或独一无二的场所举行以给来访者更大的吸引力。

讨论组活动可以在现场进行，邀请组织者/买家到目的地和场馆参观，来体验它能提供的所有服务项目，可能作为体验旅行或教育(见本章下一部分)的一部分。它们也可以安排在被认为是重要潜在市场的地方，换句话讲将目的地搬到客户那里旨在在客户那里与他谋面。后者的优势在于给来访者带来了方便——他们可以在下午的晚些时候/晚上的早些时候来参加讨论组，得以在完成办公室一整天工作后参加讨论组。不足之处在于他们不能实际亲自体验目的地/场馆，不过提供对目的地的访问可以是到客户那里举办讨论组的成果之一。

讨论组提供了一定的灵活性，通常情况下对举办者来说其成本远远低于参加一个大型的贸易展。举办者也可以采取路演的形式，在短短数天时间里从一个场地移到另一个场地。

该种路演经常由全国旅游组织举办,组织将邀请数量有限的供应商参加为期 3 到 5 天的旅行,到海外的被认为是重要潜在市场的目的地,并在几个主要城市举办讨论组。

为了成功举行讨论组活动和路演,策划人必须保证:

- 仔细调查目标市场(或买家)以确定应邀请谁。对这种场馆和目的地(或供应商)宣传活动效果不满意的主要原因之一是与会者不适合(其中有些人对于业务来讲纯粹是"浪费时间"或者"枉费心机")——对于潜在与会者的仔细调查可以纠正或至少减少这种情况。
- 讨论组路演的时间和长度对与会者来讲要合适和方便,并避免和其他业界活动冲突。
- 所使用的场馆公共交通可方便到达并和讨论组的目标相一致。例如,在一个不同寻常的场地举办,也许对与会者来说增加了吸引力并促使与会率更高。
- 提前计划好促销活动,并得到一个完整的营销活动的支持。重点考虑是该使用线上活动告知尽可能广泛的大众正在发生的事件,还是集中于线下直接营销来更好地控制与会者的人数和类型。
- 为了衡量买家和供应商的反应并为将来任何讨论组和路演的改进获取意见,活动后必须进行一个全面的评估。

2005 年 6 月 30 日至 7 月 3 日期间在罗马举行的意大利场馆讨论组(见案例分析)显示出稍微不同的方式,它由一家出版社出于商业目的而承担组织。该特别的讨论组每年举办一次,每次为期四天。它周密地将正式商业活动(事先安排的会议)与设计的丰富多彩的社会活动穿插在一起,以使与会人员体验罗马及附近令人向往的胜地。

案例分析

一封到罗马参加意大利场馆讨论组的邀请信

意大利场馆讨论组是认知度很高的活动,它是欧洲奖励旅游公司、节事活动管理公司、大会组织者和公司会议的策划人与广泛的意大利的会议、大会、展览、奖励旅游和节事活动供应商(其中包括目的地、宾馆、历史遗址、目的地管理公司、会议中心及会议局)之间事先安排的、面对面的会面。

讨论组由 Convegni 组织,它是意大利领先的专攻会议、大会、展览、奖励旅游和节事活动的出版社,出版物包括《意大利场馆》。

你将入住芭拉考大酒店,它本身也将是举行讨论组活动的场馆。它是一个坐落于罗马市中心的 5 星级豪华酒店,在博尔盖塞公园内,至著名的威尼托大街,步行就可以到达。

我们暂定如下安排:

星期四　2005 年 6 月 30 日

● 抵达并入住

● 在琶拉考大酒店举行欢迎晚宴

星期五　2005 年 7 月 1 日

● 事先安排的与供应商的会议——全天

● 琶拉考大酒店自助午餐

● 下午晚些时候:赴提沃利(离罗马 1 小时车程)的阿德利阿纳村庄考古群

● 参观设施并用晚餐

星期六　2005 年 7 月 2 日

● 上午:预先安排的和供应商的会议,然后是个别选定的会议

● 琶拉考大酒店自助午餐

● 下午:赴罗马城堡地区(离罗马 1 小时车程)

● 在荣誉别墅饭店停留,参观设施并举行葡萄酒品尝会

● 赴历史悠久的 Villa Tuscolana 大酒店;参观设施;露天音乐会和随后的正宗罗马晚餐

星期日　2005 年 7 月 3 日

● 休闲

● 赴机场

每个正式活动项目的航班、住宿、餐饮和活动是免费的。参加人数有限。

举行体验旅行和教育活动

体验旅行,有时候被简写做“fam”旅行,是场馆和目的地营销组合策略的另一重要组成部分。它们是一种将营销和销售组合起来的活动,不过更强调营销,因为会议组织者是在不确定的基础上受邀参加体验旅行的。通过初步研究已确定,告知他们在主办此旅行的目的地或场馆可获设施的有关情况是有用的。他们无疑将是目的地/场馆想吸引的活动组织者,但可能还未表达出把活动带到此目的地/场馆的明确兴趣。体验旅行在此重要意义上与实地察看(见第 9 章)不同,在实地察看里组织者评估目的地和场馆是旨在确认一个具体活动。很清楚实地察看是销售过程的一部分。

体验旅行不仅仅为会议组织者(买家)组织。它们还可提供给随后将撰写关于目的地/场馆的特写文章的记者。针对记者的体验旅行或者提供给散客,或者提供给团组。会议组织者的体验旅行通常作为团组活动来策划,团组规模6—8人以上。

图7.1详细列出了目的地营销组织策划目的地体验旅行的指导方针。Write Style传播有限公司(www. write-style. co. uk)的迈克·里昂针对会议旅游推广局、场馆和酒店出版了有用的指南《体验旅行——如何使你的投资回报最大化》。

1　事先好好计划
- 详细的策划应始于访问前至少3—4个月,第一批请柬在访问之前8—10周发出。这一方面是确保受邀者在所定日期无安排,一方面是如果第一批寄出后接受邀请者不够,可留出充分的时间寄第二批。
- 早期策划还留出了时间使供应商充分参与访问,明确将如何资助访问或支付其费用,并在合适的情形下寻求交通提供商(特别是航空公司和铁路公司)的协助。
- 商定本地专业会议组织者(PCO)或目的地管理公司(DMC)该起何作用。

2　明确你的目标团组
- 决定针对哪几类买家(公司、协会、政府机构还是这些中的一些或所有的混合),并量身定做计划以尽可能满足他们的需求。如你邀请一个混合团,可以拆分团组访问不同类别的场馆以更有效地满足各方的具体兴趣是否切合实际。确定与商定的目标团组有关的合适的参与场馆/供应商。依据出席者的兴趣为旅行考虑可能的主题。
- 你能成功招待什么规模的团组? 记住需安排团组在目的地的交通,及带他们看场馆的实际操作性——难以安排5、6个以上的人全同时在一个酒店房间,所以住宿场馆可能需同时安排两批次参观。对于买家,体验旅行提供了极好的联谊机会,所以团组活力是要考虑的另一因素。主办目的地/场馆人员和客户的推荐比例应不多于8:1,如出席者有伴侣/配偶陪同,则6:1。
- 对于你的供应商和买家最佳时间是一周的何时? 公司和协会买家通常较灵活,但政府机构更喜欢周末,因为他们无法工作日离开办公室。如访问在周末,或一部分在周末,一些买家可能期望带来伴侣——预先决定你关于伴侣参与的政策。

3　规划平衡的日程
- 访问应是令人享受的、难忘的,留下对目的地的积极和有利的印象,但非综合的印象。更好的是给一个感觉并吊起胃口而非试图展示太多内容并引起对场馆的疲劳! 考虑在体验旅行期间举办单独的桌上讨论组,给未参与的场馆/供应商一个见客户的机会。
- 访问应主要是商务(买家期待工作)但也有享乐,理想状态是基于你的目的地的独特销售主张。乘直升机飞越格兰扁山脉、"搭乘渡轮横渡默西河"、打飞碟、专业网球锦标赛、剧院参观,这仅仅是英国目的地所提供活动的几个例子,以给熟悉访问增加乐趣并确保其最大效果地展示这些目的地独特的方面。
- 买家发现在开始时对目的地做一总揽介绍是有帮助的,最好包括视听演示作为欢迎招待会的一部分。这样的招待会也会给他们一个机会互相介绍,并简短描述他们所组织活动的类型来概括他们的买家信用。设定坐客车从一个场馆到另一个场馆的最长时间。

4　**确保场馆/供应商受过培训并作好准备**
- 一个目的地场馆的专业性和有备性能促成（或破坏）一次体验旅行。场馆销售经理在带领买家参观场馆时应当寻求为他们创造一个"回忆痕迹"，卖的是好处而不是特色。
- 旨在确保你的场馆事先尽可能多地了解该团组。这对于场馆经理随时准备欢迎买家是有益的，即使他不是陪同他们参观的人。
- 尽量确保场馆就位并准备客人到来，并且是全方位的准备。场馆要尽可能和你的时间表合拍。
- 鼓励场馆间竞争，但要确保与所有场馆分享整个计划的细节，为的是避免重复，比如同样的菜单。

5　**用实物来赞助和/或支持**
- 寻找通过供应商支持分担费用的方式，不管这是实物支持还是某种其他形式的赞助。最终，他们是能期待从体验旅行直接获益的人。
- 有没有其他你能要求的市政预算来负担招待会或欢迎费用呢？
- 商定给客人/伴侣什么礼品并确保在合适的时候赠送。

6　**策划跟进和提供反馈**
- 访问后对买主跟进很关键，一方面感谢他们的出席，一方面取得关于他们体验到的情况的反馈。这样的反馈应转达到你的场馆/供应商，这样能对未来的访问作必要的改进。与你的场馆/供应商商定谁将与买主保持联系和以何频率联系。
- 跟进应是持续的活动，以构建与买家间的关系。
- 考虑举行一次与场馆和供应商面对面的评估会。
- 追踪场馆/供应商收到的预订和那些通过目的地营销组织收到的预订。

　　体验旅行是时间和金钱的重大投资，但安排得好，能成为很有收获的推广目的地的方式，并向你的供应商显示你正与他们合作为他们带来更多的业务。

图 7.1　成功的目的地体验旅行的指导方针

组织有效的大使计划

　　建立和管理大使计划是 CVB 使用的另一技巧，以努力把会议吸引到他们的目的地来。这样的提议在北美往往被称作"本地英雄计划"或甚至是"把它带回家"活动（斯波坎地区 CVB—www. visitspokane. com），涉及确定、招募、培训和支持有兴趣通过申办重大全国性的或国际会议，提升自己组织和城市形象的本地社区的关键人物。CVB 建立大使计划的目的是，与专业机构的人员合作，这些人员愿意并且能够直接或间接的影响机构选择会议目的地的决策。

Rogers(2003)列出了大使计划可能的候选人:大学学者、医院专业人士、最重要的实业家、商界成员和贸易工会会员。

以下卡迪夫会议局(www. cardiffconferencebureau. co. uk)发给潜在大使的宣传材料的节选表明了 CVB 能提供给大使的协助:

通过提出把卡迪夫作为你的团体、协会、机构或组织未来的会议目的地,我们能提供以下免费和公平的一揽子会议支持:

- 场馆挑选——搜索潜在的场馆以满足你的要求
- 申办文件——以各种媒介格式准备和呈现
- 住宿预订服务——按与会者和总部要求
- 考察参观——有人陪同参观卡迪夫市内及附近的场馆
- 市民支持——关于申请的建议
- 专业会议组织者(PCO)——我们能请本地专业会议组织者应你们要求提交成本预算建议
- 旅游/社会活动——与会者和伴侣活动的建议
- 与会者资料——各种城市小册子
- 旅行——坐汽车、火车和飞机到达卡迪夫的建议
- 本地支持信息- —娱乐、视听供应商等等

CVB 保持大使们的热情是极其重要的。为做到这点,许多 CVB 为大使们定期出版简讯,将目的地的发展诸如新的场馆、宾馆和即将发生的有趣活动等告诉他们。其他 CVB 则定期设"大使晚宴",作为招募和联谊活动,为大使们提供机会互相见面,交流吸引会议到目的地举行的创新方法,并祝贺该计划中的成功成员。

阿伯丁会议局(ACB——www. aberdeenconferences. com)将工作重点放在当地的两所大学阿伯丁大学和罗伯特戈登大学,以及在苏格兰东北的研究学院。在 2004 年的"大使晚宴"上,ACB 宣布说大使们吸引会议的背景种类繁多,从皇家苏格兰乡村舞协会到国际能源经济协会,并且作为直接的结果,该地区的经济效益在不到两年内从 150 万英镑上升至 500 多万英镑。大使们已经吸引到两个 2005 年的大型会议:世界再生性能源会议和国际海洋勘探理事会。在同一活动中,ACB 的商业旅游经理指出阿伯丁正盼望用大使计划来与竞争对手爱丁堡和格拉斯哥缩短差距,在那里"超过 75% 的会议在当地大使的帮助下被预订"(ACB,2004)。

2005 年墨尔本发起"墨尔本俱乐部"倡议,邀请维多利亚州的科学家们竭力为该市赢得科学会议,并与墨尔本会议中心(www. mecc. com. au)和墨尔本 CVB(www. mcvb. com. au)

紧密合作。就在撰写本书的时候(2005 年 9 月)已经有 5 个重大节事通过墨尔本俱乐部大使的努力被赢得，其中包括将在 2011 年举办的第 13 届世界人类生育大会。这些节事预计吸引约 7 000 位代表，他们将为维多利亚的经济注入 3 200 万澳元。

本章案例分析 7.1 描述了爱丁堡会议局的大使计划的运作和发展。

本 章 小 结

目的地和场馆试验多种营销沟通活动并不断评估它们的有效性和带来的回报。在过去十年里，会议业展览的数量大大增加，但目的地和场馆营销者可得到的预算和人力资源未必增加，事实上可能还减少了，所以挑选正确的展览参加变得更为关键。一些目的地和场馆正显示出喜好更小规模的、合适的活动，诸如讨论组和路演，但近年这些领域的发展在某些情况下导致买家出席率低于期望值，因为买家压根儿没有时间参加。

从买家的角度，线下营销沟通要求从他们那里得到更大的回应。要求他们通过出席某种形式的活动作出回应，活动需要时间和一些支出，可能有不便，也许要牺牲他们的私人时间(如，参加在周末举办的体验旅行)。虽然由于与供应商建立的关系和获得的场馆和目的地的直接体验，从中长期看益处可能更大，买家还是得把这些益处与对时间的许多竞争需求和日益忙碌的工作日程放在一起权衡。

目的地和场馆须不断评估线上和线下营销沟通产生的回报，并经常调整在这些活动上的投资平衡。

案例分析 7.1

爱丁堡会议局的爱丁堡大使计划

此案例分析基于爱丁堡会议局的艾伦·科林斯渥在英格兰伯明翰举办的 2004 年英国会议目的地协会大会上作的介绍，并根据之后爱丁堡的发展作了更新。

爱丁堡是一座有 50 万人口的城市，主要因为爱丁堡节，它成为了休闲游客的国际目的地。该市对商务旅游的重视始于 20 世纪 90 年代初。

"爱丁堡大使计划"始创于 1991 年，1996 年在爱丁堡国际会议中心(EICC)启用后再获资金提供而复兴。创立"计划"是为影响并巩固爱丁堡在协会会议市场的地位,并为使很忙的专业人士能承担目的地大使的角色,向他们提供其需的全部支持。每个目的地都有自己的长处,本地的大使计划应聚焦这些长处。爱丁堡的长处是:给人深刻印象的大学和相联的研究园区,以及医学科学院;生物技术、金融、艺术和法律是主要市场领域,该市有与所有这些有关的主要公共机构。

爱丁堡会议局(ECB)数据库有1400位爱丁堡大使的详细资料,其中600位仍然以某种方式活跃着。其他人中许多人习惯介绍别人到ECB并且是该联系网络的一部分。一位大使可以在几年内不活跃直到最后决定给城市带来竞标。同时,有些人正在访问其他目的地,以非正式的方式推广爱丁堡。所以即使是不活跃的大使,他们仍然对城市起着重要的作用。

ECB对成为爱丁堡大使没有任何门槛要求或者资质证明。根据ECB调查,职员可以邀请某人成为一位爱丁堡大使。也可能是一个潜在的大使来到ECB了解如何赢得会议竞标。这是一个灵活和开放的会员制项目。

爱丁堡大使计划和目的地的主要市场经济的发展相联系。正因为如此,项目经费来源于地区发展署——苏格兰企业爱丁堡和洛西安的资金支持。通过举办全国性和国际性的会议,爱丁堡在主要市场中的形象是最佳的金融、法律、生命科学和生物技术中心,创新产业因此加强了。会议为主办地提供了大量的联系机会;达成交易,签订合同,学生有了工作。爱丁堡和苏格兰其他地区从举办这些主要活动中受益匪浅。

ECB承诺长期发展该市场。比如,1999年ECB确认由一位爱丁堡大使来参与2004年国际灵长目动物学会会议竞标,在申办不成后沉寂了数年,直到2002年,另一个"爱丁堡大使"自告奋勇于2004年申办该会议,并赢得了2008年的举办权。随此进展,一批苏格兰大学和爱丁堡动物园成功地赢得了一项资助提案,使一家新的最重要的研究中心落户爱丁堡。

ECB还把重点放在该局所有无暇做长期市场工作的供应商上。如,酒店并不热衷于提前5、6、10年分配房间,因为它们自己是以年度目标来评估的。

成功的大使计划的要素是什么?它需要耐心和热情,对"爱丁堡大使"须承担的各专业义务的欣赏和对他们工作重要性的认可。目的地得有人有时间和精力来做长期的市场工作,而这一角色是由ECB来扮演的。

爱丁堡"大使计划"的发展依据三个核心元素:

1. 致力于对活动、关键市场领域和潜在的大使进行研究

2. 强大的品牌形象

3. 建立服务大使的强大的工作网络。

致力于研究

ECB 的研究来源是丰富的。信息来源——最初的申办灵感可能来自于这些来源里的任何一个:来自以网络为基础的研究,来自"访问苏格兰"在另一国的顾问的线索,或来自有 ICCA 资料补充信息的协会总部的提议要求。ECB 的研究是看该市在协会的决策委员会是否有关键人物,并试图招募他为"爱丁堡大使"。同样,最早的火花可能直接来自了解支持 ECB 申办重要性的"爱丁堡大使"。另一个线索来源是营销联合会"最佳城市全球联盟",爱丁堡是其创始会员("联盟"的更多详情见案例分析 10.2)。

创立强大的品牌形象

围绕字母"A"建立强大的品牌形象,是"大使计划"发展中极其重要的一步。如,把品牌用在 ECB 一年两次的大使简讯的封面上。简讯帮助 ECB 的大使在同事中得到认可,并协助发展他们自己的支持网络。

简讯宣传 ECB 能为其大使做些什么。也告知场馆和供应商哪些是 ECB 的会员,特别是当成员协助承办大使活动的时候。

会议业充斥着渴望接近关键决策者的供应商。ECB 使用强大的品牌确保大家清楚 ECB 代表大使和爱丁堡市管理着"爱丁堡大使计划"。

建立牢固的大使网络

ECB 一年约组织六次大使活动。活动的一个目的是告诉大使关于市里的新发展。如,"中心"主办了一次"爱丁堡大使"活动,表明它不仅是"爱丁堡国际节"的总部,还是会见和会议晚宴的极好场馆。同时,节日的组织者谈论在即将到来的"爱丁堡国际节"日程里有何新内容。大使忙着分享关于作为会议策划者什么是有效的或要避免什么之类的专业经验,所以需要安排大量非正式社交活动时间进行这些活动。ECB 发现了导致潜在大使承担会议组织时所担心的关键问题并针对这些担心,提供了更多正式的教育性陈述,诸如关于如何制定预算草案这样的话题信息。

挑战

ECB"大使计划"现在是一个成熟的计划了,但也带来自身的挑战。这样的挑战包括:

1. 为本地大使主办活动的成本:成本在飙升,而 ECB 预算有限。如,每年的大使晚宴耗资 10 000 多英镑,ECB 决定不能这样继续下去了。举办活动的根本目的是显示该市对大使投入申办工作所作努力的欣赏,并向大使保证,即使他们的申办失败,他们还是"计划"的一部分。这也是招募大使的有效和很有气派的方式。然而,它太昂贵了。

2. 在供应商和 ECB 会员中的形象:很明显,"大使计划"的重要性被 ECB 的供应商和会员低估了。会员很难了解某个 2004 年的会议举办权实际上早在 1999 年或 1998 年就赢得了。供应商和会员在自己的工作中活动太多而无法审视长期的效应,他们往往没有意识到 ECB 提交了办会申请,也许甚至在会议落户爱丁堡前就推广它了。ECB"大使计划"的许多工作进行时不被注意,经常在节事实际举行时也未被意识到。ECB 还很清楚供应商不了解协会会议市场需要什么。ECB 需要高额分配物但价格最低。挑战就是要对会员和供应商进行关于 ECB 大使的教育:他们与公司客户不同,需要区别对待。

3. 资助伙伴需要新的方向:ECB 的资助伙伴"苏格兰企业爱丁堡和洛锡安郡"有兴趣提供更多资助,但要求"大使计划"有新的角度。他们没有理由第三次资助同样的计划,这超出了他们的职权范围。

创新

大使活动如今在会员场馆举办,这给 ECB 节省了很大开支,同时又提升了 ECB 在供应商中的形象。场馆能通过参加活动的"爱丁堡大使"接近重要的本地市场。

只有大使出席的活动,诸如在苏格兰皇家博物馆的私人参观展览,给大使们带来良好的感觉,觉得供应商很特殊地对待他们。ECB 还意识到这些活动给"爱丁堡大使们"在他们的同事中树立了某种威信。大使们在参加这些活动后回到办公室,能告诉同事比如他们去了"地下爱丁堡",它是举行舞会和晚宴的极好场所。

最近,ECB 发放的请柬范围已扩大到包括大使的伴侣/配偶/同事,出现了一个有利的发现。第一次活动是一个厨师展。ECB 发现许多太太互相认识,意识到伴侣在会议决策和关于与会代表如何打发闲暇的决策中有多大影响。大使伴侣在场成为真正的益处,活动本身产生了多得多的"陶醉感"。主办场馆也变得对活动更有兴趣,因为它接触到更多的受众。

ECB 的资助伙伴对"计划"的全新角度的要求,意味着 ECB 得证明带到爱丁堡的会议将与该市的商业有直接联系。这可通过比如给小型生物技术公司机会接触会议策划者了解 ECB 的日程表来实现,这样它们就能在会上展出,并有机会主办或成为赞助商——当地商界现在涉足市里举行的会议比以前多多了。

爱丁堡会议局股份有限公司 * 管理"爱丁堡大使计划"并提供与 ECB 一样的免费服务。爱丁堡会议局股份公司现在是独立的公司,还作为商业机构以咨询为目的运营。爱丁堡的专家现在可以为雄心勃勃的供应商提供咨询了。

---

* ECB 现在是爱丁堡会议局股份有限公司,不再是爱丁堡和洛锡安郡旅游委员会的一部分,委员会 2005 年解散。爱丁堡会议局负责向商务旅游市场推广该市。

复习与讨论题

1. "参加会议业贸易展将直接减少会议组织者增加使用因特网的趋势。"这句话的准确性有事实支持吗?以至少三个贸易展的出席率数字和关于会议组织者如何搜索会议目的地和场馆的研究结果为证据,充实你的答案。

2. 选择一个城市目的地,策划一次为期 2 天的体验旅行。这应包括为确保旅行成功,在访问目的地前所作的准备和活动营销的详细情况。提供体验旅行日程和受邀出席的买主类型的详细情况,说明这些买主对于你选的目的地为何是合适的。

3. 分析二个独立的目的地大使计划,比较它们的结构、活动和管理资源。它们在多大程度上实现了设定的目标?对寻求建立大使计划的其他目的地能有何建议?

参考文献

ACB (2004) Press Release, Aberdeen Convention Bureau, September

Lyon, M (2004) *Familiarization Trips – How to Maximise Your Return on Investment (A Guide for Conference Bureaux, Venues and Hotels)*, Write Style Communications Ltd

Rogers, T (2003) *Conferences and Conventions: A Global Industry*, Elsevier, Butterworth-Heinemann

Saunders, M (2005) 'Down to experience', *Exhibiting* (magazine published by Mash Media), April

第8章

目的地与场馆销售策略：
原则和理论

本章概要

为销售设施和服务，场馆和目的地会采用一些策略，本章将考察这些策略的内在原则及理论。

本章内容涵盖：

- 人员销售的作用
- 促销的应用
- 销售团队的管理

案例分析：

- De Vere 的"黄金名录"预订奖励大赛
- "更多会聚新加坡！"销售促销活动
- 莱比锡市和 ICCA 数据库

学习目标

完成本章的学习后，您应该能够：

- 了解人员销售在增加销售额、与顾客保持长期联系两方面所起的作用
- 了解人员销售的不同方法
- 讨论专业销售代表采用的人员销售活动的种类
- 分析不同的促销技巧及其作用
- 了解销售团队管理的相关问题

导　言

广告和促销本身并不能保证目的地或场馆营销的成功,因为销售是整个营销过程的核心,会议产业的成功最终依赖于有效的销售能力。

很多人在使用上混淆了"营销"与"销售",但是实际上,它们是两种不同的活动。在本书的前几章中我们已经明确了一个观点,即营销是一个更宽泛的过程,包括几个阶段:

1. 发现消费者想要的产品、服务和创意。

2. 生产特性和质量适当的产品,满足消费者需要。

3. 为产品合理定价。

4. 促销产品;让产品的广告语家喻户晓。

接下来是销售,营销过程中最重要的阶段,以上几个阶段的最终目标都是为销售做准备。如果一个有效的营销过程已经引起了消费者的高度认同或购买倾向,那么向消费者销售产品或服务应该是整个过程的最终结果。如果会展的设施和服务实际上并没有销售成功,那么前期的所有营销努力都将付之东流。

在5、6、7章,我们提到广告、公共关系和直接营销是营销沟通组合的构成要素。

如图8.1所示,人员销售和促销也是营销沟通中的重要工作,本章将探讨这两个问题。第9章将讨论场馆和目的地如何实施营销策略和技巧。

人员销售

众所周知,人员销售或者说直销是销售人员和潜在顾客之间的一种十分重要的人际沟通方式。它是一个有巨大潜力的双向的过程,因为它一方面有利于影响顾客的偏好和购买行为,另一方面能获得有用的反馈,从而帮助我们对出售的商品做出重要调整。

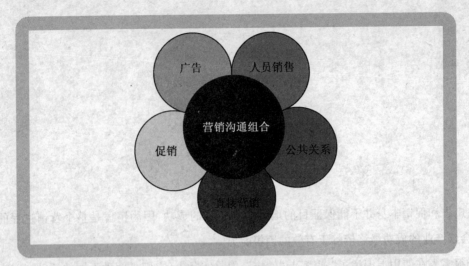

图 8.1   营销沟通组合

所以,人员销售可以定义为沟通组合中的一个因素,由各种直接的个人交流方式构成,销售人员和顾客间的面对面或电话交流都包括在内。

人员销售有两个主要的,相互联系的目标:

● 增加销售额;
● 与客户建立并保持长期联系。

增加销售额

人员销售对组织销售额的增长有巨大影响,这是各种营销著作中常见的题目:

> 人员销售是促销组合中一个非常有效的因素。尽管广告与促销的投资非常大,但是,人员销售通常能更有效地把顾客需求转变为真正的购买行为,因为人员销售能够根据顾客特点推销产品,而且人员销售能够做出即时的反馈与反映。人与人的沟通是一种非常有潜力和说服力的销售技巧。Burke and Resnick,2000:226)

与营销组合中的其他因素如广告、公共关系等不同,人员销售是买卖双方的一种互动联系,包含了直接沟通和及时反馈。实际上,无论是面对面还是通过电话交流,在人员销售中,推销员都能根据单个顾客或潜在客户的实际情况调整产品介绍,这是人员销售作为一种有效方法的主要特点。优秀销售人员利用人员销售的这个优势,发挥他们的交际才能,根据消费者的反应调整他们的销售方法。

人员销售使推销员有机会建议顾客购买附加产品或高价值的产品,从而提高现有消费者的消费等级。各种营销著作介绍了很多这样的技巧,其中与会议产业最相关的是:

- 升级销售(upselling):一种技巧,建议消费者购买价格更高的产品,而不仅是那些购买过的产品。例如,不去只提供咖啡和饼干的咖啡厅,而光顾能提供咖啡、水果冰沙和丹麦点心的咖啡厅。

- 交叉销售(cross-selling):一种技巧,向现有消费者介绍额外产品,这些产品并不一定与他们通常买的产品有联系。例如,一个酒店可能试图向准备在这里参加会议的客人推销它们的周末休闲套餐。目的地努力劝说与会者延长他们的商务旅程,多花一些时间享受这里的休闲场所。这些都涉及交叉销售。"拓展业务"将在第 9 章讨论。

但是,需要注意,尽管升级销售和交叉销售的一个目标是增加卖方的利润,但是这样的技巧只有在真正为消费者增加价值,使消费者对产品和组织保持忠诚的情况下,才算是成功的。这种买卖关系正是下一节要讨论的问题。

建立并保持长期联系

在第 1 章我们讨论过,关注消费者需求的组织能比不关注的组织作出更好的定位以获得长期收益。

因为人员销售给组织提供了直接聆听消费者需求的机会,所以人员销售的意义就不仅是单纯的销售行为。如果使用恰当,作为营销组合的一个因素,它将有效地将普通购买者变为老主顾。从这一角度讲,人员销售也是客户关系管理(CRM)的一个组成部分。(CRM 的目标是与客户建立并保持长期联系。)例如,地处城市中心的场馆向举行管理会议的当地企业寻求经常性预定,通过这种形式与客户保持长期联系。

但是,一定要区分以下两个基本人员销售方法的不同:一个是销售导向的方法,一个是顾客导向的方法。很多学者都指出了这两种人员销售方法所采取的行为和方法截然不同,Kotle 等(2003)是其中之一:

销售导向的方法(运用高压销售技巧;夸大产品优点;批评竞争者的产品)认为消费者只有在压力下才可能购买产品,并且容易被花哨的展示影响等。

顾客导向的方法(运用顾客需求分析;运用倾听和调查的方法确定顾客需求;提出适当的产品调整方案)认为顾客具有潜在需求,这会给公司带来机会;对于那些长期把顾客利益放在心上的销售代表,顾客将表现得非常忠诚。

这两种销售方法在各营销著作中得到普遍认可。实际上,20 年以前,Robert Saxe 和 Barton Weitz 设计了一个问卷,用以调查销售人员具体采用的是哪种方法。图 8.2 清楚地列出了这两种导向的显著差别。

很明显,为了帮助消费者做出满足自身需求的购买决策,采用顾客导向的销售人员根据情况调整销售策略。他们的行为表现出他们的目标是提高顾客的长期满意度,而且他们尽量避免导致顾客不满意的行为。因此,这些销售人员直接为公司的 CRM 工作做出了贡献。

销售导向	顾客导向
• 如果我不确定某一产品是否适合顾客,我仍然会迫使顾客购买 • 当产品没有达到顾客期望时,我暗示顾客有些事情我无能为力 • 我尽量多的出售产品,而不是令顾客满意 • 与努力发现顾客需求相比,我在劝说顾客购买产品上花费的时间更多 • 我假装与顾客有相同的观点以取悦顾客 • 我把顾客作为对手 • 向顾客描述一项产品有必要夸大事实 • 不等发现顾客的需求我就开始与顾客交谈,销售产品 • 只要我能劝说顾客购买,我就尽量多的卖给顾客各种产品,尽管我认为对于消费者这种购买不明智 • 我把我的产品说得要多好有多好 • 我卖给顾客的都是我能劝说消费者购买的产品,而不是从长远看能满足消费者的产品 • 我注意发现顾客个性上的弱点,以利用这些弱点迫使顾客购买产品	• 我尽力使顾客对我们的产品有一个适当的期望值 • 我引导顾客与我讨论他们的需求 • 我通过信息而不是压力来影响顾客 • 我努力帮助顾客实现他们的目标 • 我尽量真实的回答顾客关于产品的问题 • 我努力发现消费者的需求是什么 • 一个好的销售人员需要把顾客的最大利益放在心上 • 我尽量使顾客关注能帮助他们解决问题的产品 • 我很愿意与顾客持不同意见以帮助顾客做出更好的购买决策 • 我为顾客提供我有的、最适合顾客情况的产品 • 我尽量通过满足顾客来实现我的目标 • 我努力发现什么样的产品对顾客帮助最大

图 8.2　SOCO(销售导向—顾客导向)量表(引自 Saxe and Weitz, 1982)

为了保证各种会议事件的成功,会议业重视相互信任与责任分担,因此很少有机会采用销售导向的技巧。也由于这个原因,在这个领域内,如果销售人员想胜任这份工作,那么既懂得销售也懂得营销就变得越来越重要。

谁销售?

在第 1 章我们分析了会议产品与众不同的特性,这深刻影响了会议产品销售人员所起的作用。

(1) 会议产品是无形的,这个特性意味着这一产业的消费者高度依赖专业人士向他们提供的建议和指导,而所谓的专业人士就是负责场馆和目的地销售的人员。某个会议可能在某个特定的会议中心或特定的城市举行,但是举行这次会议的全过程不可能在会议开始以前彩排一遍,因此,销售人员有责任恰当的展示场馆和目的地,并且实现他们在销售过程中做出的各种承诺,无论该承诺是否明确表示过。

(2) 由于产生于并依赖于服务业,会议产品与销售人员是密不可分的。因此销售本身成为会议产品消费的一个组成部分,而且不仅仅局限于消费以前的交易阶段。

很明显,"销售"一词可能与在场馆和目的地工作的各种人员都有关。在某种程度上,每个在 CVB 或酒店工作的职员,在购买和消费过程中的某个或更多阶段里,都在做销售工作。尽管本章的内容主要是专业销售人员的活动,但还是需要牢牢记住即使与客户签订了合同,销售工作仍然没有结束。

有必要从不同层次考虑销售创新。很多评论员包括 Burke 和 Resnick(2000)都主张人员销售可以简单到接受订单(顾客的常规请求),也可以复杂到真正的创新性销售。

销售创新量表的一端是提供具体服务的人员,他们处理现有顾客的常规请求,这些人员可能包括一线服务人员例如酒店前台和服务员;另一端是专业销售人员,他们的任务主要是销售场馆和目的地。这些专业销售人员的活动是本章的考察重点,但是在关注更具创造性的销售活动以前,仍需要强调提供具体服务的人员也能够进行销售,也可以提高组织利润,增加消费者的愉快体验。前台接待可以建议会议代表使用酒店的水疗设施,服务员可以推荐一瓶好酒,这些都是名副其实的销售活动。

专业销售活动

专业销售人员的工作与服务人员的不同就在于,专业销售人员不仅要为现有顾客服务,还要创造需求:发现潜在的新顾客——营销术语叫做"潜在顾客",并且激发顾客的购买欲望。

从这一角度,可以看出专业销售人员所作的远不只是简单的销售。

Kotler 等(2003:667)列举了可能需要销售人员完成的任务:

- 勘查:发现并培育新市场。
- 甄选:决定如何在目标顾客间分配有限的时间。
- 沟通:传播有关公司产品和服务的信息。
- 销售:接触、展示、回复异议、达成交易。
- 服务:为顾客的困难提出建议,提供技术帮助……
- 调研:进行市场调研和分析。
- 分配:当产品缺乏时,决定把有限的产品销售给哪个顾客(例如,在重要会议期间分配酒店的房间)。

而这其中的两个任务完全由专业销售人员完成:勘察和销售。

勘察

Burke 和 Resnick(2000)指出向团体和企业进行销售比向个人销售更为复杂,也需要更多时间。有时需要增加人员销售的步骤。在会议产业这一点是十分确定的,因为该行业的销售通常面向企业或组织,而且销售的产品也是为团体消费设计的,与个人及家庭消费完全不同。

会议营销的额外步骤之一就是为销售作准备,这一点将在第 9 章讨论。另一个步骤是勘察——进行调研识别新顾客。企业失败的一个主要原因是没有在开发新业务上花足够的时间与资源,这也是营销著作中常见的一个题目。

对于很多组织来说,这是一个动态的过程:酒店可能发现一些本来在酒店举行会议的当地企业已经转移厂址或停业了,或者决定采用视频会议;目的地可能发现本来在这里举行年会的政党现在转向其他目的地了,而各种协会,如第 1 章中所说,在各个目的地轮流举行年会。由于这样的原因,CVB 有必要花费一定的时间和资源开发针对以后学术会议的业务,因为它们的对手也在做这样的工作。

勘察包括两个主要的步骤:

- 识别可能"目标"或主顾——可能最终被说服进行购买的潜在顾客。
- 甄选目标——确定哪些目标最有前途(最有可能成为潜力顾客的目标)。

会议业务的勘察可能需要专业销售人员对各种资源进行调研,包括广告和促销的反映,数据库,商行名录以及其他名单,甚至包括利用关键词进行网络搜索,以发现符合顾客特征的企业、组织和协会。

对于会议业,Harrill(2005)列举了获得目标信息的其他潜在资源:

- 商业展示会上遇到的主顾;
- MINT——会议信息网络(meeting information network),可供国际目的地营销协会(DMAI)成员使用;
- 电话名录;
- 商会成员名单;
- 关系网——上门拜访。

Harrill 也强调了利用现有顾客发展新顾客的重要性:

目前与你交易的顾客是最重要的调研群体,不仅因为他们可能再与你交易,而且在于他们是介绍新顾客的良好资源。认真分析现有顾客能够得到理想潜在顾客的主要特点。一旦顾客知道你正试图扩展市场,并且将根据他们的意见寻找潜在顾客,他们将尊

重你的询问。(Harrill 2005:18)

甄选目标包括使用专业评价手段决定目标中哪些最可能成为消费者。这种评价手段一部分可能基于目标过去的购买方式,例如,一个协会最近在某个城市举行了年会,那么它至少最近几年不太会转向别的城市。因此,对于其他城市的 CVB,这个协会在近期就是低潜力的顾客。

对于更有发展前景的目标,下一步的销售工作很可能是安排一次会面。如果确定了此次会面,销售人员和目标顾客面对面交谈,那么真正的销售就开始了。

销售

大多数人都赞同,专业销售人员依据一个事先设计好的步骤展示产品和服务以实现成功的销售。顾客导向的人员销售包括一系列步骤,这些步骤几乎可以适用于销售人员和顾客面对面交流的各种情况。普遍赞同的步骤如下:

- 与客户建立良好关系;
- 调查客户需求;
- 向客户展示和介绍产品,突出产品优点和益处;
- 回复异议;
- 达成交易:促使顾客做出购买决策;
- 后续工作/保持联系。

在第 9 章我们将详细阐述在会议业有效实施这些销售步骤的技巧。这里我们感兴趣的是 Harrill 对目标顾客可能提出的两种异议的区分。它们是:

- 缺陷:一些场馆和目的地确实不能提供某些东西(例如,一个会议要求场馆容纳 10 000 个与会者,但是目的地最大的场馆也只有一半的容量)。
- 误解:一些可以纠正的看法(顾客认为场馆房间的价格过高,那么可以告诉顾客在一年的某个时间段这个价格是可以商量的)。

促销和效益管理

促销

与人员销售密切联系的是促销技巧。促销通常被叫做"线下"促销,根据促销协会的定义是"任何为销售更多产品而设计的方案"。Burke 和 Resnick(2000)给促销的定义是为刺激某一特定产品的需求,而专门设计的各种活动。他们强调促销与通常所说的"推销"是不同的,促销的特定目的是鼓励销售,通常是用一种非常直接的方式。恰当使用,促销可以成为提高公司销售量的有力武器。

在消费品市场中促销已经逐渐成为营销的典型策略,用于增加零售额,常采用鼓励消费的方法,例如优惠券、买一送一、附送赠品等。但是近些年来,促销越来越被当作营销原则,是一种可以用于营销组合各个要素的策略工具。现在很多人认为促销是各种综合性营销项目的核心。这一技巧在会议业的应用尤为广泛。

Middleton 阐释了促销在旅游业的应用,但是他的建议同样可以应用于会展业:"旅游产品的'易逝性'意味着营销经理要时刻意识到,为了应对每天、每周或每个季度顾客需求的变化和不可预见的事件,有必要引导顾客需求"(Middleton,2001:255)。负责场馆及目的地营销的人员也要面对各种挑战,包括不可预见的事件(SARS;9·11;2004 年的海啸;货币贬值等等)和不断变化的需求,例如在暑假和周末业务量减少。

促销技巧特别适用于解决这种需求调整的问题,可能正因为如此会议组织把促销作为营销手段中最重要的武器。

会议业应用了多少促销技巧呢?以前的研究说明促销技巧主要用于销售渠道终端。但是很明显,与消费品的分销情况不同,会议业没有零售商或商品陈列室。但是如果说销售终端是任何交易场所,那么对于场馆预订服务来说,销售终端一定包括:

- 顾客的工作地点:当顾客根据场馆的促销邮件和电话进行预订时;
- 场馆的网站——促销的主要目标;
- 场馆接受预订的地方:交易会/工作室。

Middleton(2001)强调,为了在特定的时间刺激某产品的销售,促销技巧针对的三个主要对象是:

- 单个消费者;
- 分销网络——适用于通过中间商实现大量销售额的组织,例如酒店预订中介、预订场馆服务;
- 销售团队——适用于大的组织,例如国际会议中心,在常规销售以外付出的任何销售努力都要有额外的奖励/回报。

表 8.1 例举了实际可能采用的促销技巧。尽管这些促销技巧主要应用于旅游业,但是其中很多仍广泛用于会展业,作为鼓励会展预定的直接方法。

表 8.1 促销技巧

单个消费者	分销网络	销售团队
降价/优惠	额外的回扣和代理佣金	奖金及其他经济奖励
优惠券/现金券	抽奖	实物奖励
降价伪装	销售竞赛	旅游奖励
附赠产品	免费纪念品	抽奖
附加服务	晚会/宴会	
免费纪念品		
竞赛		
针对老顾客的专有优惠		
抽奖		

资料来源:引自 Middleton,2001。

在以上所列的技巧中,普遍认为降价是最为有效的促销方式(对中间商、销售人员也很有效)。但是,很多评论家也指出了降价的风险,即其他场馆也很容易采用这一技巧,如果使用不当,很可能引起"价格战"。另外,"还有一种危险,即通过降价和打折促进销售,会损害品牌形象"(Holloway,2004:304)。

由于这些原因,组织常常喜欢提供一些优惠销售和组合销售(实际上,这是一种伪装的降价)例如,三个与会者只收取两个人的钱,或者咖啡厅提供免费的食物和饮料。用这种方法,场馆就能在维持正常价格的同时为消费者提供附加价值,刺激消费者购买。

场馆,例如连锁酒店,广泛使用的另一种技巧是"专有优惠",通过奖励某一场馆或连锁场馆的忠实顾客,提高顾客忠诚度和购买频率。竞赛也是一种促销技巧,De Vere 案例应用的就是这一技巧。

案例分析

De Vere 的"黄金名录"预订奖励大赛

De Vere 是英国一个四星至五星级的连锁酒店。在 2003 年 6 月 19 日星期四,De Vere 酒店把位于沃里克郡北区的 De Vere 钟楼用苏格兰方格花纹装饰一新,并聘请了一名专业的风笛手,这些都是为了迎接 75 名"黄金名录"预订奖励大赛的优胜者。这次大赛从 2002 年 12 月 15 日起,至 2003 年 5 月 15 日结束,任何商务旅行社和会务中心只要在举行 10 人以上的会议时,安排与会人员在 De Vere 或乡村酒店 & 休闲俱乐部的任何一家连锁店住宿,就可以参加此次大赛。

有 40 多个机构参加了 19 日晚的聚会,当晚的气氛很热烈,抽奖时晚会达到高潮,参加者都很兴奋并且有很高期望。

莱斯特的国际商务旅行(BTI)得到了最大的奖项,每年他们可以在 Dd Vere Cameron House,Loch Lomond 的豪华套房住一个星期,而且终生享受。

二等奖的奖励是:

● 纽约 Algonquin 宾馆双人两晚住宿,并附送往返机票。

● De Vere Grand Jersey 双人两晚住宿,并附送往返机票。

● Dd Vere Cameron House, Loch Lomond 双人两晚住宿。

其他黄金名录大赛的优胜者都得到了一瓶红酒。

De Vere 酒店的总经理保罗·德莫迪(Paul Dermody)对当晚的评价是:"我们高度评价商务旅行社和会务中心为我们公司作出的贡献。这是一个令人兴奋的夜晚,颁发奖品的时候我非常激动,我也很高兴看到他们对 De Vere 酒店表现出的热情。"

很明显,如果销售量减少,促销是有效提高销售量的手段。但是促销的效果是短期或暂时的,因此使用时要谨慎。普遍的观点认为促销技巧不适于建立长期的品牌效应。

所以,如果组织想建立良好声誉,树立稳定形象,必须在短期销量增长和长期需求之间建立真正的平衡。但是,这两方面是不可分的:

> 首先应该把促销技巧当作一种辅助工具,帮助组织与顾客建立良好关系。不可以把它们只当作快速摆脱剩余库存的方法,尽管有时候解决库存正是促销活动的目标之一。在各种促销活动背后,都应该有一个大目标,那就是培养顾客忠诚度,增加而不是减少产品价值。(Holloway, 2004:303)

Holloway 强调促销技巧是广告(一种主要用于实现长期策略目标的工具,例如树立组织和产品的一致形象)的补充。当促销与广告互相促进时,同时使用这两种方法是最有效的。

效益管理

大体上效益管理项目也反映了需求水平的波动,正因如此,当场馆通过调整价格适应市场需求以增加收益时,效益管理与促销活动的联系就非常密切了。效益管理主要来源于基础经济学的供需理论,该理论的内容是需求大,价格高;需求小,价格低。同样,供小于求,价格上涨(卖方市场),供大于求,价格下降(买方市场)。

航空业自 20 世纪 80 年代,酒店业自 20 世纪 90 年代开始广泛使用效益管理,现在会议业普遍认为效益管理是营销和销售过程的核心要素。基本上,效益管理是一种存货管理系统,这一系统使场馆管理人员和销售人员能够预测供需量,从而相应的调整价格策略,最终达到收益的最大化。所以,效益管理是一种系统的方法,能同时提高场馆房间的平均价格和入住率,它的最终目标是 100%,即 100% 的入住率,同时房间价格是门市价(无折扣价)。

很明显,场馆的预测不仅基于管理人员设想的将来会发生的情况,而且也必须基于管理人员以前所观察到的购买行为模式。

Peckinpaugh(2000)曾在一家有 700 个客房,最大团体容量为 500 的酒店工作,以下是他在那里采用的效益管理的示例:

门市价:175 美元(旺季)

旺季:3 月—5 月,9 月—11 月

场地:25 000 平方英尺

希望每晚每间客房的收益:旺季 65—74 美元,平季 50—64 美元,淡季 50 美元或以下

需求高峰日:工作日(周一至周四)

低谷日:周末(周五至周日)

理想模式:周四—周日,周三—周日,周日—周三

旺季散客的需求:200 间

根据以上因素制定酒店方针以后,如果你筹划的会议的具体情况与酒店方针相符,那么你在谈判时就很有优势。但是如果你想在 4 月时有 200 个房间,周四抵达,周五离开,占用所有场地,而且只在现场用一些咖啡和果酱面包,那么酒店很有可能不与你交易。酒店的决策一定是:现在就接受会议预订吗? 如果不,那么就有房间和场地空闲的危险,但是也可能等到有更高收益的预订。

Hartley 和 Rand 曾设计了"会议容量策略",Rogers(2003:178)指出场馆销售人员采用这一策略能够尽可能多地从预订中获得收益。这一策略考虑了业务组合、市场机遇和竞争优势、盈利能力、预订提前期、未达成业务等。作者详细阐释了根据特定要求分配房间所涉及的各种因素和技巧,给出了保证入住率的实用方法。

销售管理

任何组织在雇用销售团队上的投入都是对销售的一种长期投资。由于必须支付销售人

员的薪水和佣金,所以人员销售是成本最高的促销工具之一。但是,如果使用得当,销售团队就能成为组织持续增长和盈利的关键因素,所以,一个组织必须合理管理销售团队,以实现理想的销售目标,这是销售管理的主要目标之一。

销售团队的目标

为销售团队设定明确目标是最初的关键步骤之一,对于销售经理来说,这是一个重要的任务,因为后续的各项工作都基于此阶段的决策。按照 Kotler 等(2003)的观点,为销售人员设定目标的主要原因有两个:

- 保证各项工作目标不冲突(这些目标可能包括收益、市场份额、企业形象);
- 有效帮助销售人员计划和实施他们的销售项目。

Berkowitz 等(2003)也非常强调设定目标,指出目标的作用是指明方向和目的,并且作为销售人员绩效评价的标准。销售团队成员的主要目标永远是将顾客的购买兴趣转变为实际的购买行为。销售团队的目标还应该包括:

- 时间表:销售目标通常应该在一定时间内完成;
- 目标可以针对整个销售团队,也可以针对单个的销售人员;
- 销售目标必须落实到个人,并以收益、销售数量或占有的市场份额衡量。也包括按以下指标衡量:平均订单大小、单位时间段里的平均销售数量和订单与电话数量的比率。

销售目标必须定期评价,也可以随着环境的巨大变化,例如天灾人祸,进行调整。

招募和培训销售人员

由于直接的人际联系对于销售过程来说非常重要,所以人们普遍认为招募和培训销售人员是销售管理中至关重要的任务。Berkowitz 等(2003)建议在招募之前确立一系列资格标准,并在工作描述中详细列出销售人员的工作任务,他也认为分析本组织内优秀销售人员的特点是销售经理的额外工作。另外,他认为无论采用正式的培训项目还是非正式的在岗培训,培训重点都应该在于:

- 公司概况;
- 产品介绍;
- 销售技巧。

不仅如此,Berkowitz 认为培训不应该仅仅面向新的销售人员,有经验的销售人员也需要培训。Holloway(2004:239)补充了一点,销售培训不应该局限于销售人员:“为了保证所有可能与顾客接触的员工掌握人员销售的相关交际技巧,公司制定的任何营销策略都应该包含足够的培训。"(Holloway,2004:239)

构建销售团队

对销售人员较为实用的分类方法是将其分为"内部销售人员"(或室内人员)和"外部销售人员"(或室外人员),外部销售人员为销售经理工作。

McCale 等(2000)对两种销售人员的工作做如下区分:

- 内部销售人员为外部销售人员的工作提供支持,使销售方向与全盘的销售计划一致。他们的工作还包括:

  (a) 对所有主顾和业务请求提供及时的跟踪服务;

  (b) 维护顾客数据库;

  (c) 为电话销售/产业重大促销事件的策划提供帮助;

  (d) 开发配套材料;

  (e) 组织现场考察/体验旅行。

- 外部销售人员在公司外工作,他们:

  (a) 搜集销售反馈,发现市场机遇,了解竞争对手的活动和顾客需求。

  (b) 进行直接的电话销售以培养和促进与消费者的关系,增加销售额。

内部销售人员可能包括电话营销员,负责通过电话发现新客户,然后向顾客销售产品或者把顾客的信息发送给外部销售人员。另一个内部销售人员担任重要销售角色的例子是,场馆的预订人员和 CVB 负责处理顾客询问的会议接待人员。

外部销售人员通常直接且专门受雇于某个组织,也有一些是独立的销售代表,通常为几个不同的场馆或目的地服务。酒店的销售代表在一定市场内销售酒店客房和酒店的会议设施,通常独立为几家连锁酒店工作。Kotler 等(2003)认为,与使用自己的销售人员相比,雇用销售代表对于酒店来说通常更为有效。如果是一个边缘市场,开发潜力还不值得雇用一个专职销售人员,或者由于文化差异使得销售人员很难进入该市场,那么雇用销售代表的确更为经济。

无论内外,也无论是否独立工作,只要有一个以上的销售人员,就必须按照一定标准管理他们。最常使用的三个标准如表 8.2 所示。大多数销售团队是根据这其中的两种标准组织的。

按照地域组织销售人员当然是最直接的方法。但是,很多人认为当产品种类繁多,或当需要较复杂的技术知识时,这种方法就不适用了。

表 8.2　构建销售团队的常用形式

组织形式	定　义	优　点
按地域分类	每个销售代表或销售小组在某个指定的区域内全权代理公司销售业务:例如苏格兰区或西欧区	销售人员的职责明确 利于销售代表积极培育地方市场,加强个人交际圈 差旅费相对较少,因为每个销售代表只在一个较小的地理区域内出差
按细分市场分类	每个销售代表或销售小组负责不同的细分市场:例如学术会议市场与商务会议市场	销售团队中的每个成员都对他所负责的细分市场了如指掌
按客户分类	一些特殊顾客的业务对于组织的成败至关重要,每个销售代表或者销售小组负责一个或几个特殊顾客的关键业务:例如在全国各地有分支机构的大公司,如美国的通用汽车	顺应了目前买方通过兼并收购不断集中的趋势,即意味着少数客户占据了公司的大部分销售额 顺应了买方企业集中采购而不是就近采购的趋势 销售人员能够熟悉主要顾客,了解影响他们决策的发展趋势,从而设计适当的销售策略

资料来源:引自 Kotler,2003。

奖励与激励销售人员

　　为了吸引、激励并留住优秀的销售人员,设定最佳的奖励级别和奖励评估方法是十分重要的,销售经理必须在以下可能的薪酬方案中选择一个:

- 薪金制(固定工资);
- 奖金制(工资加奖励,包括佣金、奖金、分红……);
- 佣金制——佣金是销售额的固定比例,或者滑动折算;
- 结合以上三种的方案。

　　最后,必须激励销售人员工作,实现有效的销售。Berkowitz 等(2003)指出由于热情注定会减退,所以即使最好的销售人员也需要激励,因此需要一个系统的方法激励所有的销售人员。他建议任何激励机制都必须满足对销售人员来说很重要的非经济需求:

- 工作保障;
- 良好的工作环境;
- 机遇。

　　增加销售的一个常用方法是运用竞争激励方案,奖励是现金、旅行或象征性的鼓励,例如本年度销售代理人的徽章,用以表彰有突出贡献的员工。

本 章 小 结

本章考察了制定销售计划时需要考虑的主要因素。设计一个有效的销售计划需要理解一系列复杂的变量,这些变量包括所有销售产品的渠道。成功的销售计划可以成为组织持续发展的蓝图。

正如本章开始所说,销售是整个营销过程的最终目的。为了实现这一目标,必须把销售充分整合到全盘的营销沟通组合中,这样销售得到了广告、公共关系的支持,此二者实现了产品的知晓度,引起了消费者的购买欲。另外,销售还必须与刺激消费者购买的促销活动相配合。

总之,销售人员必须愿意为消费者服务,愿意为消费者提供物有所值的产品。会展市场是拥挤而充满竞争的,为消费者提供物美价廉和高水平服务的销售人员有能力为雇用他们的场馆和目的地带来明显的竞争优势。

案例分析 8.1

"更多会聚新加坡!"销售促销活动

"更多会聚新加坡"(Make It Singapore PLUS!)促销活动由新加坡旅游局(STB)组织,是早期"会聚新加坡"活动的延续。"会聚新加坡"由 STB 发起,投资 150 万新币,活动自 2003年 11 月起至 2004 年 12 月止。此次活动的目标是加强新加坡作为商业港口的声誉,吸引更多的 MICE(meetings, incentives, conventions and exhibitions or events)会议在新加坡召开。这次活动为新加坡成功地吸引了 40 个商务会议,估算为新加坡带来的宾馆旅客住宿夜次*达 60 000,直接旅游收入达 5 千万新币。主要的会议有:2004 年 11 月,安利印度公司的奖励旅游团,由 1 400 个获得奖励的安利员工组成;2005 年 7 月,国际高科技材料会议(ICMAT)和国际先进材料会议(ICAM),吸引了 1 500 名海外代表。

* 旅客住宿夜次的计算方法是用游客人数乘以游客住宿的天数,例如 1 000 个代表参加一个 3 天的会议(只住两个晚上),那么旅客住宿是 2 000。房间夜次和旅客住宿夜次不同,房间夜次的计算方法

是用预定的房间数乘以相应的住宿天数,例如一个1000个代表参加三天的会议,假设所有代表都住标准间,那么总共是500个房间使用两个晚上,所以房间夜次是1000。

为了巩固"会聚新加坡"(MIS)活动的良好效果,新加坡旅游局(STB)决定将活动延长至2005年12月,但是他们聪明地将活动的名字改为"更多会聚新加坡"(MIS PLUS),更新了活动形象。有40多家酒店、MICE场馆和新加坡航空公司参加了此次活动。参加此次活动的会议组织者需要在2005年12月31日前确定在新加坡召开会议,并于2007年12月以前举行会议。活动更新了会议组织者的条件,增加了对他们的奖励。

参加此次活动的会议必须至少在新加坡连续停留两个晚上。其他的入选标准根据MICE会议的具体类型有所不同。例如由CEO或主管层参加的跨国公司的董事会议,其最小旅客住宿夜次为150(MIS活动中的要求是400房间夜次);大型会议则要求旅客住宿夜次在400以上。另外,展览必须满足以下条件:

● 第一次在新加坡举行;
● 最少有1000个海外参观者;
● 实际展区不得小于1000平方米;
● 展品有50%来自海外。

对会议的财务资助并没有统一标准,而是新加坡旅游局(STB)根据客户的具体需要,在合理成本范围内提供。合理成本范围及入选标准在图8.3和8.4中列出。

入选标准	资　助*	合理成本范围
会议的旅客住宿夜次不得低于150	入选会展可得到财务支持	● 当地目的地管理公司(DMC)/节事管理费用 ● 项目增值 ● 庆祝典礼 ● 发言人出场费 ● 人员招募 ● 欢迎活动 ● 礼品包装 ● 欢迎横幅 ● 照片 ● 视频
跨国公司的董事会	为入选会议提供50%的财务支持	

(*财务资助不得超过由旅客住宿夜次决定的最大限额)

图8.3　新加坡旅游局(STB)为公司会议提供的财务支持和奖励

入选标准	资　助*	合理标准
会议的旅客住宿夜次不得低于 400	为入选会议提供 30% 的财务支持	● 专业会议组织者（PCO）管理费用 ● 发言人出场费 ● 海外营销成本

（*财务资助不得超过由旅客住宿夜次决定的最大限额）

图 8.4　新加坡旅游局(STB)为大型会议提供的财务支持

会议策划者不仅能得到财务支持,而且有各种形式的非财务或全方位的支持,包括:

● 提供帮助,确保您成为本地的上宾。

● 在机场安排欢迎与会者的横幅。

● 协助保障专用场馆的提供

● 协助办理入境许可

● 公众宣传

新加坡的产业合作者需要为此次活动提供支持,如图 8.5 所示。

酒　　店	对于现场考察: ● 为 MICE 的决策者提供两个可以免费使用三个晚上的房间 　对于已确定的会议: ● 每预定 25 个房间就赠送 1 个房间,在整个会议期间最多赠送 5 个免费房间,最多有三个房间可以享受 VIP 待遇延缓退房(如果有空房的话)
场馆(依托于或不依托于酒店的)	● 在主场馆的开幕宴会或欢迎宴会打折,或者/和准备阶段和会议期间的住宿费优惠
航空公司	根据组织者所带来的收入提供互惠的商务安排。奖励形式是免费的飞机票,组织者可以在以后的会议营销中使用。

图 8.5　新加坡旅游局(STB)的产业支持

"更多会聚新加坡"活动的一个新特色是实施了渠道支持方案,这一方案的目的是鼓励地方及海外的中间商开发各种套餐和/或者延伸服务,以商务会议为目标推出此次活动。对于已经认可的,能够带来新业务的会议,此方案为它们提供了相应的资金。

MIS PLUS 活动通过以下方式促销:

● 公关活动(PR)或媒体活动,包括散发传单;

● 巡回宣讲、MICE 的研讨会、典礼和发送邮件等活动——新加坡旅游局(STB)的地方官员协助将该活动直接推荐给(i)终端用户和(ii)中间商,通过以上活动平台让决策者和宣传者在 2005 年 12 月 31 日以前将信息散发给他们自己的成员/客户;

- 配套内容包括 MIS PLUS 活动的宣传册,改版的 MIS PLUS 网站和大量邮件。

在编写本案例的时候(2005 年 7 月)还没有看到 MIS PLUS 活动的成果,尽管如此,此次活动的预设目标很清楚:带来 100 000 旅客住宿夜次和约 1 亿新币旅游业收入。

在 2004 年新加坡接待了 200 万商务游客,是游客总量 830 万的 26%。与商务有关的游客数量在 2004 年比 2003 年增长了近 60%,比 2002 年增长了 30%。

案例分析 8.2

莱比锡市和 ICCA 数据库

CVB 销售人员的主要任务是预测新的会议业务,这些销售人员通常是全职调查员,主要任务是识别那些可能选择特定场馆、城市或国家举行会议的组织。寻找国际会议信息相对简单,因为网上有很多现成资源,但是找到符合条件的国际会议很难,必须是那些还没有选择场馆和目的地的国际会议,而且这些会议必须对我们的场馆和目的地感兴趣并有潜力真正来举办会议。

ICCA

很多研究者都十分感谢 ICCA(International Congress and Convention Association 国际大会和会议协会)的数据库。ICCA 于 1963 年由一批旅行社联合建立,这个组织原先的目标是评估能在快速膨胀的国际会议市场中促进旅游业发展的实用方法,并交换与旅行社运营相关的真实的市场信息。不久人们发现,这个组织的成立非常及时:会议业的发展比该协会预测的还要快,结果全世界的会议企业都申请成为该协会的成员——不仅有组织会议的旅行社,还有来自会展业各个部门的成员。

现在 ICCA 是世界上最重要的国际会议组织之一,它是唯一一个由本领域内主要的专业人士组成的协会,其成员是负责安排国际会议及其食宿交通的专家,一共有来自全世界 60 个国家的 700 多位成员,毫无疑问,该组织是会议业内最国际化的组织。ICCA 在挪威、马来西亚、美国和乌拉圭都有办事处。

ICCA 的使命是让它的成员具有并保持显著的竞争优势,实现这一目标的方法之一就是收集并建立该组织的数据库。

ICCA 的数据库

1972 年,ICCA 的研发部开始搜集国际组织会议的详细信息。目前这一系统已十分成熟,所以 ICCA 的研究员能够根据顾客的需要,通过各种模型生成相关数据。数据库的信息来源于 ICCA 的成员、国际组织和项目的后续研究。数据处理由 7 名研究员专门负责。

由电脑处理的在线数据库提供了大量历史会议的概况、接待方的详细信息和出席情况的各种数据。至 2005 年 7 月此数据库已经包含了:87 000 个会议,6 000 个国际组织(过去两年全部核对过地址)和 11 000 个系列会议。根据系列会议的规模,可以分为以下几组:

- 64%的会议吸引了 250 名以上的与会者
- 14%的会议吸引了 150 到 250 名与会者
- 22%的会议吸引了 50 到 150 名与会者

30%的系列会议是关于医学的;科学主题的会议占总量的 12%;科技方面的 9%;工业 8%。

据估计,大约有 14 000 个不同会议的举办是有规律的,ICCA 的数据库信息涵盖了此类会议的 80%。

协会的数据库很容易搜索到,并且每星期升级一次。协会的所有成员可以使用密码登录,有了这样方便的工具,ICCA 能够帮助其成员识别主要客户,打开与潜在客户直接沟通的渠道。

数据库中的信息包括当前联系地址(包括网站链接和/或者电邮地址),会议客房需求,决策过程,可能适合将来会议的目的地——如果一个目的地打算申办某个会议的主办场地,那么知道这些信息是至关重要的。

只要知道如何合理使用这一工具,ICCA 的成员就能从中获利。因此,ICCA 在阿姆斯特丹的总部举办很多小型数据讨论会,并可应各地成员的要求在全世界的其他地方举办。小组讨论会是很多会议的常见活动,例如 IMEX(国际商业交易展)、EIBTM(欧洲会议奖励旅游展)和 ICCA 自己的国际研究员年会(ICCRM)都有讨论会。ICCRM 本身是一个重要的国际会议,吸引了数百位与会者和有声望的发言人。

典型的 ICCA 小组讨论会包含几个议题,例如:案例分析、申办策略和寻找主要顾客。

莱比锡市对数据库的利用

罗纳德·科特里奇(Ronald Kotteritzsch)是莱比锡市会议中心的市场部经理,他充分利用了 ICCA 的数据库:

我们利用 ICCA 数据库已经有好几年了,它有多种用途。

　　参加过交易会的展示后(例如 EIBTM 或者 IMEX),你获得了大量的新合约,要处理它们,最难的事情是找出到底哪些合约对你来说最有价值,你最值得在哪些客户上投入精力与资源。在做这些决策的时候,ICCA 数据库总是很有用。

　　例如,在 20 世纪 90 年代末,有两位女士在 EIBTM 的展示会上联系我,问我是否可以给她们一些我们城市的信息。我本该问她们一些问题,以确保给她们提供实用的信息,但是她们在展示会上有很多预约,因此我没有时间问问题。

　　回到办公室,我在 ICCA 的数据库中查到她们来自欧洲放射及癌症医学会(ES-TRO)。其中包含的信息(场地大小、历史记录、原有场馆等)告诉我,她们对于我来说是真正有价值的顾客。数据库还提供了重要线索,告诉我哪些信息与她们有关,哪些无关。例如:"我应该详细介绍一下和我们合作的几个出色而有经验的会议组织者吗? 或者她们会带自己的会议组织公司来?"

　　当我开始与她们联系的时候,我已经有了足够的信息,所以我告诉她们的关于我们的城市和场馆的信息都是她们确实想知道的。当你用这种方式和潜在客户联系时,客户会:

- 认为你真的有诚意,
- 很高兴你愿意并能够理解他们的特殊需要,
- 你有备而来,因此他们确定在和专业人士谈话,
- 知道如果他们真的决定去你的城市,他们会得到同样的关注与对待。

这项工作需要毅力和耐心。我们联系了几年,最终在 2003 年 11 月她们接受了我们的邀请,决定来莱比锡市参观,做现场考察。2004 年她们正式通知我们,我们有幸在 2006 年 10 月举办欧洲放射及癌症医学会的会议。我再次强调我们的成功离不开 ICCA 数据库的帮助。

　　无论什么时候我们赢得了重要国际会议的主办权——2002 年 6 月的欧洲电业联合会;2004 年 9 月欧洲心胸血管外科协会(EACTS)的年会,有 2 000 个代表参加;欧洲放射及癌症医学会(ESTRO)会议;2008 世界过滤研讨会——ICCA 数据库总是为我们提供巨大的帮助:帮助我们寻找地方代理,在合适的时间用合适的方式通知合适的人。

　　需要提一下数据库利用的另一个方面。自 1409 年起莱比锡市已经是一个国际化的城市,这座城市里有实力雄厚的科学和学术机构、基金会和医院等,很多当地的专业人士和医生,在我们申办的会议组织中很有影响力。当她们和我们见面时,我们一定要通过 ICCA 掌握,在她们的领域内,哪些会议可能来莱比锡召开。这能使她们觉得我们很专业,实际上,我们正在与她们中的一些人合作,争取承办更多的会议。

复习与讨论题

1. 讨论人员销售在会议业的作用。

2. 场馆采用的主要销售技巧是什么?

3. 为了组织销售团队的工作,销售经理必须做哪些主要工作?

参考文献

Berkowitz, E, Crane, F, Kerin, R, Hartley, S and Rudelius, W (2003) *Marketing*, McGraw-Hill

Burke, J and Resnick, B (2000) *Marketing and Selling the Travel Product*, Delmar Thomson Learning

Gartrell, R (1994) *Destination Marketing for Convention and Visitor Bureaus*, Kendall/Hunt

Harrill, R (2005) *Fundamentals of Destination Management and Marketing*, IACVB

Holloway, JC (2004) *Marketing for Tourism*, Prentice Hall

Kotler, P, Bowen, J and Makens, J (2003) *Marketing for Hospitality and Tourism*, Prentice Hall

McCabe, V, Poole, B, Weeks, P and Leiper, N (2000) *The Business and Management of Conventions*, Wiley

Middleton, V (2001) *Marketing in Travel and Tourism*, Butterworth-Heinemann

Peckinpaugh, D (2000) 'The Conferon Guide to Meeting Management', *Convene*, September

Rogers, T (2003) *Conferences and Conventions: A Global Industry*, Elsevier Butterworth-Heinemann

Saxe, R and Weitz, BA (1982) 'The SOCO Scale: a measure of the customer orientation of sales people', *Journal of Marketing Research* 19 (August): 343–51

第 9 章

目的地与场馆销售策略：
实践

本章概要

本章考察销售策略的具体实施，明确目的地和场馆销售人员所需的技巧、知识和活动。也提供一些为商务旅行增加休闲活动的建议，以实现申办活动经济利益的最大化。

本章内容涵盖：

- 目的地和场馆销售策略
- 有效处理咨询
- 提交专业标书和销售方案
- 管理现场考察和参观
- 谈判技巧
- 通过交叉销售(拓展业务)使影响最大化

案例分析：

- 2008 世界助产联盟大会
- 阿马萨斯酒店的销售和营销策略
- 国际纺织机械展览会——实现拓展业务最大化的最佳范例

学习目标

完成本章的学习后，您应该能够：

- 理解影响目的地和场馆选择的关键因素
- 认识到目的地知识的重要性，掌握销售过程
- 掌握处理客户咨询、会议申办和与顾客谈判的专业技巧
- 找到确保现场考察成功的适当策略
- 理解额外利润来自与会者逗留时间的最大化

导　　言

有很多书介绍了适于各种产品和服务的销售技巧和方法。例如 Price 和 Ilvento(1999)建议 21 世纪销售人员应该采用的方法包括:

- 有根据顾客情况进行销售展示的能力,从而能回答消费者想的问题:"这对我有什么好处?"销售人员"必须根据顾客的需要提供有价值的展示"。
- 使用咨询法(又称策略式深入),即在充分了解客户的基础上向客户提问。
- 建立销售人员和消费者相互间的信任:"决策仍然建立在事实基础上——价格、服务、特性、优点、保单、保修——但是现在(购买)决策更多地依赖于互信程度,你与你的公司的信誉度和令人舒适的程度。"

不管销售何种产品和服务,这些通用的销售技巧非常重要。但是,在会议和商务节事领域销售目的地或场馆时,专业销售人员需要用到额外的和特殊的技巧、知识、工具、资源及活动。本章将详细探讨这些问题。

目的地和场馆的销售策略

目的地和场馆的选择标准

了解影响顾客选择目的地和场馆的标准和因素是非常关键的。但除此以外还需要了解个别顾客的特殊要求和个别顾客认为特别重要的选择因素,这甚至可以个别到保证目的地有满足主席妻子口味和需要的商店! 这样可以使销售人员重点推销目的地带给顾客的利益,而不是特色。也就是,不仅仅告诉顾客目的地的床位数,而是说明目的地在适当的地点有足够的四星级酒店房间满足客户会议的特殊要求。同样在场馆层面,了解会议组织者选择场馆的标准也有助于销售人员向顾客介绍如何搭配和使用场馆的会议室及其他设施与服务,以保证会议成功举行。

目的地和场馆的选择标准可能在不同年份不同国家都有变化,可能取决于经济、社会、文化、政治和科技因素。本书的第12章将详细考察这些因素。表9.1说明了2004年英国的消费者选择目的地和场馆的主要决定因素,这一表格引自每年公开发表的"英国会议市场调查"。

表 9.1　影响目的地和场馆选择的因素(按优先度排序)

排　序	协会的选择标准	公司的选择标准
1	地点	地点
2	价格	场馆经验
3	交通:公路、铁路、航班	价格
4	会议设施容量	方便程度
5	方便程度	服务质量
6	服务质量	交通:公路、铁路、航班
7	员工意识客户需求的能力	会议设施质量
8	饭菜质量	会议设施容量
9	会议设施质量	提供的休闲设施
10	场馆整洁度	员工意识客户需求的能力

资料来源:2004英国会议市场调查。

格拉斯哥城市营销委员会主任思科特·泰勒(Scott Taylor)在评价本书的目的地及场馆选择标准时说(2005年10月):

格拉斯哥明白会议组织者80%的决策过程被目的地的形象所影响,价钱是第二位的。组织者选择一个目的地可能仅仅因为这个城市有个良好的形象。目的地必须吸引会议代表,如果它做不到这一点,会议注册率就会减少,会议收入也会受到影响。现在人们认为目的地形象是拉动需求的主要因素。或者说:糟糕的目的地形象导致很低的出席率,使利润减少。可是举办会议不是为了亏损。虽然很多研究显示最便宜的目的地总是赢,所以认为价格是首要因素,但是在很多案例中,无论一个目的地有多便宜,组织者也不会选择它,因为他们知道不会有代表出席那里的会议。

目的地和场馆销售"等级"

地点在选择过程中是至关重要的,总是出现在前三个标准中。销售地点时应该时刻考虑所谓地点等级这一因素。或者说,如果在国际市场上竞争一项国际节事,首要的是让自己的国家出现在备选名单上,然后才是某个城市或目的地,最后是场馆和其他供应商。例如,威尔士的首府城市加的夫可能希望推出加的夫国际论坛作为重要协会或商务会议的理想平台。销售过程的一个重要因素就是劝说客户首先考虑在威尔士举行会议(而不是去法国、泰国或加拿大),然后再强调这个城市(如加的夫),最后再到场馆本身。虽然有时候国际协会会议通常由城市而不是国家申办,目的地和场馆销售团队也一定要强调这个国家的优点和吸引力。在劝说顾客或买方了解某个国家的某个目的地或场馆的细节以前,需要让客户或买方相信这个国家的环境非常适合他们的会议(考虑到各种因素如语言、文化、环境、可抵达性、政治稳定等)。

目的地的专门知识

想有效地销售任何产品或服务,销售人员必须有关于该产品或服务的专业而深入的知识。这一原则也适用于承办大会或商务会议的目的地销售,无论是目的地还是场馆层面。这意味着通过参观使用目的地的各种设施,获得良好的一手材料。也意味着成为目的地营销专家需要将一手材料与数据库或图书馆的信息结合起来分析。这样的数据库资源应该有以下信息:

场馆

- 承办会议和商务节事的场馆的数量、种类和位置;
- 场馆的容量及客房数,包括会议室的数量和大小;
- 场馆的特色和特殊设施,或者特别的卖点(例如游泳池、高尔夫球场、米奇林星级饭店、视频会议套房);
- 质量评定,包括对质量、经验、专业水平和场馆员工的评定;
- 价格;
- 场馆交通是否方便,场馆是否有能力接待残疾代表;
- 场馆的客户构成——这将告诉我们某个场馆近期吸引了哪些类型的会议,这并不只是知道客户公司的名字,还应该包括会议种类的具体信息,如产业部门、组织形式、规模和持续时间等。

地方供应商

完整的目的地"产品"中还应包括,为吸引会议和节事而提供专业服务的地方公司。例如:

- 音像出品公司:一些组织无论在哪里举行会议都喜欢与同样的音像公司合作,因为他们已经和这些公司合作过一段时间,相信这些公司有能力提供有效和实惠的服务。所以,他们可能不需要挑选地方的音像公司。尽管如此,如果目的地表示它拥有质量良好的地方音像公司,还是加强了它的整体形象。

- 展览承办商:与音像公司类似,展览承办商的工作通常以国家而不是地方为单位,但是如果能把工作指定给地方的展览承办商或供应商,目的地就能获得更多的信誉,因为这表明目的地已经意识到会议业在当地经济中的重要性。
- 遮阳棚与家具租用公司。
- 专业宴会承办商,雇用他们举办会议酒席或负责作为大会组成部分的某些特殊典礼,这些活动通常可以在目的地的特殊场馆举行。
- 翻译。
- 活动支持商,例如提供飞机和热气球、团队建设活动、越野活动的公司。
- 交通运输公司(例如货车公司、出租车公司、汽车租用公司、直升机租用、火车包租),突出目的地内与会者可用的现有交通设施。

交通与可抵达性

这里强调的是从其他国家或地区抵达目的地的方法和难易度。需要搜集、储备并定时更新以下情报:

- 铁路服务,发布到其他主要城市/目的地的直达车次,并显示关于旅程距离(英里/千米)、行驶时间(小时/分钟)、发车频率和价格的信息。
- 航空服务,需要公布与铁路服务相似的信息。如果目的地没有自己的机场,还应该显示最近机场及其服务的信息,并有机场到目的地的转车时间。
- 公路交通,有详细的从主要集散地到目的地的平均旅程时间。
- 高质量的地图,至少能在两个层面上定位目的地:显示目的地(a)在国家内的位置(b)在地方/地区的位置。在后一层面上必须清楚地标出目的地内的主要场馆和酒店的位置。

令人向往的胜地和活动

目的地的旅游胜地及其举办的重要活动作为社会活动、伙伴方案、会前和会后旅行的一部分也很重要。此类数据应该包含以下细节:

- 令人向往的旅游胜地——有关当地令人向往的胜地(如国家公园、城堡或民宅、博物馆、动物园、主题公园)的信息。这些令人向往的胜地随时可以参观或者作为会议社会活动的一部分,或者会前/会后的参观旅行。

- 饭店。

- 商店。

- 休闲场地（室外或室内的）——戏院和影院、运动设施和休闲中心、高尔夫球场等。

- 重要活动——会议组织者可能希望自己的会议与在目的地举行的其他重要会议同时举行，这样会吸引与会者，或者会议主题与重要会议的主题有某种联系。当然，他们也可能避免与重大会议冲突，因为可能出现交通问题、住宿拥挤、价格上涨和其他因素。

- 旅游/观光信息中心——目的地销售人员必须知道在当地的旅游和观光信息中心可得到的服务和信息，有它们的联系方式/地址和营业时间。

地方经济和基础设施

- 商业和主要公司——了解目的地现有的主要商业机构和公司非常重要。一方面，这些企业无疑会在目的地场馆预订很多地方专门会议和其他会议，成为非常重要的客户。另一方面，这些企业和他们代表的产业类别，为将来寻找会议业务类别的方向提供了线索。如果一个目的地有很强的金融服务部门，或者机器制造业，那么，由于天然的增效作用和行业间的联系，它很可能更有机会赢得金融服务部门和机器制造业的会议。

- 成功吸引外资——"吸引外资"一词指公司或组织迁至某个目的地，或者公司决定在另一个目的地开办分公司。吸引外资是有利可图的，因为这暗示了地方经济的内在优势和有增长潜力的部门。成功吸引外资的先例是很有价值的促销资料（"我们有充满活力的地方经济，在过去的几年里已经吸引了以下企业……"），当然吸引来的企业本身也是将来会议业务的来源。

- 新基础设施的建设：数据库应该包含目的地基础设施建设的实际项目和提案项目的信息，例如修路或造桥、扩建机场、火车站建设、新商圈、新休闲设施等。

- 新的交通服务：例如，新的或计划中的航班或铁路服务信息。

- 公路运输量：道路拥堵和交通堵塞是高速公路和 21 世纪城市越来越普遍的现象。地方政府和中央政府机构搜集公路运输量的统计数据——例如在目的地驾驶是一件快乐的事，因为交通不混乱，这可以作为在这里举行会议的益处和乐事。

数据库中的情报不仅能够用于销售建议和申办，也可以是与交易中介、顾问、潜在投资公司沟通时的无价资源。

本章末的案例 9.1 详细介绍了阿马萨斯（Amathus）酒店的销售和营销策略，以及这个集团发展会议及奖励旅游业务的方法。

有效处理咨询

目的地和场馆的营销和销售活动有其自身目的,那就是增加主要顾客和客户咨询,因为客户咨询可以转变为实际业务。对于场馆的生存来说,获得业务是关键,而对于目的地,确保活动的成功举办,能带来经济利益的增长,具体表现为旅游消费和工作机会,而这些也正是衡量目的地营销组织工作效率的关键指标。

目的地层面

目的地的营销和销售人员在很大程度上将扮演客户/消费者和场馆之间的桥梁或中间组织者的角色,有了他们会议或业务合同才能最终签订。销售人员的作用是吸引客户咨询,并将客户介绍给目的地内最适合顾客要求的场馆。他们也可能向专业会议组织者(PCO)或目的地管理公司(DMC)介绍客户,帮助他们达成业务。他们作为中间商或撮合人,努力撮合双方(买方和卖方),希望他们能达成共识,建立联系,互相合作以保证会议成功,而且多次合作会带来更多有潜力的会议。

目的地销售团队可能还有加强买方对卖方的信心和提供稳定供应的作用,特别是在一些国家场馆,员工有很高的流动性,这会造成买方信心下降,顾客会怀疑他们的会议能否成功举行。Gartrell(1994:178)写道:"会议和旅游服务中心已经成为这个高流动率行业的稳定器。销售和营销人员的稳定为一个城市带来积极形象。"

刺激销售咨询增加可以通过完全主动和后续主动两种方法实现。完全主动法依赖于对主要客户的研究或"勘察",关键是识别会议要求与目的地服务相适应的潜在客户,与这些客户的联系主要通过电话或电邮(或者上门拜访),希望与他们建立密切联系,并明确将来是否有目的地可能申办的会议。这些最初的联系或"冷不防的电话"力图为目的地内的场馆提供客户找到一些线索。Gartrell(1994:181)用图解说明完全主动的方法。后续主动方法是指回复各种营销沟通活动产生的咨询,营销沟通活动是上一章的内容。

如果买方和供应方(场馆和/或 PCO/DMC)之间的初步联系是有效的,那么目的地销售人员就渐渐退出,让场馆和可能的服务商为客户举办会议,因为客户是与场馆而不是目的地签订合同。如果客户有要求,目的地人员可以提供支持和额外服务(例如帮助组织会前和会后观光,策划社会活动或提供城市招待会)。目的地人员还应该在会议结束后调查客户是否对目的地的设施和服务满意——当然还要调查将来客户是否愿意再次合作。

以上的过程概述当然可以应用于小规模的会议和大部分商业会议。但是，有成百上千个与会代表的大规模会议更适合"目的地会议"这一名称，目的地销售人员可能要参与整个申办过程，需要与主要场馆，很可能是一个 PCO 合作申办会议。

场馆层面

在场馆层面，销售人员试图为场馆找到尽可能多的合适业务。和目的地销售人员一样，场馆销售人员面对销售信息和咨询也采用完全主动和后续主动的方法。有时某些酒店场馆作为大型连锁企业的一部分，其销售活动可能是地区销售人员与处理初始咨询和预订的全国咨询中心合作完成的。第 10 章有场馆营销团体和酒店品牌的案例，其中很多都提供咨询或预订中心的服务。

场馆销售人员寻求能提供最大入住率并取得最高效益/收益（参见第 8 章效益管理）的方案。也可能有其他影响咨询处理和回复顾客的因素：例如，如果是没有使用过这个场馆的新客户，为满足客户要求，提供有诱惑力甚至"亏本"的报价，那么场馆希望价格有多大弹性？如果是一个现有客户的会议，同样需要权衡商业利润，权衡两种利益：留住老客户得到更多业务，还是获得高效益但未来没有新业务。他们是采取短期的眼光，提高现在的入住率，还是采取中期和长期的眼光实现持续的业务平衡，始终记住有客户来通常不如不断寻找新顾客有价值，记住要逐渐培养良好的商业感觉。

场馆有时因采取短视行为而不是投资于长期的业务关系而遭到批评。但是，当大多数场馆，（尤其是）酒店经理通常不得不在几个月内而不是未来的两三年里保证他们的销售额时，这样的做法可能就不奇怪了。巴比肯（Barbican）（www. barbicanconferences. co. uk）是一个无客房的大型会议场馆，其销售负责人加里·英格兰（Gary England）通过以下推理反对短期行为（*Conference & Exhibition Fact Finder*，2004 年 12 月）：

当前的热门话题之一是关系管理。要知道市场是无常的，任何国际事件都会影响它，所以关系投资是灾难管理的有效方法。但在条件好的时候，人们有时就忘记了保持良好的关系。我最近有一个这样的不愉快经历：一个大型连锁酒店，我与他们的联系有 5 年之久，但是他们给我的客房价格竟然增加了 45％！对我来说，这 5 年建立的良好关系就白费了。总部决定不增加与它们的业务关系。当然，我知道供需经济理论，但是我认为这在地方市场上不起作用，如果（最好不要发生）另一场 9·11 或 SARS 的灾难袭击这个产业，不仅这样的关系没有了，我打赌接下来的价格下降也会是巨大而不健康的。我们的产业不应该采用这种短期的后续策略，不只是当情况变坏的时候才想尽办法提高销售并努力与损失抗争。长期策略是能带来业务增长的业务投资，其收益是在情况好的时候你积累预算盈余,在情况不太好时,这些积累可以帮助你实施当时的计划。

场馆,特别是那些连锁及联营的场馆,需要解决的另一个问题是,考虑转移业务。如果它们不能处理某个咨询,或许因为没有客房和场地,那么它们是把这项业务转移给当地的其他场馆(如把这项业务留在当地),还是为整个连锁酒店着想,把这项业务转移给另一个连锁场馆(但是可能恰好在这个国家的其他地方)? 实践中各种选择都有,但是考虑的首要因素应该是:哪种选择对客户最好?

那么,目的地和场馆如何能清晰地了解客户对其活动的要求呢? 需要哪些处理咨询的技巧和程序,怎样获得活动情报,销售人员应该怎样让顾客发现为取得活动的成功,他们推荐的地方具有优势。

咨询处理技巧

目的地和场馆的销售人员必须从一开始就认识到,很多情况下(大概 80%)向他们咨询的客户和消费者不是全职的会议或事件组织者,这些人可能是秘书或私人助理,培训员或人力资源部经理,市场或公共关系部的人员,他们只有管理会议和事件的有限经历和知识。他们可能也不是决策者:他们的角色是为某个会议搜集待选目的地和场馆的信息,或许他们会推荐或推销某个目的地,但是最终决定由高层经理或主管或评选委员会来做。所以,在处理咨询的时候,以下两点很重要:尽早确立咨询者的地位,明确在会址的最终选择上,咨询者的决定权和影响力有多大。

咨询者有限的专业知识,或者他们有限的能力对选择目的地和场馆的影响是十分微弱的。这通常意味着尽管咨询者为某个会议寻找适当的目的地和场馆,但是他们并没有会议的完整信息。他们的简介可能缺乏一些关键信息,没有这些信息,目的地和场馆销售人员就不能提供量身定做的销售方案。我们也不清楚什么时候会最终选择目的地和场馆,所以向咨询者提供一份标书或方案以后,后续的电话销售过程就变得复杂了。

另一方面,让消费者失望的情况通常因为目的地或场馆不能在一定的时间内提供适当的信息。有时会听到这样的评价"他们根本不听我们说"或者"他们没有理解我们的需求"。目的地的销售人员的反应可能是,消费者只想知道场馆是否有房间和场地,还有价格信息,他们就提供这些消费者想知道的信息。如果这样做,销售人员就没有恰当理解消费者的真实需求,就失去机会做出与其他目的地不同的回复。采用一种更关注顾客的方法,咨询转变为业务的几率就会大大提高。消费者都有不同的需求和经历。他们组织不同的会议,有不同的要求。目的地销售人员必须了解这些不同,然后向顾客有序展示目的地的特殊"商品"或服务,这些商品和服务恰能满足消费者的特殊要求。

在实践中，这意味着不仅要获得处理咨询所需的客观信息（例如规模、时间、会议类型），而且要搜寻其他能使销售人员真正理解会议目标和赢得会议成功的关键因素的信息。这要求问客户一些开放性问题。拉迪亚德·吉卜林(Rudyard Kipling)有一段合适的诗句，是所有专业销售人员都应该知道的：

> 我有六个最忠实的仆人
>
> 他们教我一切
>
> 他们的名字是什么、为何、何时
>
> 怎样、何地、谁

表9.2说明了除基本的会议信息外，如何应用这些开放性问题获得重要的和特别有帮助的信息，这些信息帮助目的地和场馆销售人员吸引顾客，理解他们考虑的关键因素，然后设计出合适的目的地标书和场馆销售方案，使他们有更多的成功机会。

表9.2　询问辅助信息(谁？什么？何地？为何？何时？怎样？)

1 时间	您所选的时间有多大的灵活性？如果我们能在另一个时间为您提供一个更好的方案，您感兴趣吗？
2 会议	会议的目的是什么？它的保密级别有多高？它多久举行一次？与会者是什么人？他们有多少自由时间？
3 目的地知识	客户最后一次来目的地是什么时候？他们来过几次？他们通过什么渠道了解目的地信息？
4 地点	与会者将如何到达目的地？他们从哪里来？在整个决策中地点有多重要？
5 其他目的地和场馆	您以前使用过的目的地和场馆有哪些？您的感觉如何？这次会议您还考虑了哪些场馆/目的地？您为什么决定不在去年的场馆/目的地举行会议？
6 决定	什么时候能决定选择哪个目的地？（这个问题通常也能探出决策者的信息）谁是主要的组织者？您希望会议代表什么时候预订房间？
7 预算	此次会议的预算是多少？怎样付款？在您选择场馆/目的地时，价格有多重要？
8 现场考察	您什么时候可以来参观？您可以呆多久？您希望通过参观了解什么？参观者是什么人？
9 客户考虑的首要因素	您选择目的地/场馆时最重要的因素是什么？如何评价会议是否成功？
10 额外服务	如果该地区有欢迎礼包或小礼物，会议代表能有多高兴？您的代表中有人有特殊需要吗？为了会议的成功，您还需要我们提供哪些其他服务？

资料来源：BACD夏季培训，1999 (Peter Rand 的讲话)。

与问开放性问题一样,积极认真的聆听答案也非常重要。人们平均每分钟说125个词,但是大脑每分钟听到和可接收的词数达500个,所以除非很专心地听顾客到底在说什么,否则很容易感到无聊或走神,就会漏掉一些关键句子。

网络和电子邮件的出现使得消费者越来越多的使用电子形式提供他们的咨询信息,而没有必要与人进行直接交际。目的地/场馆销售人员和顾客的电话联系通常是双方建立联系的第一步,但是现在可能没有电话交谈了。因此,设计电子咨询调查表[消费者完成以后,保存为目的地/场馆的档案,叫做"RFP"(request for proposal)或者"提案请求"]非常重要,要根据以上概括的原则设计,尽量多地从消费者那里探得信息。

为了提高效率并通过电子形式回复消费者,很多目的地销售团队购买了高级的咨询处理软件,这在很大程度上实现了咨询处理自动化,但同时销售人员仍能为客户提供个性化的信息。在英国这种软件之一叫做"chaser bureau",由velvet软件有限公司开发(www. velvet-software. co. uk)。"chaser bureau"是为英国会议委员会特别设计的,它具有以下特点:

- 它专为目的地设计,提供会议咨询管理的完整方案,包括处理咨询,生成报告和管理财务,将繁琐的程序自动化。
- 它将目的地拥有的场馆、景观和供应商的信息整合到咨询回复过程中。
- 它保存所有客户的资料,包括场馆偏好和以往会议的记录。
- 对于由英国会议目的地协会(BACD)经营的国家场馆联系中心,这一软件起着核心作用。基于网络的"追踪中心"("Chaser HUB")将BACD收到的咨询分发给目的地,整理目的地的回复,合计咨询产生的经济影响,为国家旅游业的最终统计提供信息。

提交专业标书和销售方案

向一个高级别的全国性或国际性会议提交专业标书,是一项长期的高成本的工作。可能需要销售团队去别的国家,向评选小组或委员会展示标书,还要密切关注标书接受者的情况。要明白如果标书过度销售或者"过分夸大"了目的地,可能会引起评选者的反感。例如,如果预期的与会者大多来自不发达国家或第三世界国家,那么一个来自发展中国家的城市就不适宜强调它的豪华设施。特别是在申办国际会议时,要求对不同文化、政治、经济情况有很高的敏感度。

目的地层面的标书

　　一旦接到了咨询或提案请求（RFP），目的地销售人员必须决定能否满足会议要求，如果可以，哪种级别和类型的回复比较合适。当然，有些会议规模很大，不仅要求复杂，而且对于有兴趣的投标目的地，还列明了详细条款规定标书的格式和内容。如果会议仅是一个简单的小会议，有一些简单要求，目的地可能建立系统，把咨询指定给目的地内适合的场馆，由场馆回复客户，尽量减少目的地销售人员的介入。例如，苏格兰的爱丁堡会议局经过了大量调查后，决定实施一套系统，以此系统而不是波士顿（美国）成功的 www. meetingpath. com 为基准。爱丁堡的销售人员只负责超过特定规模的咨询（例如 150 以上的会议）。这个以网络为基础的系统（www. meetingedinburgh. com）为会议策划和会议组织者提供了信息渠道，能了解爱丁堡会议局所有场馆成员的信息，列出待选成员的名单，通过邮件直接向供应商发送提案要求并保存所发提案要求的记录。这一系统耗资 47 000 英镑，在 2004 年 3 月投入使用。2005 年 2 月为止它已经为爱丁堡的场馆带来了 80 多万英镑的生意。

　　一旦确定某个咨询对于目的地来说是合适的，销售人员就应开始准备申办文件和回复的过程。基于网络和计算机化的系统确实使完成标书的速度大大提高（如几个小时内就可完成）。奥地利的维也纳会议局（www. vienna. convention. at）有个值得自豪的口号，他们能够在 24 小时内回复来自世界各地的任何咨询。这个城市近几年在国际会议市场的成功证明了该会议局有能力高效、快速、专业的回复咨询。

　　格拉斯哥（www. seeglasgow. com）、斯德哥尔摩（www. congressstockholm. se）和马德里等城市（www. madridconventionbureau. com）已经开发了在线申办文件。格拉斯哥是第一个通过在线申办获得大会（国际地质古生物大会）举办权的城市。斯德哥尔摩的在线申办系统2001 年启动，人们发现，当有很多来自世界各地的人参与评选过程时，这套系统就非常有用了。至今，这种在线申办格式已经成为一个传统的网站，有题头、副标题和目录，和纸质标书一样。网络标书成为斯德哥尔摩纸质标书的补充以后，两者格式一致就非常重要了。斯德哥尔摩的经验就是除了网络标书以外，仍然需要使用纸质标书，可能是因为通过纸质文本比较来自不同目的地的标书更容易，另一个重要原因是世界各地网络普及度和网络知识有巨大差异。到现在，斯德哥尔摩已经运行两套系统了：一个用于纸质文本文件，另一个用于在线申办。该市计划在将来整合两个系统，减少会议局职员提交重要标书的工作量。

　　加拿大的育空会议委员会（www. ycb. ca）开发了一套"申办组合"，在该省成功申办会议主办权的过程中发挥了很大作用。这套组合的文件盒里包括：一个符合客户要求的手写标书,一张有展示提案幻灯片的光盘,可购买育空产品和服务的现金抵用券,还有育空的特产,例如茶叶、熏大马哈鱼肉,各种 CD 和化妆品,这些都是育空会议局的成员捐助的。组合内不仅有符合收件人要求的照片和故事,还有来自总理和旅游部长的针对个人的邀请函。

卢布尔雅那(www. ljubljana-tourism. si)是欧洲中部国家斯洛文尼亚的首都,申办国际会议和相似的事件时,它采用一种申办文件,其中包括草稿和带有针对客户和会议情况表的统计信息。这一文件用螺线装订,放在一个文件夹里,里面还有很多卢布尔雅那的彩色照片。封面上可以看到这样的字:卢布尔雅那诚邀……(大会名称)。

这个文件分为几个部分:

- 邀请函(如来自市长或其他城市或政府要人的邀请和欢迎词)。
- 来自承办组织的信函/信息(包括各种参与申办和组织此次大会的机构)。
- 主办城市(如卢布尔雅那)信息:有关位置、气候、地理条件、文化、经济的资料;城市作为会议目的地的专长和声誉;卢布尔雅那印象,引用旅行作家关于该城市的评论;卢布尔雅那的历史;当地建筑;娱乐设施/菜系/艺术和文化/休闲购物;有用的信息源。
- 交通:怎样通过飞机、铁路、公路到达卢布尔雅那。
- 场馆和住宿:有关主要会议中心的照片和信息;主要酒店的详细信息;标有主要场馆和酒店位置的地图。
- 专业会议组织者(PCO)和相关信息:专业会议组织者服务的详细信息。
- 筹备计划。
- 预算:会议各要素的成本报价。
- 观光和短途旅行:城市观光和短途旅行;卢布尔雅那周边旅行建议。

西班牙第二大城市巴塞罗那(www. barcelonaturisme. com),在 2001 年 12 月申办 EIBTM 的时候,为了劝说组织者把展览从瑞士的日内瓦转移到巴塞罗那,它准备了 100 页的申办文件,还有一个幻灯片展示作补充。EIBTM 是商务旅游业界最有影响力的国际交易展览之一,由 Reed 旅游展览公司组织。2004 年 11 月该展览第一次在巴塞罗那举行,吸引了 6 100 名游客(包括 2 500 名受邀请的买家)和 700 家来自 95 个国家的参展公司。巴塞罗那举办 EIBTM 的合同期限是五年(2004—2008)。图 9.1 是巴塞罗那申办 EIBTM 文件的详细内容。

我们总结了格拉斯哥申办重要的国际会议——世界助产联盟大会(www. internationalmidwives. org)的方法,这使我们深入了解了申办会议的步骤和过程(见案例分析)。

章节数	标　　题	页　　码
1	巴塞罗那热爱 EIBTM	2
	• 前言和欢迎信	3
2	主办城市:巴塞罗那	21
	• 巴塞罗那简介	23
	• 生活水平概况	24
3	住宿	26
4	场馆	40
5	交通	50
	• 交通/航线:	51
	• 巴塞罗那机场	51
	• 正式航班	65
	• 到达该城市的地面交通:	67
	• 公路	67
	• 铁路	69
	• 高速列车	69
	• 海路	73
	• 市内交通:	74
	• 公共交通和新交通项目	74
	• 出租车	78
	• 地面支持	80
6	社交集会	82
	• 巴塞罗那的会议场所	83
	• EIBTM 的节事活动	92
7	其他参考因素	94
	• 城市的支持条件	95
	• 特邀买家计划	95
	• 地方特色	95
	• 横幅和广告地点	97
	• 国际会议、奖励交易会(tecnomeeting)	97
	• 2004 全球文化论坛	98

图 9.1　巴塞罗那 2001 申办文件目录

案例分析

2008 世界助产联盟大会

本案例说明当目的地想成功申办一次重要的国际会议时，采用团结合作的方法是十分重要的。它展现了城市会议局如何与地方大使、一个贸易组织、两个国家的旅游局（苏格兰和英格兰）和其他政府机构合作，从而保证了一次高级别会议的申办成功。2008 年的会议预计大约吸引 3 000 名与会代表来到格拉斯哥。这次会议预计为这个城市带来超过 500 万英镑的经济收益。

申办源自格拉斯哥和克莱德山谷旅游局会议局（GG&CVTBCB——自 2005 年 4 月起更名为格拉斯哥城市营销局）的国际组织销售部的室内研究。通过对一些数据库，例如 ICCA 数据库的研究，发现那些很多年没有在英国召开的大型医学会议的主题领域正好是英国擅长的，当地有这些领域中实力雄厚的英国团体。这些大型医学会议中就有世界助产联盟大会。

然后 GG&CVTBCB 大使部门开始通过地方调查，寻找可能的大使。最理想的候选人是在格拉斯哥大学找到的：一个助产学教授，伊迪丝·西朗（Edith Hillan）。西朗（Hillan）教授是皇家助产学院董事会的成员，是这一领域的带头人。之后会议局经理和大使部门人员约见了西朗（Hillan）教授，列出了会议局和城市将为皇家助产学院提供的支持，以说服他们提出申办。

接下来，经理和国际组织部人员到世界助产大会总部所在地海牙，约见该组织的秘书长。他们到那里评估英国申办成功的可能性，尽可能多地找到有关该国际组织和申办程序的信息，这样他们可以向地方大使汇报有价值的市场情报。最后西朗（Hillan）教授正式向执行委员会报告，皇家学院把格拉斯哥作为英国的申办城市并提出申请。

委员会与皇家学院合作，推荐了苏格兰会议展览中心作为申办场馆。竞标过程由皇家学院秘书长卡琳·戴维斯（Karlene Davis）女士主持。竞标于 2002 年在维也纳举行，其他申办城市是蒙特利尔和布宜诺斯艾利斯。

尽管还有 6 年，但是在准备过程中，GG&CVTBCB 必须与当地的住宿及交通供应商密切合作，以完成一整套申办材料，这些材料要满足助产士、专业会议组织者、会议董事会的需求。

2002 年是皇家学院的百年校庆，在不列颠观光局（全英国政府机构，任务是让世界了解英国)和苏格兰观光局(苏格兰全民族旅游局—www. conventionscotland. com)同事的帮助下,在竞标以前,GG&CVTBCB在维也纳举行了一次招待会,邀请到了国际助产学院的150个投票成员参加。这次招待会由英国驻奥地利大使在他的住所举行。

申办展示本身是一个电视短片,里面有英国首相托尼·布莱尔(Tony Blair)的讲话,欢迎代表们为格拉斯哥投票。整个短片伴随着风笛音乐,向代表们展示了苏格兰风情。最终,格拉斯哥成功了,赢得了90票,布宜诺斯艾利斯获得25票,蒙特利尔获得12票。

场馆销售方案或标书

一份场馆的销售方案或标书必须"销售"客户应该选择这个场馆举行活动的原因。这绝不是单纯让顾客知道场馆有空位并提供具体价格信息。

文件以前是邮寄的,现在越来越多地采用电子邮件提交,并附上场馆网站地址作为辅助信息,包括场馆的视频信息。无论是纸质文件还是电子文件,投标方案都应该包括(除了以上所提内容):

- 附一封简短的说明信(客户信息细节的准确性很重要)包括:感谢和个人评论(如果是正面的);初步的活动要求总结;确定预订房间的级别;参观邀请;重申场馆预订工作的经验/弹性/热情;未来联系方式及联系人姓名。
- 销售方案(用有吸引力的容易阅读的形式):
  ○ 完整的客户联系信息。
  ○ 活动日期(抵达及离开)。
  ○ 与会代表人数(最小最大人数,需在什么时间以前最后确定人数)。
  ○ 针对客户的简介,强调"您"。
  ○ 场馆的地理优势(交通、泊车、特殊服务的信息);用地图通过位置(例如郊区/市中心)表现出场馆的风格。
  ○ 按活动日程要求,给出一个简要方案。
  ○ 会议室/展厅,突出各个设施的优势,提供内部方位图和照片。
  ○ 住宿,本场馆住宿的优势和可提供的各种特殊服务的详情。
  ○ 餐饮要求,特别优势和可使用房间/饭店的名字。
  ○ 各项规定及条件,包括押金要求。
  ○ 合同草案/预订表格。
  ○ 价格,针对申办活动的最低价格;给出价格以前先列出各项费用,说明是否包括应缴税款。

  ○ 以前客户的推荐信。

  ○ 节事准备工作的时间表。

  ○ 过去几年内承办相似活动的经历。

  ○ 所获资质，例如 ISO9000。

  ○ 一份场馆宣传手册。

  ○ 客户应该选择本场馆的关键原因。

管理现场考察和参观

　　一旦目的地和/或场馆的销售人员提交了标书或方案，通常几天以后要核查客户是否已经顺利收到信息，并且确认标书或方案提供了全部所需信息。也可能标书内容会有问题，后续的销售电话使客户有机会提出这样的疑问。

　　销售人员当然希望他们的标书能说服客户将他们目的地和场馆列入以后的考虑范围，如果这样客户通常要进行现场考察，亲眼看一看目的地/场馆，然后评估它们能在多大程度上满足活动要求。

　　现场考察与第 7 章里所说的体验旅行和"介绍参观"不同。体验旅行和介绍参观发生在促销过程的更早阶段，目的是提高客户对目的地或场馆的兴趣，让客户了解和感受那里的服务，使客户产生偏好，在今后选择活动场地时能够认真地考虑该目的地或场馆。而现场考察时，已经确定了一个明确的活动，并且知道它的要求和标准。所以，目的地和场馆的销售人员能够集中力量将咨询变为实际业务，让客户相信并确定，与他们考虑的其他目的地/场馆相比，活动在这里举办能更加成功。

　　目的地现场考察成功的关键点之一是（与后面的场馆现场考察对比）目的地内的沟通。考察中需要向客户引见目的地的所有供应商（场馆、酒店、景观、交通服务、城市或市政机构等），要向供应商恰当介绍客户活动的特点和会议成功的重要因素。这能使他们准备适当的信息，用适应客户需求的方式销售他们的产品或服务。这也能向客户展示目的地采取合作统一的工作方法，使顾客相信目的地能够成功举办此次活动。对于重要活动，基本情况介绍会应该由所有的主要供应商参加，以确定现场考察的细节安排，保证合作顺畅，减少不必要的重复劳动。

　　一次好的现场考察的其他重要方面包括：

● 掌握好时间，关键是严格按照考察项目的日程进行，这能体现专业精神。

- 经理或被参观设施的主要负责人对客户的欢迎词一定要概括活动的影响力和获得活动主办权对目的地的重要性。带领客户参观的不一定是高级负责人(应该是销售人员,因为他们对客户可能提的问题有更充分的准备),但是领导在参观开始时出现一下能表现积极的态度。

- 项目的日程要有一定的灵活性。在参观中,客户可能有些考虑或问题,明显需要向他们展示目的地的其他方面,而这些可能不在最初的计划里。这样的灵活性也表现出目的地在积极地倾听客户的意见,而不是对客户的要求作错误的预设。

对于场馆,现场考察和参观是获得业务的最佳时机,但是要求认真计划和准备每一个细节。需要关注的评估细节有:

- 参观的时间长度,合适的招待级别以及是否应该包括一夜住宿。

- 哪些场馆员工应该介绍给客户? 怎样向顾客简单介绍他们?

- 会议室怎样布置才能使客户感觉气氛良好? 如果参观时正在举行其他活动,怎样向客户介绍被使用的房间?

- 斟酌参观的最合理顺序,展示那些与客户需求有关的部分,要有一个适当的展示计划。

- 找一个安静的地方和客户坐下来,检查和回顾客户考虑的所有问题,与客户确定下一步计划,请求顾客与场馆合作!

现场考察结束以后,接下来应该打电话解决客户新的疑问,除非客户已经明确表示接下去等待他来联系目的地/场馆的销售人员。即使不打电话,也应该发一封信给顾客,感谢他留出时间来参观目的地/场馆,表示希望他所看到的东西给他留下了深刻印象,提醒他目的地/场馆随时愿意回答他的任何问题。到此为止,应该已经与客户建立了密切关系,使客户相信目的地有能力成功举办活动。

谈判技巧

效益管理的原则(见第 8 章)为场馆的销售活动,特别是与客户谈判的方法设定了范围。一次成功的现场考察将说服客户目的地和场馆适合他的活动,但是在签合同以前,客户可能仍然想交涉一下,以保证和所选场馆达成最好的交易。从场馆的角度,在谈判中过程中有很多考虑因素,包括所有与最大化入住率和效益目标有关的因素,影响场馆是否接受这一业务,如果接受,应该是什么价格。Rogers(2003:181—182)建议这些因素应该包括:

- 场馆应该决定正确的业务组合[识别最合适的会议细分市场(见第 1 章)和其他可能的

业务类型,例如,场馆可以选择是否接受单个的商务旅行者,休闲游客,团体旅客等]。

- 日期——接受哪些业务使场馆在一年365天里有最大预订量,包括的因素例如活动在工作日还是周末,或者二者都有。
- 会议的时间段——例如,如果会议直到下午或晚上才开始,是否有机会将会议室出售给在上午使用的顾客?
- 持续时间和季节性。
- 代表人数,客房占用率和此项业务的整体价值。
- 所需会议室数量,因此可能需要拒绝的其他业务。
- 今后和该客户有业务联系的机会。

场馆销售人员在没有详细了解市场以前,不应该与客户谈判。了解的市场知识应该包括:

- 知道场馆的主要业务源。
- 了解细分市场,不同的客户有不同的会议类型、目标和预算。这位客户的市场定位是什么?
- 了解当前会议市场状况(优势、劣势、潮流)和经济形势(地方/全国经济情况,越来越受重视的国际经济情况)。
- 知道场馆的主要竞争者。
- 充分了解当地主要事件的信息(运动、文化、商务)。

谈判之前,场馆需要考虑最理想的结果是什么,现实的结果可能是什么,最后,谈判底线是什么。

谈判一开始,先为客户建立关键标准很重要(例如评价会议成功的关键因素);有哪些其他选择(其他可选场馆、被选日期和会议安排的最大弹性);买方/组织者是否能做出些让步,如果可以,他期望得到哪些回报;场馆在谈判中能做出哪些尽管很小,却让客户觉得有价值的让步。

成功的谈判是实现客户和场馆的"双赢"。这要求双方都愿意有所付出。由于双赢局面是通过共同决策和讨论实现的,因此它需要:

- 满足双方需求;
- 不产生让任何一方不能接受的决定;
- 双向交流;
- 重视灵活度;
- 关注目标;

- 维护长期关系。

英国会展业的知名培训师之一彼得·兰德(Peter Rand)认为,导致谈判失败的关键错误包括:

- 准备不充分;

- 忽视给予/获得原则;

- 采用威胁手段;

- 没有耐心,发脾气;

- 说得太多,听得太少;

- 争辩而不是影响;

- 忽视冲突。

通过业务拓展使影响最大化

虽然目的地和场馆销售人员的主要目标是赢得活动的主办权,但这不是唯一目标。现在人们认识到,确保最多的可能出席人数(有适当的陪同人员),通过会前和会后观光鼓励与会者延长逗留时间,用这些方法为目的地实现最大的经济利益,为场馆实现最大效益是同样重要的目标。

让商务旅行者改变他们的返程日期或在工作以外空出时间可能是很困难的,所以商务旅行的延期休闲需要事先计划。这意味着可选方案信息在会议举行以前就已计划好,并且积极向与会者们宣传。

可以理解,会议组织者和主办方的首要任务是取得会议的成功,所以他们考虑的主要问题是会议本身的后勤工作。但是很多组织者也认识到销售目的地景观是一种提高出席人数的有效手段,特别是在学术会议市场。因此,让会议组织者充分认识到目的地的景观特色和休闲机会是必不可少的。

Davidson(2003)建议目的地销售人员为鼓励业务拓展,实现代表最高出席率可采取的行动包括:

- 整合信息。包括当地旅行,名胜古迹,体验旅行过程中发生的大事件,申办文件和给组织委员会的展示等。

- 说明目的地以前举办的学术会议的出席人数,展示目的地及其周边地区所能提供的休闲服务。通常有必要在会议接待处提供旅游手册,或者在接待处为赞助者提供演讲机会,让他们代表目的地欢迎今后几年将在这里举行的会议。

- 在公开印刷的资料和网站上向会议和商务展览组织者提供图片资料和旅游信息。
- 向组织者提供大量的分发给与会者的旅游手册。费城会议旅游局（www. pcvb. org)——口号是"早来,晚走"——在给每一个与会者的最初邀请函中附带了小册子,促销该城市的休闲、文化和美食景点。小册子中的信息针对代表的特殊休闲兴趣,而且带有组织的名称和标志。小册子里附有一张邮资已付的明信片,如果与会者想带其他的客人或者延长他们的旅游时间,可以用明信片咨询更多信息。
- 鼓励目的地管理公司根据代表团的特别兴趣设计旅程、游玩项目和游览。
- 提醒会议组织者和会议策划者掌握好会议时间,使目的地的主要文化/体育活动恰好在会议开始以前或会议结束以后举行。
- 与当地的供应商例如饭店、商店、汽车租用公司及景点合作,为商务旅行者提供优惠方案。例如,纽约市会议旅游局（www. nycvisit. com)与美国运通卡开展了一个"会议代表许可证项目",与会代表只要用美国运通卡消费,并出示他们的会议胸牌和可回收的优惠券,在当地的饭店、景点、剧院和商店就可以享受折扣和促销价。方案细节和参加活动的商铺应该事先发送给与会者,上传到网站上,或者包含在注册资料中。底特律会议旅游局（www. visitdetroit. com)有一个在纽约开展的类似方案,主要是使用优惠券,但是只在周末有效。通过调查优惠券的使用数量,底特律能够估计把旅行延长至周末的商务旅行者的数量。

Davidson(2003)推荐有客房的场馆把休闲业务作为主要运营项目,通过以下方法增加周末的入住率:

- 如果商务游客以与会者身份参加活动,在预订时以优惠价向他们提供周末延住业务,价格比会议期间的价格低。
- 为延住者提供免费业务,例如晚餐。
- 主要业务伙伴为他的员工预定会议期间的休闲活动,那么场馆将给予特别优惠。
- 与当地景点合作为商务顾客提供主题套餐。

为了使一次重要会议的影响最大化,也需要与周边的目的地合作,以保障足够的床位,同时也能使旅游者了解和体验更广阔区域内的景点。这样提高了旅行者的愉悦程度,能鼓励他们延长逗留时间。本章末关于国际纺织机械展览会（International Textile Machinery Exhibition ITMA)的案例分析9.2,说明了如何利用跨目的地的合作关系形成良好影响,从而确保大型会议的成功举办,实现地区的最大经济利益。

所有利益相关者都应该清楚商务旅行者的这种额外消费的价值,这一点很重要。这意味着要仔细衡量商务旅行者带来的利益：延长他们的旅行，成为回头客或带来新客户，或者这些情况的组合。只有当这些间接利益都显示出来时，人们才会充分认识到会议和商务节事对国家和地方所作的经济贡献。

本 章 小 结

　　目的地销售是一项富有挑战却又令人兴奋的职业。它除了需要有销售产品和服务的技巧，还需要其他技巧、专业知识和信息资源，以胜任销售和促销一个实体的任务。这是一个活的，变化发展的实体———一个地方。目的地营销是场所营销活动的重要组成部分，在把会议组织者对目的地的兴趣转变为确定业务的过程中，目的地营销是至关重要的。同样，场馆销售活动也要求高超的技巧和广博的知识。目的地和场馆销售都需要营销和销售人员采用有计划的策略性方法，把他们的专业知识应用到咨询处理，申办以及整体客户关系的管理中，从而在竞争极其激烈的市场中取得成功。这些策略的最终目的是实现经济利益的最大化，以及会议和其他商务节事带来的收入增长。

案例分析 9.1

阿马萨斯酒店的销售和营销策略

　　本案例研究阿马萨斯（Amathus）酒店针对会议和奖励市场开发并采用的销售和营销策略。

　　阿马萨斯船运有限公司是一家塞浦路斯的公司，总部在利马索尔，是一个更大的公司集团——Lanitis 集团的一部分，这一集团的业务领域遍及建筑、旅游、金融、农业、休闲、零售和娱乐。阿马萨斯酒店是阿马萨斯船运有限公司下属的一个分项业务。

　　从营业额讲，阿马萨斯酒店是所有分项中最大的，它有三个五星级酒店，在塞浦路斯和罗得斯地区共有 837 个客房。在利马索尔的阿马萨斯海滨酒店是三家酒店中的旗舰店，也是集团里第一家获得"世界顶级酒店"联盟成员这一殊荣的酒店。帕福斯阿马萨斯酒店，在塞浦路斯西岸城市帕福斯，也是此联盟的成员，而在希腊罗得斯岛西北岸城市 Ixia 的罗地安阿马萨斯海滨酒店，最近刚加入该分公司。所有的酒店都地处海滨，在休闲旅游和 MICE 细分市场均以豪华酒店闻名。

建立市场营销部

最初,每个酒店都有自己的专业销售和营销经理,但是罗地安阿马萨斯海滨酒店加入以后,公司开始考虑这种运作方式在成本和入住率两方面的效率问题。公司开始认真考虑建立一个市场营销部门,以在不同细分市场里保持良好业务水平,并且负责两家塞浦路斯和一家罗得斯地区酒店的营销工作。2001 年 6 月公司指定了一个市场销售总监,负责这个新的集中管理部门,并与各酒店现存的销售和营销人员密切合作。三个酒店交叉销售是所有营销计划的核心目标。

营销计划

每年年底,每个酒店必须准备一份第二年的活动草案。草案完成后要提交给市场销售中心委员会,该委员会由三个酒店的总经理、市场销售总监和负责三家连锁酒店业务的 CEO 组成。委员会成员两个月有一次例会,委员会的任务之一就是要通过营销中心的最终计划。每个酒店的计划提交以后,委员会确保避免重复劳动(如两个主管参加同一个展览或两个酒店在同一个出版物上发广告)和沟通不畅。这些冲突的情况以前一直出现,直到成立了营销中心办公室才最终避免,同时也减少了不断增加的营销成本。

市场销售委员会讨论决定营销中心的计划,包括在所有细分市场中为三个酒店带来利益的活动。计划还要确定必要的培训内容以保证所有的营销人员能够同时为三家酒店促销。这种新的组织结构带来了更高的入住率和市场份额,节省了旅行和娱乐成本,广告成本节省了 50%。同时,新部门也负责准备通用的宣传册和礼物,还有展示和宣传资料。

接下来要解决的问题就是海外展示。很明显,三个酒店 99% 的顾客来自欧洲,但是在那里却没有酒店的营销人员。阿马萨斯酒店的第一个海外办公室 2003 年在英国成立,因为英国是三个酒店最大的市场。不久德国也有了办公室,接下来是法国。这三个办公室根据办公室经理的能力和语言技能把市场分为三块:德国的办公室负责所有讲德语的国家,法国办公室负责讲法语的国家,英国办公室在伦敦(最大的预订处,有三个职员)负责英国和意大利。海外办公室的职员既负责休闲旅行市场也负责会议/奖励市场。

目标市场细分

所有的酒店客人是通过不同的"分销渠道"找到的。历史上,客人通常与他们希望留宿的酒店保持私人联系。后来,旅行社出现了,现在又有了很多旅行网。其他与预订过程有关的人包括旅行组织者、航空公司、奖励旅游和会议组织者、商务旅行社、公司内部旅行社(例如职员或办公室在主要客户公司内的商务旅行社)、酒店公会和直接预订的顾客。以上所有都叫做分销渠道或者旅游业细分市场。

阿马萨斯酒店把以上所有都看作它的目标业务,酒店的营销人员就是在这些地方寻找客源的。每个细分市场都有其重要性，都为酒店利润作出了贡献，市场营销委员会正是根据这些贡献决定投资力度和努力方向的。不同的细分市场需要不同的营销方法、计划和活动。酒店的特别卖点是已知的，例如海滨可能是休闲游客选择的首要原因，但是对会议代表则未必是关键因素。另一方面同一家酒店的会议室，对于休闲游客就没有任何吸引力，但是对会议代表来说却至关重要。不过，这家酒店的水疗肯定会引起所有客户的兴趣。所以，面对不同的细分市场，酒店各种要素的促销是不同的。

阿马萨斯酒店的目标是在 MICE 细分市场增加业务量，因为这一领域利润或收益很高。在这一细分市场，每家酒店现在都很活跃，但是却有不同的入住率水平。为实现预订目标需要采取一系列销售策略和活动。

销售和营销活动

阿马萨斯酒店采取的市场销售和营销活动包括广告，公关中介，专门出版针对 MICE 市场的酒店宣传册，为会议/奖励旅游组织者安排对场馆的体验旅行和现场考察。阿马萨斯酒店对 MICE 市场采用了开放的邀请政策，尽可能多的招待组织者，不仅招待已经有特定会议安排的组织者，也在任何时间招待任何正规的组织者，让他们尝试酒店的设施和服务。

阿马萨斯酒店也参加了很多专业的 MICE 展览会，只要这些展览会在他们的营销中心计划里。阿马萨斯有时以自己的名义参展，有时以塞浦路斯或希腊的名义参展。在参展以前，酒店会根据现有的各会议/奖励旅游组织者的联系方式写信或打电话，邀请他们参观阿马萨斯的展览。这些展示的目标是在 MICE 市场开发新顾客，加强与现有顾客的联系。通常不期望展会上的组织者带很多特别的咨询来，但展会以后，阿马萨斯给每一个联系者发送感谢信寻求见面机会，还会给他们打电话试图上门拜访组织者，正是在这一阶段阿马萨斯寻求与客户建立进一步的关系。阿马萨斯保证所有的联系者将继续得到每个酒店的最新信息和公司新闻，最后邀请客户亲自参观酒店。上门拜访客户也有利于评估联系的整体质量，以及顾客是否有业务潜力。

案例分析 9.2

国际纺织机械展览会——实现拓展业务最大化的最佳范例

国际纺织机械展览会（ITMA）是世界上最大的国际贸易展览之一。2003 年 11 月它在伯明翰（英国）的国家展览中心（NEC）举行，这是该展览第一次在英国召开。该展览每四年举行一次,以前一直在欧洲大陆(汉诺威、巴黎、米兰)举行。因此,伯明翰和 NEC 面临的挑战不仅是向参展者和潜在游客介绍一个新场馆,而且要向他们介绍一个新城市和新地区。为了迎接这个挑战,需要建立信心,使参展方和潜在游客都相信这个新的地点能够为展会成功提供适合的环境,还能够提供理想的休闲、娱乐机会。

这个展会本身占用了 NEC 的 20 个大厅(共有 20 万平方米的展厅外加配套的大型贮存场地),总共使用 38 天(22 天布置展位,8 天开放,8 天拆除)。共有 1 300 多个展位,吸引了超过 12.5 万的参观者。大约有 90% 的参观者和参展者来自海外 140 多个国家。

NEC 集团利用了一个地区(经济)发展部门——西米德兰经济发展署(AWM)提供的资金建立了一个专门的网站(www. itma. com/what2do)。这个网站与主展览网站相互链接。2003 年 5 月这一网站正式运行,网站建立后,通过邮件积极向国际纺织机械展览会(ITMA)的参展者和参观者促销,成为一个提供娱乐、餐饮、景点、艺术及体育咨询的信息源。网站上的信息由该区域及次区域的部门负责提供与更新,鼓励参观者延长他们的逗留时间,扩大他们在该地区的活动范围。

网站上提供了游客或参展者可能会停留或消费的场所的最新宣传信息。电邮营销活动在 2003 年 9 月全面展开,向 1 300 个展览公司(共 2 000 个展览人员)和 8 000 多个特邀参观者促销这个网站。

网站使用的统计数字如下:

- 整个网站的点击率   277 925
- 每天的点击率   945
- 网页浏览数   63 976
- 文件浏览数   35 372
- 平均访问时间   7.14 分钟

除了开发网站,还举行了新闻发布会,由东、西米德兰地区市政及地方机构的旅游及休闲服务人员参加,提醒相关人员注意 ITMA 的性质和参观者可能带来的经济利益,要求他们竭尽所能向参展的旅游者推销他们的地区,鼓励延长旅行时间。第一次这样的新闻发布会在 2003 年 1 月召开,接着又在英国米德兰地区的不同城市举行了另外两场发布会。另外,在议会大厦举行了一场全国性的新闻发布会,向政府、航空公司、旅行社和大使馆联络处介绍 ITMA,谋求这些部门的帮助,请它们向不熟悉欧洲大陆以外地区的参展者、参观者介绍这个英国的新目的地。

ITMA"欢迎项目"的目的是强化 ITMA 作为重大展览的重要性。如果成功了,以后 NEC 吸引相同规模的无固定目的地的展览和会议就有了可信的证明。AWM 补足了投资资金，伯明翰和 NEC 集团用了十年时间改进其基础设施以迎接重大节事。为了营销自己的城市，伯明翰在 ITMA 的欢迎活动上花费了 75 000 英镑，包括城市美化、大幅广告、接待处、媒体接待和服务行业的新闻发布会。

另一个与营销伯明翰相配合的做法是制作一系列欢迎资料，可以在伯明翰和其他主要周边地区使用，ITMA 参观者可能会去这些地方。这一项目包括：

- 介绍来自伯明翰、索林哈尔、考文垂、南伍斯特郡的 150 个主要接待、娱乐和交通供应商。
- 与黑区旅游局和莱斯特促销相结合的专门酒店促销。
- 向东、西米德兰地区的酒店和景点发送约 1 000 份信息包。
- 鼓励在伯明翰城市信息台和伯明翰国际机场张贴大型广告。
- 鼓励 NEC 负责咨询、餐饮、清洁、泊车的员工佩戴徽章。

为支持上述活动，保证拓展业务最大化，关键是采用合作的方法，与当地所有参与者合作，包括：NEC 集团，西米德兰经济发展署，伯明翰市政府，伯明翰会议委员会及伯明翰城市营销，米德兰餐饮食宿经营者协会（MARCH），地区内的目的地/景点/宾馆，地区交通运营部门。

毕马威（KPMG）会计事务所这样评估 ITMA 的成果：

- 游客在西米德兰的额外消费约 8 500 万英镑。
- 在英国的全部额外消费大约为 1.1 亿英镑。
- 为该地区提供了相当于 1 550 个就业岗位。
- 47% 的游客在伯明翰国际机场乘机。
- 45% 的游客表示他们"可能"再来，并可能带朋友/家人来伯明翰。
- 25% 的游客表示他们愿意花时间游览英国的其他地区。
- 住宿消费（主要是宾馆）达 2 500 万英镑。
- 餐饮消费达 2 400 万英镑。

复习与讨论题

1. 如果要开发一个在线的目的地数据库，请你负责该数据库的"目的地专家建议"栏目。描述一下你的工作步骤，你将使用的信息源（例如，你怎样、在哪里找到需要的信息），要求有数据存储和恢复系统，存储以下方面的必备信息和数据：

　　　(a) 场馆；

　　　(b) 交通、通信；

　　　(c) 地方经济和基础设施。

2. "目的地销售与汽车或洗衣机的销售有很大不同。"讨论这一说法的意义与正确性，要有足够的理由证明你的结论。

3. 你所在的目的地已经成为举办 2010 年国际手足医生协会大会（虚构的）的待选城市。这次大会每两年举办一次，通常吸引 1 000 名左右来自世界各地的代表，其中一半的代表带有合作者或陪同人员。你如何设计标书的形式、内容和展示方式？标书的主要目标之一是使该会议对目的地的经济影响最大化——列出能够实现这一目标的申办标书大纲。

4. 比较以下两种销售团队的组织结构：

　　　(a) 一个较大的为特定目标建立的会议中心；

　　　(b) 属于国家或国际连锁店一部分的酒店场馆。

　　　它们的主要目标市场是什么，有哪些适当的绩效测量和激励方法？这些方法有多有效？

参考文献

Davidson, R (2003) *Making the Most of our Business Visitors.* Business Tourism Partnership (www.businesstourismpartnership.com)

Gartrell, RB (1994) *Destination Marketing for Convention and Visitor Bureaus.* Kendall Hunt Publishing Company

Meetings Industry Association (2005) *UK Conference Market Survey 2005*

Price, D and Ilvento, J (1999) *License to Sell.* Applied Business Communications, Inc.

Rogers, T (2003) *Conferences and Conventions: A Global Industry.* Butterworth-Heinemann

第 10 章

建立有效的营销合作关系

本章概要

会议目的地和场馆的营销需要持续的资金、人力资源和专业知识。如果与类型相似或地理接近的同行合作,而不是孤军奋战,通常目的地和场馆会取得更大的成功。

本章内容涵盖:

- 在目的地层面建立合作关系时 CVB 所起的作用
- DMO 的会员招募和续留
- 与营销协会合作
- 使同业公会成员的利益最大化
- 通过有效的游说争取政治支持

案例分析:

- 英格兰西北部地区的会议申办机构
- 全球最佳城市联盟
- "全国会议周"

学习目标

完成本章的学习后,您应该能够:

- 描述 CVB 或 DMO 领导目的地的方法
- 理解 CVB 或 DMO 如何促进目的地间的合作关系
- 理解 CVB 或 DMO 会员结构的不同类型
- 发现 CVB 或 DMO 招募和留住会员的策略
- 描述场馆可参加的营销协会的类型,以及参加这些协会的潜在利益
- 理解同业公会的作用和它为成员提供的利益
- 理解行业游说和展示活动的价值,举例说明如何实施这些活动

导　言

2004 年在英国会议目的地协会大会上,开普敦会议局首席执行官里克·泰勒(Rick Taylor)说:

> 我说过合作的重要性,我们不可能独自完成这一切,这是我们一贯的主张。4、5 年前有一次活动,主题就是"旅游业是每一个人的事"。我们到社区,到企业,我们和国家领导见面,告诉他们旅游业带来的经济利益,创造的就业机会,各种了不起的事情。

里克·泰勒(Rick Taylor)十分强调开普敦能够快速成长为一个会议目的地,是整个社会共同合作努力的结果,这也是很多成功的目的地和场馆的经验。定位和塑造一个品牌,建立识别度和信任度,引起消费者的购买倾向,这都是适当采用前几章提出的策略和活动的结果。在当今这个被叫做"地球村"的世界上,竞争日渐激烈,以上结果要求投入大量的时间和资源。

同时营销预算可能正在减少而不是增加,特别是来自公共事业机构的预算,但是对营销投入要求的回报却更高,更具挑战性了。

正是在这种背景下,与关键战略伙伴合作来获得利益,成为目的地和场馆营销者主要考虑的问题。这一章将考察在实践中这种合作如何实现,并列举了合作所获得的各种优势。

■ 在目的地层面建立合作关系时CVB所起的作用

成功实施目的地营销策略的一个基本要求是,有技术、具有灵活性、工作投入的人们能形成稳固的团队文化,进行合作。稳固的团队文化建立在互相信任和互相尊重的基础上,相互取长补短,理解并致力于共同目标而不是各自的目标,最终所有人共同努力实现非同一般的成果。只有当所有成员都有动力、热情和勇气时才会成功,因为大家有共同利益和清晰而明确的目标,并且都很投入。

在目的地方面,这意味着识别哪里需要合作,同时哪里需要竞争,并且要在二者间找到平衡。如果管理有效,合作并形成真正的团队文化,这也会成为一种学习经验,使得合作者发现他们在哪方面做得很好,更重要的,发现他们的哪些工作可以做得更好。

"泽西旅游"的负责人伊丽莎白·杰弗里斯(Elizabeth Jeffries)在 1997 年英国会议目的地协会大会上提出,一个高绩效的团队须要经历以下发展过程:

- 形成:随着团队人员走到一起,任务、规则和方法确立。
- 暴发:当成员开始试探任务,试探领导和其他人时,冲突出现了。
- 恢复:随着目标的统一和结合,成员开始合作;约定的行为规则开始出现。
- 表现:建设性的工作不断涌现;产生了凝聚力。

成功的团队建设可以总结如下:

- 关心:每一个人;尊重不同的观点;互相鼓励。
- 勇气:创新精神和冒险精神。
- 分享:目标、责任和互相的角色。

但是,团队要有适当的训练、发展和教育作支持,这很重要。它要求正式的教育,持续的培训和发展,最后有组织地系统性学习,例如未来能够真正成功的组织将会是那些在组织的各个层面懂得如何开发人们的学习热情和能力的组织,而不是那些仅仅依赖高层下达宏伟策略的组织。团队还要学会如何在各层次利用和培养领导,包括在底层和高层,在理论和实践上给个人和整个团队权利,让他们为实现组织目标负责。

CVB 或 DMO 需要领导目的地,在目的地内形成凝聚力,这样,客户会感觉到他们在与一个单独的、团结的整体打交道,各种供应商都与其他人充分合作以保证客户会展的成功。在实践中,这可能意味着,例如,作为会展申办过程的一部分,尽管会展可能在几年以后举办,CVB 将研究多个酒店提供的客房价格,力图使酒店采用一套价格体系,从而给客户确定的价格。也可能,就像在第 2 章里温哥华的出租车司机描述的情况,CVB 和 DMO 要提供适当的目的地培训项目,以提高目的地产品的标准和整体质量。

CVB 和 DMO 的核心任务是在统一的管理架构下,把各种场馆和供应商组织起来共同进行营销活动。但是在另一个层面上,场馆和供应商可能发现它们之间存在直接竞争。CVB 和 DMO 能够统一城市或地方社区内的合作关系,包括公共和私人领域,通常这种关系在其他行业是很难实现的。最成功的合作关系是那种既形成团队风气,又承认和尊重每个团队成员的优势和需要,表现出每个成员的个性,同时又表现出他们是整体的组成部分,这个整体就是:目的地本身。

CVB 能够起到重要的沟通作用,保证场馆、旅游景点、饭店、零售商、交通部门、地方政府和更大的商业团体意识到一次重要的会议要在本市举行。这样所有供应商能够最大限度的利用会展带来的商业机会,根据客户和会议参与者的要求,准备他们的产品和服务,这使客户感到整个目的地都重视他们的会议,并共同努力使他们感到宾至如归。如果大会代表和与会者到达举办城市后看到了会展的欢迎横幅;在乘出租车时发现出租车司机很了解他们要参加的会议,并且就此进行了愉快的对话;在酒店里,接待人员也知道此次会展的重要性,因此把代表们作为重要客人对待,这些都将提高代表们对会议的期望值,使他们相信会议将是令人愉快且有价值的。

CVB 可能是目的地中唯一可以承担这种重要协调工作的机构,作为一个中立机构,它综合了各种优势,它十分了解目的地内供应商的网络情况,能够建立起真正的目的地合作关系,树立内部协调的目的地形象。如果 CVB 不能实现这种合作,客户对目的地品牌的感知就会很低甚至完全不知道。因为,一方面成功组织会议是非常困难的任务,另一方面,没有任何机构可以代表目的地为了客户的利益将所有机构集合起来。

思科特·泰勒(Scott Taylor)是格拉斯哥城市(www. seeglasgow. com)营销委员会的首席执行官,他用“链接”描述目的地合作带来的机会。他特为本书作了评论(2005 年 10 月),以下内容阐述了他的观点:

> 会议行业几乎与各个领域都有关,因此充满机会,但并没有被完全开发。会议带来了学习访问,调查资料的机会,带来了地方经济发展机构的合作与外资注入,带来了业务扩展。城市申办会议成功本身并没什么特别好,如果合作不成功,不能充分利用重要的商业机会,就不能很好的利用城市资源。成功要求团队合作,有“能做”的态度,因此城市或目的地机构要积极寻找常规以外的方法。会议是引进资金的代名词。如果一个城市准备建立一个工厂,那么所有的经济部门都要参与其中,而旅游业能带来多样化的业务,激活通向这些业务的“链接”是十分重要的。

目的地合作营销的一个真正创新的范例发生在英格兰的西北地区,那里建立了一个地区申办机构,帮助各种地区供应商研究和争取国家、欧洲和国际会议,本章末的案例分析10.1 提供了详细信息。

DMO 的会员招募和续聘

大多数 CVB 和 DMO 是以会员制运作的,尽管有些情况下流行用“产业合作伙伴”而不是“会员”来描述 CVB 与其合作组织的密切关系。有些目的地对会员的定义比较窄,仅仅包括目的地场馆、酒店或者音像公司。而在其他情况下,会员可能包括更多领域内的行业团体,包括运输公司、零售商、旅游景点、饭店、专业会议组织者,甚至银行和公共事业公司。

无论采用哪种会员结构,面临的挑战总是招募和保持会员,因为会员是 DMO 的主要资金来源,有时甚至是最大的资金源。管理一群有潜质的会员,并使各类会员满意从来都不是一件容易的事,因为每个成员都带着不同的需要和期望加入组织。DMO 的会员身份必须带来一些"基本"的业务增长或商业利益(例如,为会员带来多少新业务和收入),而不是简单地提供联络网、培训或会员资格认可,这一趋势日益明显。但是,正如 Walters(2005:163)所说:"大多数 CVB 不希望增加会员,除非它们能帮助成员获得业务。有些公司获得会员资格后没有得到任何帮助,如果这些公司觉得它们没有得到应有的服务,那么续约的时候他们可能会贬低 CVB,但是没有人想在这个圈子里毁掉 CVB 的名声,所以没有人愿意招募这样的公司。"

有效的招募策略需要高质量的促销材料或"担保物"(纸质文件电子信息都需要),这些材料要写明 DMO/CVB 提供的服务,以及会员加入的成本和收益。这些材料不能夸大利益,因为会员加入时如果有不合实际的期望,加入后必将失望,并且不会留下来——尽管如此,促销资料应该是积极乐观的。资料中有必要包含现有会员或类似人员的评价,谈谈作为会员他们得到了什么。可能也会有机会邀请潜在会员作为客人参加 DMO 的活动或会议,让这些潜在会员有机会了解、体验成为会员的感觉。当潜在会员和 DMO 的董事会成员或行政人员见面时,要组织特别的接待会或展示会。大多数 DMO 有专门的"会员服务团队",既负责销售(吸引新成员加入),也负责提供服务(为会员服务,并保证与所有会员的有效沟通)。

留住会员,在某种程度上就是帮助会员实现良好的经济利益,当然也要让会员感到自己是重要的,有价值的,这需要建立和保持准确的会员信息数据库。DMO 和会员保持定期而适当的联系是十分重要的,保证会员数据和消息的更新也很重要——拼错会员的名字,弄错电邮地址,把他们从联系名单上删除,这些对于 DMO 可能都是小错误,可是却给会员造成一种印象,那就是他不重要,DMO 不是一个专业的组织。

留住会员是一年 12 个月的任务。这个工作很难,它要求注意细节,需要倾听。Walters(2005:165)建议:

> 一个会员服务人员应该一天打 6 到 10 个电话,特别对于那些看上去没有参与其中的会员。他应该问一些问题,例如会员是否收到 CVB 的邮件和信息,当地的旅游中心是否有会员宣传册,会员是否打算参加近期的聚会或其他活动。续约的时候,CVB 应该给会员发一封邮件,附有收据,并说明续约是自愿的,如果会员对续约有疑问可以面谈。当会员的联系人发生变动时,面谈就很重要了,因为新的联系人收到邮件后可能不确定

CVB 是什么组织，或者甚至不知道他的公司为什么要成为会员。

与营销协会合作

单个场馆想依靠自己的力量进行有效营销是十分困难的，而且很昂贵。如果场馆想开拓市场，它首先必须认识到一些问题，例如竞争的规模，巨大的营销成本，买方优先考虑地点因素的倾向。

由于这些原因，大多数场馆与所在的目的地合作，提高顾客认知度，增加潜在顾客的咨询。场馆与适当的目的地营销组织建立联系，可能是 CVB 或者会议办公室，区域或地区的旅游局，或者国家旅游组织。很多场馆也是营销协会（为相同类型顾客提供服务的同类机构组成的团体）的会员，这给场馆带了较高的市场形象，并且成员通过协会一起进行营销活动。协会也能提供实际的业务利益，例如增加采购优惠，提供联系网，设定参照点和提供培训。参加一个协会也能提高场馆在消费者眼中的信誉度。会议业内主要的协会包括：

- 酒店集团（hotel groups），例如希尔顿、雅高、六洲、万豪、喜达屋酒店及度假村、索梅丽亚，还有假日酒店。这些集团不是严格意义上的协会。大多数有集中的预订及营销部门，负责全国及国际营销活动，防止单个酒店的促销活动过小或过大。即使这样，这些连锁集团里的大多数酒店仍然有开展营销活动的自主权和预算，但是整体的策略和促销资料由总部决定。在过去的几年里，所有的大型连锁酒店都形成了自己的会议产品品牌。

- 最佳西方（Best Western），堪称世界上最大的全球酒店品牌，已有 50 多年历史，拥有 4 100 多个酒店，遍布世界各地（覆盖 80 多个国家）。这是一个非营利组织，它唯一的目标就是提高成员酒店的利润，使成员更加成功。它在四个国家有预订中心，都自动与全球销售系统相连。它的招募手册声明"最佳西方通过品牌营销吸引的顾客比任何单一酒店希望得到的人数都多"。对于会议市场，协会提供场馆搜索服务即最佳西方的首选场馆。最佳西方也为成员提供联合营销的机会，例如在像"国际展览及会议服务展"的交易会（International Confex）上合作进行展示。详情见：www. bestwestern. com。

- 独特场馆（Unique Venues），是一个小集团，在美国、加拿大和英国有 7 000 多个特别会议设施和宴会厅，包括：学院、大学、博物馆、公馆、影院、会议中心、娱乐场所、游轮、饭店、商务中心等等。这种情况下，它通常的主题就是场馆的个性和独特性，特别强调场馆的环境、纪念意义、灵活性、科技含量和容量。独特场馆在科罗拉多、宾夕法尼亚和南卡罗莱纳各州(美国)有办事处。详情可登录网站：www. uniquevenues. org。

● 卓越会议中心(Conference Centres of Excellence，CCE)，是英国在专业会议及培训场馆方面最大的协会，有 41 个成员场馆(至 2006 年 3 月)。此协会于 1992 年成立，宗旨是：

○ 集中营销资源，进行联合营销。

○ 分享专门设计的公关活动(PR)，提高成员的管理形象。

○ 开发在欧洲大陆营销会议中心的机会。

○ 共享信息和专业知识。

CCE 的主要目标之一是促销这些会议场所的独特优势，它们都具有专业水准，能提供一流的设施(与不能为商务会议、普通会议和培训领域提供专业职员或设施的场馆相比)。它要求成员达到某一最低标准，包括"积极吸引会议或培训活动作为他们周一至周五的主要业务"，"获得并保持指定会议服务资格"。标准还细化到会议室、客房和其他设施的水准。协会还希望成员加入到预订推荐系统，宣传协会的"一次电话"热线。要加入的成员在成为正式成员以前，需要请 CCE 成员委员会来考察。

虽然保证 CCE 的场馆使用者在硬件设施上能得到出色的服务，但是每个成员酒店的特性不同，为顾客营造了各种氛围，有风景优美的乡间别墅，也有为特殊目的建造的会议中心(通常与学术活动有关)。更多信息请登录：www. cceonline. co. uk(电话：＋44(0)1306 886900)。

● 欧洲古迹会议中心(Historic Conference Centers of Europe，HCCE)，是位于历史建筑中的会议中心的联系网络，这些中心遍布欧洲。在 2005 年 9 月，有 22 个中心是该联络网络的成员，并在阿姆斯特丹有一个办事处。HCCE 的促销材料声明"这些会议中心没有标准化，每个都是独特的历史建筑，是景点，并采用基于人员服务的管理方法"。更多信息见：www. hcce. com(电话：＋31(0)206189540)。

另一方面，全球最佳城市联盟是一个 DMO 的营销协会，而不是场馆的营销协会。全球最佳城市联盟的作用和活动在本章末案例分析 10.2 中有详细介绍。

使同业公会成员的利益最大化

在会议业有很多同业公会，有一些是国家范围内的，有一些是大陆或国际范围内的。很多为这一市场中的特殊领域服务(例如国际目的地营销协会、欧洲会议城市联盟、国际会展建筑协会），很少以吸引多种类型的成员为目标（例如国际大会和会议协会，或者英国会议产业协会）。

Boleat（2003:1）对同业公会的定义如下："同业公会通常作为某一特定领域内有共同利益的企业公司的代表，并提供其他集体服务。有很多各种类型的同业公会，如果定义宽泛一点，同业公会和其他的产业机构有相似功能。"他认为同业公会的作用是作为一个代表机构"提高全体成员在政府部门、中介和管理部门眼中的地位，当然也包括媒体和其他舆论机构"。他还补充说"很多同业公会也提供其他的服务，例如行业统计数据，整体的市场信息，培训，会议和展览"。

从以上描述中可以看出同业公会主要不是一个营销机构，尽管通常情况下成员希望通过加入公会获得新业务。不过通过展览会上的展示，一些公会为成员提供了直接的销售和营销机会（有些甚至自己组织展览会）。同业公会还传递业务信息，维护客户或买方的数据库供成员利用，这些都被成员当作特别的利益。很多同业公会发布通讯或新闻稿宣传成员的活动及服务，这样为成员提供了良好的公关（PR）感知环境。

同业公会也能为成员提供直接的营销利益，因为公会可以授予成员某种资格，特别是采取严格的成员招募政策时，如要求在成为正式成员以前必须达到某种质量或商业标准。入会后成员有资格在他们的办公用品或促销资料上使用公会标识。可以预见这会使买方相信他们在与一个有声誉的组织打交道，至少可以达到某个最低标准。

参与同业公会运作的个人最终可能成为公会负责人，例如成为主席、会长或者财务主管。对于个人来说，这是十分宝贵的经历，有利于个人事业的发展。个人所代表的场馆或目的地也能通过"公会"获益——它们的一个员工成为同业公会甚至会议业的知名人物，那么个人的知名度将为他们的组织带来积极影响。

奖励旅游、会议及活动展（IMEX www. imex-frankfurt. com）和公会通路及资源协会（www. associationgateway. org）的合作计划中有一个针对公会的调查"2005 欧洲成员招募及保持"。此次调查发现成功的公会"有明确的重点，提供良好的商务网络机会，相关教育项目，最新的产业新闻和最实用的指导。列举的其他影响成员满意度的重要因素还有良好的策略计划，优质服务和专业管理"。

Hendrie（2005）建议人们为"领导权、创新力、代表权和'赚大钱'"加入同业公会。接着他列举了一些同业公会面临的挑战和成功的秘诀：

> 我们发现同业公会面临：会费的竞争，不稳定的团体，地区及国家事件，紧缩的经济，内政外交政策，限制性条例，落后的管理及领导方法，而最糟糕的敌人可能是……厌倦。但是面临这些都是值得的！成功地组织不是静止的，它们持续不断的开发资源，通

过过程、人员、产品和服务的重组实现最大价值。通常,它们调查公会成员,评估满意度,寻找新成员,成员中既包括联盟会员,也包括组织的员工。沟通应该是持续、可靠而密切的。公会总是能联系到的,有想象力和决策力的,能够认识到进步需要灵活性和适应性。但是所有这些都从了解它们的利益相关人开始……了解他们的需要,他们的愿望,他们的期望,然后努力实现这些愿望。

但是如果 DMO 只为增加业务加入同业公会,这就是一个误解。不容置疑很多同业公会能够也的确提供了一系列直接或非直接的商业发展利益,为了充分利用这一优势,同业公会成员需要积极抓住机遇,努力使成员资格带给他们的利益最大化。有些成员认为只要加入了同业公会业务就会自动找上门来,所以只是消极等待,这样的成员往往会非常失望。

通过有效的游说争取政治支持

本章列举的地方、国家及国际的合作关系和协会的种类展示了一系列竞争与适应的例子和模式。但是所有这些都不能替代必需的补充活动,补充活动能够提高人们对整个会议和商务节事产业的理解和支持。这一产业,正如我们在第 1 章看到的,是一个年轻的产业,一个太容易被政治及商业团体误解和低估的产业,让人们看清这一现状是十分重要而紧迫的,因为这样才能保证该产业在各个层面得到与其他产业相似的待遇,例如在支持结构,教育及职业框架,产品投资,营销资金,申办重要国际会议的政治支持等方面。只有通过产业本身的专业游说和展示活动,才能实现产业的变革和发展,这些活动要求在国家和国际两个层面实施。

一些有价值的计划已经实施了。例如,在国际层面,联合会议产业委员会(JMIC-www.themeetingsindustry. org)已经开展了"力量与形象"活动,作为提高会议产业及其从业人员形象的方法之一。JMIC 的成员包括了 MICE 细分市场中的主要协会:会议策划者国际联盟(MPI),国际会展建筑协会(AIPC),奖励和旅游经理协会(SITE),欧洲会议城市联盟(EFCT),国际专业会议组织者协会(IAPCO),国际大会和会议协会(ICCA),国际法国会议城市协会(AIVFC),会议及节事组织机构联盟(COCAL)。

JMIC 的"力量与形象"活动在本书写作时(2005 年 7 月)正处于最终定案阶段,但是他们的文件这样说:

这次活动的设想是通过让社区和政府认识到我们的事业为社区带来的利益,提高他们对会议业的重视程度,这样当某些决策影响到我们的未来时,我们能更好地影响决策过程。

　　这个项目的基础是认识开始于我们自己的社区,这一活动必须在我们的社区实施,因为在那里我们有各自的社会关系、影响力和特殊的信息,这些会改变政府和公众对我们的看法,使他们认识到我们创造的利益。

　　用这种方法,我们相信像 JMIC 这样的组织能起的最大作用就是支持单个成员的努力。为了将成员的努力集中起来并使之更为有效,组织将提供一些必要的资源,使得参与各种主题和建立合作框架更为容易。

JMIC 设想了这个项目的三个要素:

- 出版一本有关社区和政府关系的指南。包括一些专为尽快适应而设计的文书、广告和展示的模板。
- 开展一个"国际会议周",让人们关注国际活动,这些活动能体现会议业的特点和会议业带来的利益。
- 通过专门的网站收集和分享实践中的最佳想法和活动。
- 与此相关的还有颁发特别的"力量与形象"奖,奖励在商务节事和国际会议领域取得成就的个人。

　　"同时,JMIC 将寻找新的方法与国际媒体、商业组织和政府互动,发布整个会议业的信息,例如建立论坛,地方官员可以通过论坛发现一些问题,多考虑这个产业。"尽管"力量与形象"活动仍处于筹备阶段,但它的成功开发和实践将有利于宣传我们的产业,带来更多的资源和认可。

　　已经实施了几年并且保存了主要成就纪录的典型计划出现在英国。商务旅行合作伙伴(BTP-www. businesstourismpartnership. com)于 1999 年由重要的同业公会和国家旅游局建立(2005 年 7 月共有 18 个机构),得到了主要政府部门的支持。BTP 的使命是:

　　竭力支持英国充满竞争的,高质量和高效益的商务旅行产业。

　　它的一个重要作用之一就是联合产业内的大多数主要企业,讨论当前的重要问题,并寻求在这些问题上达成一致,用同一个声音说话。其他的重要活动包括:向官员和主要的城市行政职员作巡讲;与其他相关行业组织接洽;识别产业研究需求;完成并分发简报文件和更多真实报告;定期通过媒体发布信息;维护 BTP 网站。

　　不容置疑 BTP 成功地引起了英国官员对商务旅游和商务节事产业的关注。将关注转变为适当而有效的支持体系是他们今后的任务,但是至少目前沟通网络已经建立,能够向这一目标推进了。

　　在英国每年也有一个"国家会议周",是 JMIC 提出的一个特别活动,在后面的案例分析

10.3 中有详细信息。

本 章 小 结

　　目的地和场馆要抓住各种机会,与具有相同产品特点的场馆和目的地建立营销合作关系,这是非常重要的,也是本章所要强调的。不可否认,现在世界上有200多个国家努力从会议业市场分一杯羹,竞争十分激烈而且只会变得更加残酷。想孤军作战,"做自己的事"取得成功是非常困难的,成本也非常高。应该研究进行合作营销的企业,不仅因为实践证明它们能够更有效地利用有限的预算获得更高的回报,而且因为它们常常取得额外利益,例如建立信息网络,分享最好的操作方法,就像全球最佳城市联盟的成员所经历的。

　　作为一个产业,仍然需要在地方、区域、国家和国际层面保持高姿态,建立会议和商务节事能为国际社会带来利益的观念。在这种情况下,成员保持一致是非常必要的,这样才能使这一行业发展壮大,赢得本行业应得的政治、经济、社会支持。

案例分析 10.1

英格兰西北部地区的会议申办机构

　　本案例提供了一种建立营销合作关系的方式,这一方式是原创的,可能也是独一无二的。它证明了几个看起来是竞争对手的目的地,能够在某一层面上合作营销而使彼此获得更多利益。

英格兰的西北部地区

　　这一地区从苏格兰边界向南到柴郡平原,有很多著名旅游景点,例如湖区、黑潭、南波特湾、切斯特,还有曼彻斯特和利物浦这样的国际大都市。说到它们的会议产品,其主要特点是:

● 坎布里亚郡和湖区:乡村酒店,独立经营的酒店,培训中心和旅游景点,都有自己的会议设施,提供了一系列不同的场馆选择。很多场馆位置极好,地处乡村或湖边,通常可以提供户外的游猎活动,打发与会者的自由时间,或者作为团队建设项目的一部分。这里的会议就代表人数来说规模相对较小(通常不超过100人),但是一般都会逗留几天,给与会者缓解压力和排除干扰的机会,使他们集中于目前的业务。

● 黑潭和兰开夏:黑潭和莫克姆对大一点的城镇会议更感兴趣,其中莫克姆感兴趣程度略低一些。这些会议通常由商会、政党、协会和志愿者组织举办。这两个地方已经建立了历史纪录,记录举办过的很多盛大会议和帮助黑潭转变为西北部"拉斯维加斯"的投资,这些记录有利于该地区在今后争取更多商业会议。兰开夏有一系列特色酒店,包括历史建筑、城堡、足球馆、连锁酒店和大容量的场馆,例如普莱斯顿公会大厅。

● 曼彻斯特:曼彻斯特在酒店产品方面很有优势,有很多一流的能代表这个城市的连锁酒店,可以提供充足的会议设施。它的学术场馆和坐落于"会议区域"的大规模特殊用途场馆也闻名于世。因为有著名的场馆,例如曼彻斯特国际会议中心,布里奇沃特音乐大厅,G-Mex展览会议中心,所以曼彻斯特在申办国际协会大会、国家协会会议和公司会议时特别有竞争力。附近的曼彻斯特国际机场,可以抵达世界200多个目的地,这也是该城市吸引重要国际会议的关键因素。

● 利物浦:与曼彻斯特一样,利物浦也在酒店和举办商务旅行业务所必需的整体基础设施建设上进行了大量投资。随着2008年临近,投资项目正加紧建设步伐,因为2008年利物浦要成为"欧洲文化之都",同年利物浦竞技和会议中心将建成,这是该市第一个特别建造的会议中心。利物浦约翰列侬机场迅速增加的低成本航线提供了更多到达欧洲大陆的通道。从利物浦沿海岸线向北几英里是南波特湾,最初是维多利亚时代一个高雅的海边度假村。该城市也在景点、酒店及设施方面作了巨大投资,成为一个协会和商会会议的常规目的地,并且取得了南波特湾剧院和花园酒店的控制权。该市还自称为"欧洲高尔夫中心",有许多豪华宽阔的高尔夫球场,举办过重要比赛,包括公开赛。

● 柴郡和沃灵顿:柴郡和沃灵顿在公司会议和小型协会会议市场以各种高质量的酒店、会议及培训中心和大量特色场馆(如柴斯特赛马场、蓝星球水族馆、乔德雷尔班克、柴斯特动物园)闻名。这里到曼彻斯特和利物浦机场,以及国家高速公路网都很方便,这是该地区吸引英国和其他国家业务的重要优势。

地区会议申办机构的建立

英格兰西北经济发展署(NWDA)——中央政府负责英格兰地区经济发展和振兴的9个机构之一,为以上五个次区域提供了旅游资金。这些次区域促成了英格兰西北地区的旅游发展策略,这一策略的关键目标是促进公共、私人和公益领域内的平等合作关系。

2004年该地区决定建立一个地区会议申办机构,其目标是通过吸引更多的协会会议到英格兰西北地区,实现2亿英镑的经济效益。这一计划由负责曼彻斯特地区旅游发展和营销的曼彻斯特营销部发起,并与默西合作组织相协调。默西合作组织是利物浦和墨西塞德郡负责类似工作的机构。该计划还得到了以上提到的其他地区的积极支持,此外,NDWA 也提供了资金,最初三年的全部运转预算为 60 万英镑。这个申办机构需要招募一个 7 人团队:一个机构经理,一个英国销售经理,一个欧洲销售经理(基地在法国),一个申办协调员,三个研究员,其中两个研究员是全职的,在曼彻斯特营销部办公室工作,另一个每周工作两天,是默西合作组织的"实物"支持。2005 年 7 月,申办机构在美国举行了一次展出,在此期间,曼彻斯特的营销通道经理每周在这里工作一天,以便与总部在美国的各类协会达成协议。

申办机构的特殊目标有:

- 通过提高举办国际会议的数量,增加地区的额外收入。
- 进一步提高曼彻斯特和利物浦在英国西北地区作为国际会议目的地的形象。
- 尽量增加在西北部其他地区举办国际会议的机会。
- 最大程度地开发西北部为业务拓展和合作项目服务的潜力。

申办机构不是要代替次区域申办会展,而是对其工作进行补充和扩展,特别是在欧洲和国际会展领域。次区域内各成员仍要自己提供资金,也可以选择保留自己现有的大使项目,尽管申办机构的工作已经包含了曼彻斯特营销部的大使项目。申办机构试图提供以下服务来补充和扩展次区域的现有工作:

- 申办筹备;
- 市政府的支持信;
- 主办城市考察;
- 帮助获得市政资金和补助金;
- 公正地推荐场馆;
- 支持材料;
- 社会活动及合作项目方案;
- 向专业会议组织者(PCO)推荐该地区;
- 住宿预订服务。

申办过程

工作的第一阶段集中于事前调查,识别潜在协会会议。为了进入 ICCA 的城市排名,机构特意寻找符合 ICCA 标准的活动,即:

- 最少有 50 个代表;
- 定期在世界不同地方举行。

如果会议需要补助(现金或实物支持),机构需要证明投资至少有 15% 的回报,因为理想的会议,其经济影响应该不少于60万英镑。另外在西北地区要有一个场馆能够成功解决会展的住宿问题。

"热门"信息传递给英国或欧洲的销售经理之后,销售经理便约见客户以详细确定会议的独特要求。约见以后,销售经理向申办协调员传达会议的详细要求,协调员再把提案请求(RFP)传达给适合的次区域——次区域的选择是根据客户要求决定的。次区域提交方案之后,销售经理和客户讨论该方案,最后由机构的申办协调员做成详细的申办文件,最终的申办文件由销售经理交给客户。文件的内容与第9章中的其他申办文件类似。一般要有一份纸质申请书,有时也提交PDF格式的文件。申办机构以所有次区域的名义准备申办文件,但是每个次地区有不同的表现形式和形象以保持它们的个性(尽管实际的主要内容是相似的)。文件准备得十分详细,彩印线装版,每份的成本是6.5英镑。机构能够在48小时内完成一个完整的申办文件。

申办机构的影响

在最初的6个月里,机构完成了22个申办文件,获得了7个主办权,经济影响约为160万英镑,吸引了41个咨询并后续带来3 900万的经济收益。机构还建立了一个数据库,储备了3 000多个联系人,还建立了一个网站(www.nwcbu.org.uk),2005年3月开始运行,还开发了专门为处理咨询设计的软件,也在2005年夏天投入使用。有趣的是,最初6个月里竞标成功的7个会展中有两个将在柴郡举行,但是最初机构建立时,人们认为三年内,除了曼彻斯特和利物浦不会有其他的目的地赢得举办权。

现在,其他的英国地区也在考虑建立自己的地区申办机构。

案例分析10.2

全球最佳城市联盟

全球最佳城市联盟(2005年8月以前为BestCities.net,现在为www.bestcities.net)成立于2000年,由8个城市的会议局组成:开普敦、哥本哈根、迪拜、爱丁堡、墨尔本、圣胡安、新加坡和温哥华。联盟成立时的想法是,会议局能够从其他行业的成功策略中有所收获:如航空业、金融机构和汽车制造业都有全球联盟的先例,这已经成为产业长期发展的必要策略。

最佳城市的愿景是"让世界看到我们的创新精神,为会议产业提供世界最好的会议局实践模式"。最佳城市的使命是"为会议策划者提供最好的服务,最终帮助合作伙伴赢得更多业务"。

最佳城市的主要目标是：

● 将具有相同目标的会议局联系起来，通过内部合作网络，开发、利用资源；这些资源包括资金、新市场和组织技巧。

● 促进成员间实践、观点、知识、市场分析和新会议项目开发的交流。

● 分摊为共同利益而合作进行的活动成本，特别是在销售、调查和营销方面。

● 树立联盟品牌，提高所有成员作为国际会议市场主要参与者的形象和认知度，使成员获得竞争优势。

在组织上，联盟的基础是合作者之间的友好意向以及遵守组织内部法纪、运行政策、客户服务标准和操作守则。联盟有一个理事会(由各委员会的执行长官组成)，理事会提出整体的策略方向，决定主要政策；有一个执行小组管理联盟的运作；还有销售、营销和服务小组；总经理在哥本哈根。

联盟向客户保证"质量、技巧和专业水准"，保证服务水平建立在可靠、可信、创新、理解、迅速反应的基础上，所有这些都有服务条款支持。所有联盟成员必须按照成员间达成共识的 35 条服务标准行事。如果会议局联盟环境内(见第 11 章)缺少标准，会造成买方和供应商双方的失望。最佳城市的核心，据温哥华旅游局(大温哥华地区会议旅游局)副主席保罗·瓦利(Paul Vallee)所说，是"服务条款和 35 条客户服务标准，体现了合作者为实现高满意度服务所作的努力"。联盟成员的客户满意度在 2005 年达到 92%。

服务标准可以归纳为五个主要类型：

1. 目的地专业知识

(a) 专门的会议策划者网站；

(b) 专门的会议策划者指南；

(c) 会议场所选择的建议征求书；

(d) 当地会议产品和服务的专业知识；

(e) 便捷的介绍参观(根据要求)；

(f) 与地方产业和政府沟通的渠道；

(g) 旅行策划和建议。

2. 投标协助

(a) 运用全球最佳城市网络为客户提供详细的会议研究报告，保证对申办要求的完全理解；

(b) 制定个性化的投标战略；

(c) 制定个性化的投标文件；

(d) 投标演示方面的支持,例如促销台,申办展示,促销手册(需申请)；

(e) 提供视听帮助,例如多媒体、视频、幻灯片；

(f) 会议场馆及住宿地点的选择和推荐；

(g) 保证临时住宿与会场安排；

(h) 提供会展预算与财务策划服务；

(i) 支持现场考察；

(j) 与地方政府和产业的联络；

(k) 协调会议的支持信函；

(l) 投标推广,例如发送信函、公关(PR)支持等(根据要求)。

3. 会议策划

(a) 当地会场、住宿条件和基础设施考察(根据要求)；

(b) 如有需要,委任专业的会议组织者(PCO)；

(c) 地方产业和政府简介；

(d) 开发社会活动项目；

(e) 开发会前和会后观光项目；

(f) 选择其他与会议相关的产品和服务。

4. 保证出席率(例如,实现出席会议人数的最大化)

(a) 推广资料的使用权(部分收取费用),例如,视频、幻灯片、宣传册；

(b) 帮助设计招募策略；

(c) 利用最佳城市成员的地理位置建立全球网络；

(d) 目的地网站能够链接到会议的注册网站；

5. 会议现场服务和会后支持

(a) 赠送代表观光指南；

(b) 如果与会代表超过1 000人,设立多个旅游信息咨询处；

(c) 地方服务的信息列表,例如饭店、娱乐场所和购物场所；

(d) 会议后调查,获取客户的反馈,了解该城市举办会议的便捷程度。

客户咨询理事会每年复查这些标准。每年合作伙伴(成员)要对它们的服务进行自我评估,评估结果在成员间公开,大家讨论并找到可以提高的地方。

联盟计划建立服务合作发展项目和成员合作资格证书,每个成员企业的目标要和其他成员一致。另外建立必要的程序,使所有成员用同样的方式为客户服务。

全球最佳城市联盟按以下原则工作：

- 联盟不是：
  - 所有成员采用的单一政策；
  - 没有实施方案的协议文件；
  - 垄断计划；
  - 终止竞争。
- 但是联盟是为消费者成立的：
  - 联盟提供便捷的全球联络；
  - 联盟在全球范围树立形象和声誉；
  - 联盟的建立以为成员吸引更多顾客为目标；
  - 在提供统一服务的过程中，联盟是寻求合作增效的好方式。

最佳城市的成员已经从联盟中发现了更多利益和机会：

- 联盟使它们在国际市场上的投资回报最大化：通过与其他成员合作能加强市场渗透力。
- 联盟降低了成本：每投资 1 美元就有 8 美元的回报。
- 联盟通过设定服务标准来回应市场需要。
- 联盟带来了积极的品牌合作，将一流的城市和会议局联系起来。
- 联盟为成员提供了互相学习和交流经验的机会。

联盟成员的主要业务集中于出席代表多于 300 位的各种国际协会会议。其次是与会代表 100 名以上的跨国公司会议。除此以外，也接受已经在其他联盟成员目的地举行过的会议。

成员参加交叉推广，这包括在每个目的地的指南手册中刊登最佳城市和其他合作目的地的广告。最佳城市的标志出现在所有成员的网站上，也出现在所有会议局工作人员使用的业务名片上，并且与每个会议局的颜色相搭配。交叉推广大概每年带来了 2 000 万美元的价值。在 2002 年至 2005 年三年间，成员间交流了 400 多条业务信息。2004 年最佳城市联盟成员一共赢得 11 次国际性的申办，其中温哥华获得了 3 个，分别是：

- 国际降低危害协会——1 500 个与会者，带来 3 700 间·夜
- 国际妇科及妇产科超声波协会——1 500 个与会者，3 000 间·夜
- 世界物理治疗联盟——3 000 个与会者 10 900 间·夜

联盟的一个特色是将五大洲的目的地联系起来。每个成员都积极地以国际会议为目标，联盟试图组织成员利用很多国际会议轮换目的地的特点，这些会议根据事先决定的循环

方案从一个大洲到另一个大洲。但是这并不意味着联盟成员不参加他们自己国家的营销计划。实际上,例如在产业交易会上,联盟成员通常与自己国家的营销组织共用展台(例如,爱丁堡展示作为苏格兰观光展台的一部分,墨尔本则在澳大利亚展台等),但是有些时候,会另有一个最佳城市的展台,为成员提供向参观者额外展示的机会。

联盟中的每个目的地在地理上是分散的,但它们有一套共同的服务标准,这使客户容易比较信息,知道目的地能为他们提供什么。最佳城市的促销手册说明了所有成员都能提供:

- 从任何主要机场都能方便地到达目的地;
- 自然景观;
- 整洁舒适;
- 宾至如归的服务;
- 安全;
- 适于步行的城市中心;
- 历史文化底蕴;
- 雄厚的科学研究环境;
- 高生活水平。

最佳城市依赖于每个成员的积极投入,它努力营造成员的主人翁氛围,这意味着成员不只是付年费,还必须参加一年一次或两次的例会,以及成员间每月一次的电话会议,例如会议局负责人之间的电话,讨论策略问题;销售人员之间的电话,讨论相关信息和咨询。

全球最佳城市的目标是成为客户寻找潜在会议目的地的最佳信息源,这样最佳城市的品牌才会成为值得信赖的会议局和理想目的地选择的一种标准。

保罗·威莱(Paul Valle)曾经在联盟任三年主席,谈到那段经历,他说(*DMO World*,第2期,2005年1月):"我学到的最关键的东西就是明白了怎样能让一个策略性的联盟取得成功。在这一产业,我们一直在合作,但是由于不同文化、态度、条件和需要使工作十分复杂,这完全超越了我所参与过的其他合作。我发现各种各样的成员在没有强制性政策的情况下,带着相同的目标走到一起,这非常了不起。或许正是彼此间的距离使我们走得更近?"

现任最佳城市主席(美妙哥本哈根业务发展及产业关系负责人 Steen Jakobsen)预测:"我们将在北美洲、南美洲、欧洲南部/东部、亚洲中部/北部寻找新的成员,以提高联盟在商业活动中的影响力,并且以更广阔的地理、文化差异吸引客户。"

案例分析 10.3

"全国会议周"

"全国会议周"(National Meetings Week，NMW—www. nationalmeetingsweek. co. uk)自 2001 年起在英国举行,由 CAT 出版有限公司组织,得到了会议界主要交易组织的支持。在 2005 年这种支持由于一些产业合作者(主要场馆、会议委员会和中介公司)的加入而加强了。

NMW 的目标是:

- 提高财政部对会议业经济价值的重视。
- 作为一种业务工具、激励手段和交流中介,提高会议和节事在商业社会中的影响力。
- 提高外界对会议业的认识。

2004 年,NMW 接受了 43 个广播采访,包括英国所有地区的媒体,国家新闻媒体和商业媒体。与 NMW 关联的是一个慈善活动("满足需要"),专为各种必要的原因募集资金——在 2004 年募集了 15 000 英镑。

2005 年 NMW 活动(2005 年 10 月 3 号至 7 号举行)的特别目标是:

- 为会议行业确定一个中心基调;
- 提高国内及国际观众对 NMW 的认识;
- 成为欧洲的重要活动;
- 提高行业和商业媒体对英国会议行业的认识;
- 鼓励会议行业参与大事件/计划;
- 引导该行业开展进一步的讨论;
- 为"满足需要"慈善活动募集资金。

NMW 主要的目标观众是:会议产业人员,股东,商业团体,大学生和研究生,地方和国家政府。NMW 要传递的信息是:

给商业团体的信息	给消费者的信息
英国会议产业的存在	面对面沟通的价值
会议的价值	开发会议带来的好处
经济利益	会议与新科技
就业机会	会议对你有好处

自豪感与"良好感觉"因素　　什么是会议？

会议的效能　　　　　　　　"满足需要"

"满足需要"

除了在本行业内寻求支持，NMW 组织者也请体育和娱乐界的明星帮助宣传。在 2004 年，有 100 多个议会成员表示他们完全支持这一活动。

2005 年 NMW 计划的国家级活动包括：

● 在切尔西足球俱乐部的开球仪式；

● 职业展览会和职业周；

● MORI 民意调查；

● 会议和奖励旅游展览；

● 会议产业营销奖；

● 盛大的闭幕仪式。

NMW 这样的计划补充了本产业代表机构和游说部门的现行工作，它建立了一个重要的平台，向人们发布会议产业的积极信息，也能展示目前受关注的问题和想法。

其他一些国家目前也在计划自己的全国会议周或者类似活动，这些国家包括：比利时、加拿大、芬兰、荷兰、挪威。

复习与讨论题

1. "CVB 在促进目的地合作中起了独特的作用。"讨论这一说法是否正确，比较 CVB 和会议产业其他合作团体，例如吸引外资机构、公共交通部门、健康保健部门，比较它们在功能和成果方面的不同。

2. 加入营销协会可能造成品牌认知方面的损失，那么加入营销协会是得不偿失吗？用例子支持你的答案，例如曾经加入营销协会的场馆或目的地后来选择单独行动。

3. 在过去的五年里，人们越来越深刻地认识到会议产业所带来的经济利益。就某个特定的国家讨论这种说法是否准确，在这个国家，行业的游说有效吗，采用什么方式游说？

参考文献

Boléat, M (2003) *Managing Trade Associations*, Trade Association Forum

Hendrie, JR (2005) 'The value of membership: what makes a good trade association?', *DMO World* e-newsletter, Issue 6 (September), accessible at: (www.frontlinecommunication.co.uk/dmoworld/feature9.html)

Walters, J (2005) Chapter in *Fundamentals of Destination Management and Marketing*, Educational Institute of the American Hotel and Lodging Association and the International Association of Convention & Visitor Bureaus

第 11 章

当前会议和商务节事行业
采取的行动

本章概要

一个处于成长和成熟期的产业,如果想继续发展就要面对各种必须解决的挑战和问题。会议和商务节事产业也不例外。本章重点讨论目前在该产业的基础领域,为了推进发展而采取的行动。

本章内容涵盖:

- 研究和市场情报
- 术语
- 教育和培训
- 质量标准

案例分析:

- 澳大利亚国家商务节事研究项目
- 国际目的地营销协会的绩效评估手册

学习目标

学完本章以后,您应该能够:

- 理解产业研究的必要性和重要性
- 给出研究项目操作范例
- 术语的使用要清楚、统一,理解术语使用的基本原理
- 理解教育和培训在提高会议产业整体专业程度方面的重要作用
- 找出目前运用的质量保证方案的类别

导　言

很多人可能认为统计、术语、质量标准或者教育项目，都很枯燥，有些专业的产业特征，只能引起学术兴趣，与令人兴奋的、"真实"的营销世界联系不大，然而事实是，这些恰好是这一年轻产业的基础，并且促使这一产业成熟。

研究提供了测量产业绩效和增长的对照参数，因此也能预测新趋势。在国际层面，如果产业要开发可靠的原始数据和情报，那么对词语和统计数据采用标准术语和一致的解释就很重要。这些数据对于建立基准点是十分关键的，对于国家之间比较彼此的成果也很重要。会议产业的从业人员增加很快，随之而来的是教育和培训项目，但是这些项目是否有足够的连贯性和标准性，或者这些项目只是根据已出现的市场需求开发的？场馆和目的地的质量标准在实际中应该怎样操作，才能对场馆和目的地的购买者即客户有意义？

本章将详细考察以上这些问题，同时给出一些世界各地的最佳操作方案。

研究和市场情报

与其他产业相比，很明显，会议产业仍然非常年轻，在欧洲和北美的历史还不到 100 年，而在世界其他地方甚至还处于初始状态。尽管这一产业以非常快的速度成熟，但不容置疑，这一产业相对不成熟的表现之一就是缺少可靠的统计数据和常规调查，因此不能提供产业的发展趋势、规模和价值的基本情报和信息。ICCA 和 UIA 每年统计国际会议和大会的数据，这是近些年来这一产业中唯一的统计活动。这意味着，政府没有把这一产业当作国家经济的重要支柱认真对待，原因就在于会议产业一直没有机会证明它能带来积极的经济影响。

令人高兴的是，虽然仍有差距，但是在搜集市场情报方面已经有了巨大的进步，世界各地也出现了越来越多良好的操作范例，这些范例本身都值得肯定并作为榜样。接下来的内容总结了部分范例,但是,首先提一下旅游卫星账户系统的开发和标准产业分类是很有用的,因为在中期和长期内,这两项内容在国家和国际层面能有效提高产业统计和研究。

旅游卫星账户和标准产业分类

旅游卫星账户(tourism satellite account,TSA)在联合国认可的国民核算系统的总体框架下,提供了区分和检测旅游供应和旅游需求的方法。因为有一些经济活动既不能定义为国民核算的产业,也不能作为一个产业群,联合国就提出了"卫星账户"这一说法以测量经济活动的规模。例如旅游业,它深刻影响着交通运输、住宿、餐饮、娱乐、旅行社等很多产业。Calvin Jones 和 David James(2005)说:

> 旅游业是一个特别的现象,因为它由消费者或旅游者定义。旅游者买商品和服务既属于旅游业,又不属于旅游业。对于测量的立足点,关键是在一个国家内旅游者的消费要与商品和服务的总供应相联系。TSA:
> - 提供了有关旅游业的影响和相关就业的可靠数据;
> - 是旅游业组织统计数据的一个标准框架;
> - 是联合国统计委员会承认的新的国际标准;
> - 在制定与旅游业发展相关的经济政策时,是一个有效的工具;
> - 提供了旅游业影响国家贸易支付差额的数据;
> - 提供旅游业人力资源特点的信息。

在 2004 年,世界旅游组织(联合国的一个专业机构)、国际会议协会、国际会议专家组织、EIBTM 第一次一致同意会议产业数据并入 TSA,进而得以研究会议支出和其他经济指数的关系,例如国内生产总值和就业机会。

一个由可持续旅游 CRC(合作研究中心)领导的项目小组基于 TSA 开始(2005 年 11 月)开发测量会议产业价值的标准方法。这一小组力图:
- 确定收集统计数据的基本数据单位;
- 研究旅游业数据如何融入现有 STA 统计数据;
- 开发调查工具以得到与会议产业相关的支出和成本;
- 识别能用来测量会议产业季度工作的指标/变量;
- TSA 的运作需要数据,建立收集统计数据的指导方针;
- 描述股东在整个过程中的作用来保证可信度。

会议产业经历的主要发展阶段体现了会议产业在努力争取认可,努力以一种更全面、更合理的方式收集产业情报和数据。

目前产业研究活动的范例

这一部分将列举在国际、国家和地方/城市层面,会议产业研究的一些最佳操作范例。

国际研究项目

一些长期产业研究项目是由 UIA(www. uia. org/statistics)和 ICCA(www. iccaworld. com)组织的。这两个组织都监督国际会议的进展,预测发展前景,每年评选出最成功的城市和国家,如表 11.1 和 11.2 的例子。没有办法比较 UIA 和 ICCA 的数据,因为它们在决定哪个事件应该包括在调查中时,采用不同的标准(标准细节见 Rogers,2003:8—13)。但是无论怎样,它们提供了有价值的信息,使一些在国际会议市场上正在丧失地位的目的地能够保持或增加它们的市场份额。目的地本身非常严肃地对待这些研究结果,那些排名靠前的目的地可以利用这些有利、客观的数据进行促销和公关活动(PR),也可以购买 UIA 和 ICCA 拥有的关于国际协会和组织的数据,用于直接营销和 CRM(客户关系管理)活动。在国际会议和大会领域活跃的目的地充分利用了这些数据。关于目的地市场份额、竞争表现和趋势,UIA 和 ICCA 都将进行特别调查。

ICCA 确定了近 4 800 个在 2004 年举行的国际协会会议,这些会议都定期举行,并且至少在三个国家轮流举办。

UIA 和 ICCA 数据库也可以作为销售调查过程的一部分(见第 8 章)以发现潜在信息,这些潜在信息会成为营销和销售活动的重点。图 11.1 是一个越南的会议中心向 ICCA 数据库提交的请求,希望得到适合具体标准的事件信息,例如在中心所在地区巡回,覆盖某一特别主题领域(科学),吸引一定数量的人员(750),在近 15 年没有在越南举行过,举行活动的国际组织必需在越南有代表(主要联系人)。图 11.2 显示了排名和详细地址,包括频率、偏好的场馆和最早可以举办的年份(目的地/场馆还未被确认的下个年份)等信息。该图也显示了事件的历史概况,帮助目的地和场馆营销人员预测该会议在不久的将来是否可能来他们的目的地。图 11.3 显示了国际机构成员组织的主要联系信息——有一些重要人物,需要吸引他们参与申办某个会议。图 11.4 提供了一些重要信息,关于国际组织的要求和它们对于会议计划和管理的期望。

在欧洲,欧洲委员会及其统计机构欧洲统计局,在 2000 年发布了一个"大会和会议统计方法手册",建立了"达成共识的大会和会议统计指导方针"。这一手册由成员国家的统计机构和联合会议产业委员会合作制定,后者代表了会议产业内的主要国际组织。

这一手册包含四部分:

表 11.1 UIA 排名——2004 年国际最佳会议城市

排名	城　市	会议数量	占所有会议的%	排名	城　市	会议数量	占所有会议的%
1	巴黎	221	2.41	26	阿姆斯特丹	59	0.64
2	维也纳	219	2.39	27	香港	58	0.63
3	布鲁塞尔	190	2.07	27	伊斯坦布尔	58	0.63
4	日内瓦	188	2.05	29	斯特拉斯堡	57	0.62
5	新加坡	156	1.70	30	都柏林	53	0.58
6	哥本哈根	137	1.50	31	布宜诺斯艾利斯	50	0.55
7	巴塞罗那	133	1.45	32	奥斯陆	49	0.53
8	伦敦	131	1.43	33	东京	47	0.51
9	柏林	110	1.20	34	莫斯科	46	0.50
10	首尔	109	1.19	35	开罗	44	0.48
11	布达佩斯	104	1.14	36	开普敦	43	0.47
12	华盛顿	102	1.11	37	雷克雅未克	42	0.46
13	纽约	94	1.03	38	圣彼得堡	41	0.45
14	北京	88	0.96	39	墨尔本	40	0.44
15	布拉格	83	0.91	39	慕尼黑	40	0.44
16	斯德哥尔摩	82	0.90	41	华沙	39	0.43
17	赫尔辛基	76	0.83	42	奥兰多	38	0.41
18	罗马	71	0.78	42	旧金山	38	0.41
19	马德里	70	0.76	44	新奥尔良	37	0.40
20	曼谷	69	0.75	45	上海	36	0.39
21	悉尼	68	0.74	46	温哥华	34	0.37
22	雅典	65	0.71	46	墨西哥城	34	0.37
22	里斯本	65	0.71	46	布里斯班	34	0.37
24	吉隆坡	64	0.70	49	法兰克福	33	0.36
25	蒙特利尔	59	0.64	49	威尼斯	33	0.36

资料来源：UIA(www. uia. org/statistics)。

　　1. 概述，明确目标，展示信息需求，发现目前大会和会议统计的问题，推荐一个通用方法；

　　2. 列举大会和会议需求；

　　3. 列举大会和会议的供应问题；

　　4. 提供测量大会和会议经济影响的指导方针。

　　这一手册可以从以下网站免费下载：http://forum. europa. eu. int/irc/dsis/bmethods/info/data/new/embs/tourism/congresses. pdf。

表 11.2 ICCA 排名——2004 年每个城市的国际协会会议数量

排名	城 市	会议数量	排名	城 市	会议数量
1	巴塞罗那	105	26	伊斯坦布尔	35
2	维也纳	101	27	里约热内卢	34
3	新加坡	99	27	台北	34
4	柏林	90	29	墨尔本	33
5	香港	86	30	温哥华	31
6	哥本哈根	76	30	格拉斯哥	31
7	巴黎	75	30	开普敦	31
8	里斯本	67	30	悉尼	31
9	斯德哥尔摩	64	34	布里斯班	29
10	布达佩斯	64	35	蒙特利尔	28
11	北京	58	36	上海	26
12	阿姆斯特丹	58	37	东京	25
13	首尔	53	37	布鲁塞尔	25
14	吉隆坡	51	37	慕尼黑	25
15	马德里	49	37	塞维利亚	25
16	布拉格	47	41	芝加哥	24
17	曼谷	46	41	巴伦西亚	24
18	赫尔辛基	45	41	智利圣地亚哥	24
19	伦敦	44	44	乌普萨拉	22
20	雅典	39	45	布宜诺斯艾利斯	21
21	罗马	38	46	京都	20
21	奥斯陆	38	46	哥德堡	20
21	都柏林	38	46	海牙	20
24	爱丁堡	37	49	卢布尔雅那	19
25	日内瓦	36	49	哈瓦那	19
			49	威尼斯	19

资料来源：ICCA DATA（www.iccaworld.com）。

从纯粹的 DMO 或 CVB 角度，调查为 DMO 和 CVB 提供的有关资金、组织、运营和营销活动的深入而有价值的分析包括：

- "ICCA 的 D 类调查"由维也纳会议局的 Christian Mutschlechner 实施。ICCA 的 D 类成员是 CVB 和旅游理事会。自 1994 年以来，这类调查每三年进行一次。详情咨询：mutschlechner@vienna.info。

- "会议和旅游局标准调查"2004 年由 Dimitris Koutoulas 博士公布。详情咨询：d.koutoulas@ba.aegean.gr。

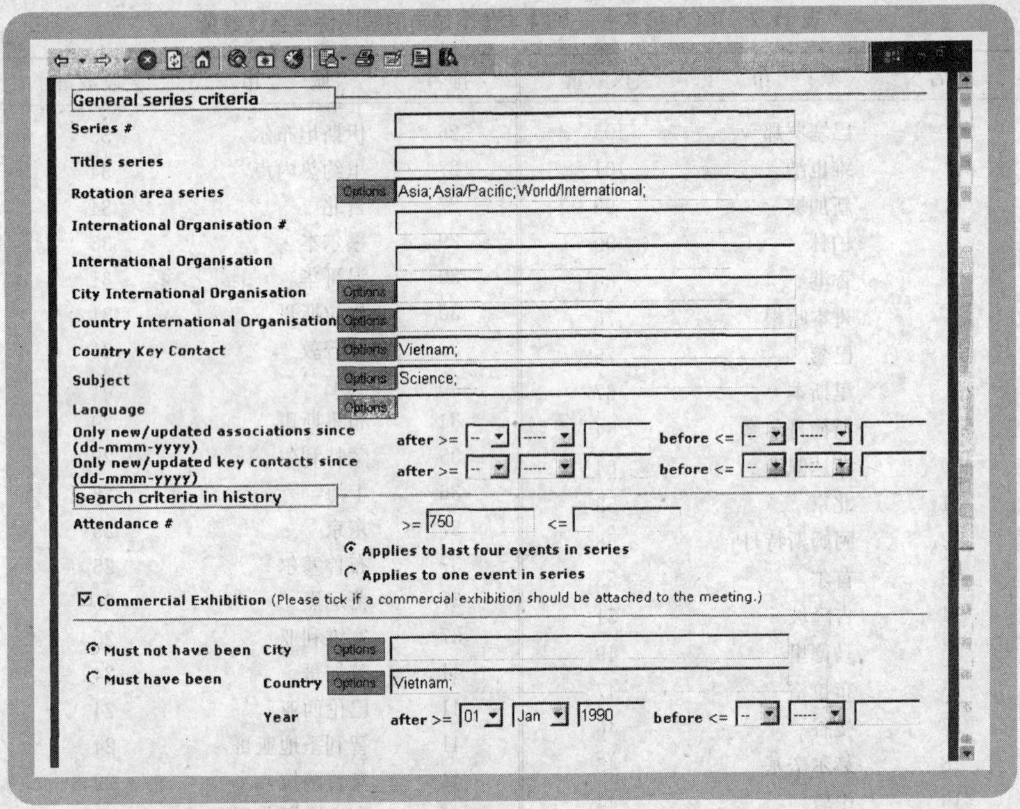

资料来源：ICCA DATA：www. iccaworld. com。

图 11.1 调查搜索样本

- 国际目的地营销协会（原名国际会议和旅游局协会）也时不时地对成员进行调查。详情登录：www. iacvb. org。

DOME（"会议及节事数据"，Data on Meeting and Events）是一个最初在 1997 年启动的项目，目标是提高"世界会议产业全球数据和研究的质量及可利用性"。近几年，DOME 的重心在测量会议的经济影响。它们请代表提供住宿类型和逗留时间，以及乘坐航班的详细座位信息、机舱和服务等级（数据样本见 Rogers，2003：77—8）。这些数据让酒店和航空公司知道对于一个 DOME 认证的会议它们占了多少业务份额。详情登录：www. domeresearch. com。

展览业的组织者例如 IMEX 和 EIBTM 也对国际会议产业的不同方面作了研究。IMEX 资助的一个研究在第 10 章中提到，是关于同业公会成员的问题。每年的"产业趋势和市场份额报告"，由鲍勃·戴维森（Bob Davidson）编写，EIBTM（欧洲会议奖励旅游展）资助。这些研究活动通常有两个目标：第一，提供影响这一产业的，有用的，最新的热门情报；第二，把展

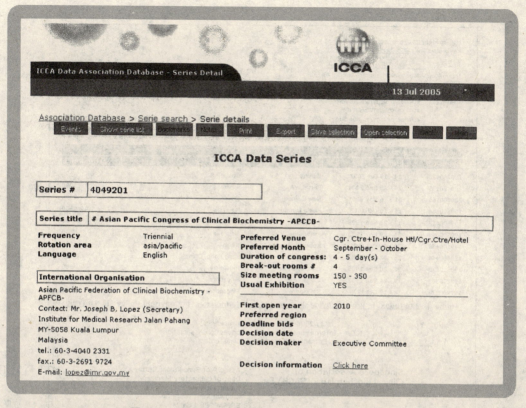

图 11.2　国际会议"系列"——ICCA DATA 网站截屏

览本身定位为该产业的最前沿,因为展览对于整个产业是非常重要的,不可错过的交流机会。详情登录:www. imex-frankfurt. com. 和 www. eibtm. com。

国家研究项目

现在越来越多的国家对他们的会议产业进行定期或一次性的研究。接下来将介绍一些这样的研究。产业成熟的重要一步是建立标准而一贯的研究方法,各个国家在研究活动中使用同样的方法和定义,这使得相似的研究可以在不同国家进行,也可以集中国家群体甚至各大陆的数据。

- 德国会议局测量德国会议市场,通常每三年有一次深入研究。最近的一次研究在 2002 年,研究显示,在那一年全德国共有 6 900 万人参加会议和研讨会,全部销售额是 690 亿英镑,大约举办了 130 万个活动。详情登录:www. gcb. de。

- 西班牙会议局,由各级政府资助,每年提供一份西班牙会议旅游市场的统计报告,编辑和分析各个城市(西班牙会议局成员)提供的数据。2003 年的调查统计了那一年在西

Homepage: http://www.apfcb.org
Keycontact link: Click here
#: 40492　Keycontact list　Remarks
International organisation address check: 23-Feb-2005

Subjects　science/biology/biochemistry
　　　　　science/chemistry/clinical
　　　　　science/biology/immunology

Series profile last updated: 23-Mar-2005

Overview of events

Event #	Dates	City	Country	Attendance
200700473	14 - 19 Oct 2007	Beijing	China-P.R.	
200400135	20 - 25 Sep 2004	Perth, WA	Australia	1000
200100165	11 - 16 Nov 2001	New Delhi	India	2000
199800644	11 - 16 Oct 1998	Kuala Lumpur	Malaysia	1650
199500418	17 - 22 Sep 1995	Bangkok	Thailand	753
199300099	14 - 19 Nov 1993	Melbourne, VIC	Australia	3000
199100438	29 - 04 Oct 1991	Kobe	Japan	990
198800444	28 - 02 Sep 1988	Hong Kong	Hong Kong, China	915
198500273	15 - 20 Sep 1985	Denpasar, Bali	Indonesia	900
198200388	19 - 24 Sep 1982	Singapore	Singapore	1000
197900276	14 - 19 Oct 1979	Singapore	Singapore	800

Home | Site Index | Privacy Policy | Terms of Use | Inquiries | Copyright Policy | Log Out

Singapore Association of Clinical Biochemistry (SACB)

Assoc Prof Sunil Kumar Sethi,
Dept of Laboratory Medicine,
National University Hospital,
5 Lower Kent Ridge Road,
SINGAPORE 119074.
patsks@nus.edu.sg
Fax: 65-775-1757

Association for Clinical Biochemistry, Taipei, China (CACB)

Prof Ching-Shan Huang
c/o Dept. of Laboratory Medicine,
Cathay General Hospital,
No. 280, Jen-Ai Road Sec. 4, Taipei,
TAIWAN 106.
REP of CHINA.
Fax: 886-2-27025104

Thailand Association of Clinical Biochemists (TACB)

A/Prof Busaba Matrakool,
Faculty of Medical Technology,
Huachiew Chalermprakiet Univ,
18/18 Bangna-Trad Road, Km 18,
Bangplee,
Samutprakarn 10540,
THAILAND.
Busaba@hcu.ac.th
Fax: 662-3126237

Vietnamese Association of Clinical Biochemistry (VACB)

Assoc Professor Dai Duy Ban, MD, PhD
Institue of Biotechnology,
1 Hoang Quoc Viet, Cau Giay -Ha Noi,
VIET NAM
Ban@im-ibt.ac.vn
Fax number: (84 8) 7 564 483

图 11.3　国际大会"系列"——ICCA DATA 网站截屏

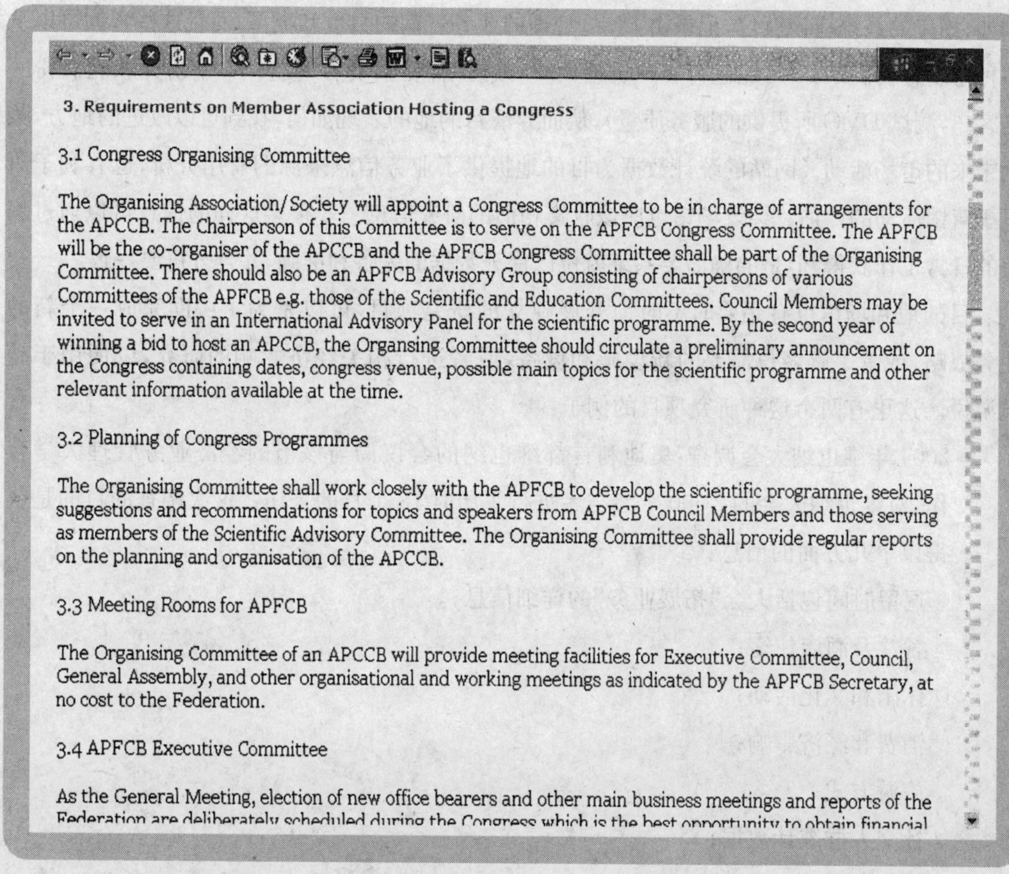

图 11.4　国际大会"系列"——ICCA DATA 网站截屏

班牙举行的会议的数量和规模,还详细分析了这些会议的特点(例如,季节性、使用场馆的类型、开支、产业门类、地点)。详情登录:www. scb. es/(见"统计"栏目)。

- 英国有两个不同的年度调查监测会议市场:"英国会议市场调查"深入采访 600 个会议组织者(300 家公司,300 个协会),从需求角度预测趋势和特点(详情见会议产业协会网站——www. mia-uk. org);"英国会议场馆调查"从供应角度,从会议场馆搜集数据,考察产业趋势、会议量和有价值的特点。例如,2005 年的调查,估计场馆的会议业务价值大约 117 亿英镑(详情见英国会议目的地协会网站——www. bacd. org. uk)。
- 澳大利亚的主要研究项目(国家商务节事研究)细节见本章末的案例分析 11.1。

地方/城市研究项目

对于很多活跃在会议市场的城市,研究调查应该是它们日常工作中不可分割的一部分。

例如,相应的系统应该就位,记录由 DMO 处理的业务咨询的数量和类型,而且这些咨询可以从多种角度分析。DMO 可能进行客户反馈调查,或者"神秘消费者"调查(一个研究顾问假扮一名客户,测试 DMO 所提供的服务质量),从而弄清目的地的表现如何,找到可以改进的地方,策划未来的市场活动。网站的统计数据为目的地提供了业务信息来源的有用分析,也有利于对电子营销活动的评估。会议场馆也应该收集相似的研究信息——很多这样的信息可以通过场馆的日常工作获得,但是的确需要系统就位以保证数据的完备和准确,并且分析要一致。

目的地和场馆也有必要时不时地开展独立的研究项目,可以是为了协助完成一个新的业务战略,或者了解客户需要的新设施和设备,或者进行相关经济影响的研究,以便用于动员游说。这里有两个这种研究项目的例子:

- 2004 年维也纳大会调查:奥地利首都维也纳的会议局与该市的经济业务管理大学合作,对维也纳大会的 2 500 个参与者进行了历时 18 个月的采访。这次调查的目的是获得以下几方面的信息:
  - 逗留时间包括大会"拓展业务"的详细信息;
  - 餐饮及酒店住宿;
  - 休闲和文化活动;
  - 消费和经济影响;
  - 旅游方式;
  - 社交人群统计数据;
  - 对维也纳会议场馆的看法;
  - 对维也纳作为一个会议目的地的看法和印象。
- 详情登录:www. vienna. convention. at。
- 悉尼会议代表研究:澳大利亚城市悉尼的 CVB,每 2 到 3 年对在该城市参加会议的代表特点进行研究,他们的调查内容和维也纳调查相似。研究的结果用于宣传、展示会议产业的经济利益,突出了在吸引此类业务时悉尼 CVB 所起的作用。调查结果也被委员会成员作为营销工具。更多信息:www. scvb. com. au。
- 在英国,英国国家旅游理事会在 20 世纪 90 年代末进行了会议代表消费研究,得出了不同类型会议代表每天和每次旅程的平均消费金额,包括会议注册、住宿、餐饮、娱乐、购物等花销。这些数字后来根据过去几年的通货膨胀率调整过两次。很多英国目的地把这些数字作为"乘数"测量不同类型会议的经济影响。标题为"评估会议为地区带来的直接消费利润"的文章有详细信息,阅读该文章可登录英国旅游业务合作组织的网站:www. businesstourismpartnership. com/publications. html。

术语

非标准术语

会议产业在规模和价值方面的统计数据非常有限,原因之一就是缺少普遍接受的适当定义的术语。在宏观层面,关于"商务旅游"这一说法是否准确或适当的描述了一个产业,是否能够包含会议、展览和奖励旅游,这仍然存在争议。很多人认为与"旅游"相关联让人困惑,并且有很多负面印象(例如,有季节性和低收入特点的"棉花糖"工作,还有容易使人联想到假日和休闲旅游)。虽然"商务旅游"在某些方面可能有些矛盾,但是现在它在欧洲的应用很广泛,成为一个普遍接受的说法。在澳大利亚,这一产业采用"商务节事"这个名称来描述该行业的核心领域。

MICE(代表会议、奖励、大会和展览或节事)这一首字母缩写在全世界仍然广泛应用,尽管它有些不好的含义。在加拿大它被写作 MC&IT:会议、大会和奖励旅游。

在微观层面,一些词例如"会议"、"大会"、"代表大会"等,在使用时常常是没有差别的。其他的词语也常常混淆使用,但是它们有更具体的意思,例如"研讨会"、"讨论会"、"集会"、"秘密会议"、"峰会",尽管这些词里只有最后一个可以比较容易的对它的具体意思达成共识(即高层领导会议,例如政府首脑会议)。

目前,全球会议产业采取了一些行动,目的是实现术语使用的一致性和规范性。其中的一个行动是"会议产业术语词典"。它收录了该产业内使用的 900 个英语术语,并且将这些术语翻译成 11 种语言。关于这本词典的详细信息可以登录国际专业会议组织协会的网站(www. iapco. org/dictionary)。

第二个行动由会议产业联合会支持,该行动缩写是 APEX,即惯例交流(Accepted Practices Exchange)。APEX 的最主要目标在于提高整个产业运作系统和程序的标准化和一致性,以实现更高的效率,为消费者提供更好的服务。现在完成的几个"惯例"之一是 APEX 的产业术语,这是一个互动的在线工具,希望成为整个行业广泛使用的术语、缩略语的全面参考资料。免费使用网址:www. glossary. conventionindustry. org。

在 2005 年 6 月联合国经过两次专门会议的讨论,宣布专业会议和展览组织正式被联合国认可,列入联合国"全部经济活动国际标准产业分类"(ISIC,第 4 版),内容如下:

8230 会议和贸易展示组织者

这一类包括活动的组织、推广和管理,例如商务贸易展示、会议,无论是否提供管理及设施操作人员。

7920 其他预订服务活动

这一类包括各种活动,如营销、促销和住宿管理,还有其他服务,包括会议和访客游览,旅游向导服务,旅游换房服务以及其他和旅游预订相关的服务(包括交通、酒店、饭店、租车、娱乐和运动)。也包括售票、表演性运动和所有其他的娱乐活动。

联合国的这个方案为这一产业带来了巨大的潜在利益,不仅得到了更多的专业认可,也改善就业状况,鼓励适当的教育和培训项目的出台。

教育和培训

"泽西旅游"首席执行官伊丽莎白·杰弗里斯(Elizabeth Jeffries)在英国会议目的地协会1997年的会议上发言说:

> 随着变革加剧、科技进步、产品周期缩短以及消费者期望值的提高,目的地营销现在面临越来越激烈的竞争。目的地营销涉及三种利益相关者:旅游者、供应商和主办团体,必须满足他们的需求和期望,并保持适当的平衡。目的地营销成功的关键因素是创建高绩效团队文化的能力——组织必须持续不断的教育和培训员工。这将保证在策略的成功发展和实施过程中,会议目的地的质量水平保持一致,包括将复杂的目的地信息转变为以潜在会议组织者和与会代表为重点对象的整合传播。比竞争者学得更快的能力可能是唯一可持续的竞争优势。

会议产业的全部内容都与高质量和高产出相关。但是高质量要求该产业的从业人员有高水平的专业技能和效率。为顾客服务不单是达到,更是经常超乎他们的期望。如果客户不享受这次的体验,他们当然不会再来。

研究一直显示当会议组织者和会议策划者与场馆发生问题时,通常不是因为设施和器材,而是因为场馆的服务,特别是缺少专业性和友善度。随着硬件设施越来越标准化,场馆条件通常都可接受的情况下,很有可能是服务人员的素质决定了场馆的取舍。这一观点在1996年英国国家文化遗产部(DNH,现在是文化、媒体和体育部)的报告中说得很明确,报告题目是"旅游业:与最好的竞争——在旅游和酒店业工作的人们",报道说:

> 人员服务的质量对于旅游业和酒店业可能比其他任何产业都更重要。购买该产业产品的消费者通常已经作了很大的投资,也包括感情和时间的投入。当然实物的产

品——度假村的设施、旅游景点的特点、酒店的安排、饭店饭菜的质量——也非常重要。但是在培育市场阶段,他们将与顾客有很多交流:有些是间接的,如与领班、厨师和清洁工;很多是直接的,如与一线工作人员,这些交流的质量是顾客整体体验的一部分,有可能让顾客高兴也可能让顾客失望。我们相信这种情况的可能性要超过其他雇用领域。DNH 报告的主张完全正确:

> 既出色、价格又具有竞争力,这样的服务只能由那些有竞争力、管理良好、积极主动的人提供。这意味着首先要招募正确的人,让他们掌握所需技巧,合理管理员工,激发他们的主观能动性、工作满足感和高生产力。

以上描述的这种质量标准,只能通过建立有效的教育、培训和终生学习项目实现。这些项目在职业教育和高等教育中是必要的,还包括在继续教育的基础上提供短期课程和灵活的远程教育,这些允许学生将学习和就业联系起来。为了实现高效率,这些项目必须有一整套资格制度作支持,理想的资格证书是在国际范围内有效的,使受雇人员拥有通用的资质,在世界各国都被认可的资格证书,在各国和各大陆间流动。

接下来我们给出了提供教育和培训的最佳操作案例。

国际课程和资历

"会议管理资格证书"项目

会议管理资格证书(Certification in Meetings Management,CMM)由会议策划者国际联盟(MPI)设计,是第一个和大学合作开发的全球会议产业专业资格证书。这是鼓励和承认会议管理专业化的重要一步。CMM 的重点是战略问题和执行决策。一旦被 CMM 项目录取并注册了一个课程,参加者需要完成四部分内容:

1. 入营前(或入住前):准备阅读材料和任务,包括一个"真实的"任务,要求许多参加者通过技术手段完成

2. 入营(入住):4 天半的封闭式课程,有以下几个阶段:包括策略性思考和行动,策略性谈判,策略性营销,策略性管理,策略性的领导,组织文化和科技手段。

3. 测试:包括开放性问题,要求参加者将学到的东西应用到他们自己的组织/情况中。

4. 入营后(入住后)业务项目:要求参加者根据在项目中学到的内容设计一个业务计划。

各项目的 CMM 核心课程大同小异,在不同国家或大陆开展项目时,根据其文化和实际产业情况的不同调整课程内容。MPI 努力保证教学成员(教师队伍)在地理文化上保持适当的平衡,但仍然由来自其他文化圈的辅导人员提供全球信息。一些参加者发现在自己地区

之外参加这样的项目受益颇多,开拓了眼界,提高了策划全球会议的能力。

CMM 对会议产业内的所有工作人员开放,例如:

策划者(买方)	供应商
公司策划者(全职或兼职)	酒店或会议中心
协会策划者	会议局的工作人员
专业会议组织者	音像/制作公司
	航空公司
	目的地管理公司等

获得 CMM 的详细信息可咨询:MPI 国际总部,4455 LBJ Freeway, Suite 1200,Dallas, Texas 75244, USA。电话:+1-972-702-3000;传真:+1-972-702-3070;邮件地址:education@ mpiweb. org;网址:www. mpiweb. org。

MPI 欧洲办公室,22 Route de Grundhof, L-6315 Beaufort, Grand Duchy of Luxembourg。电话:352-2687-6141;传真:352-2687-6343;邮件地址:www. dscaillet@mpiweb. org。

"目的地管理从业人员资格认证"项目

目的地管理从业人员资格认证(Certified Destination Management Executive, CDME)项目由国际目的地营销协会(DMAI)开发,与会议产业内在 CVB 工作的,负责目的地管理/营销的人员相关。

CDME 项目由加拿大卡尔加里大学的世界旅游管理中心资助,与印第安纳州普渡大学和 DMAI 合作完成。这是一个高级教育项目,为有经验的 CVB 负责人设计,为他们提供高水平的专业发展课程和行业职称。

CDME 项目的主要目标是培养目的地管理组织的高级主管和经理,以适应越来越剧烈的变革和竞争。CDME 的重点在远景规划、领导能力、生产率和业务战略的实施,希望实现的目标是,通过有效的组织和产业领先地位,展示出目的地团队的价值,提高人员绩效。成功完成项目的人有权使用 CDME 的称号。

这一课程有三个核心单元:

● 目的地管理中的战略议题;

● 目的地营销计划;

● 目的地领导。

参加者也有很多选修课可供选择,包括:

● 目的地信息和研究;

- 国际旅游和会议营销；
- 目的地财务管理；
- 乡村和小社区目的地管理；
- 目的地社区关系计划；
- 目的地持续发展和营销；
- 目的地管理的人力资源；
- 庆典与节事旅游；
- 目的地管理中的沟通和技术；
- 目的地景点管理；
- 酿酒目的地营销和管理；
- 博彩和目的地管理；
- 目的地管理中的游客服务；
- 会议/交易会营销和销售管理；
- 目的地合作关系开发；
- 目的地产品开发。

CDME项目的详细信息可咨询：专业发展协调部，国际目的地营销协会（DMAI），2005 M Street，NW，Suite 500，Washington，DC 20036，USA。电话：＋1-202-296-7888；传真：＋1-202-296-7889；网址：www. iacvb. org。

大学教育项目

很多大学和高等教育机构提供旅游和酒店课程，包括会议和时间管理的单元。内华达大学拉斯维加斯分校是国家和国际范围内该领域的领军学校。北美其他主要机构（根据Weber and Chon，2002）包括阿帕拉契州立大学、乔治华盛顿大学、乔治亚州立大学、东北州立大学、休斯敦大学、新奥尔良大学、中佛罗里达大学，这些学校都提供与会议领域相关的具体课程，与该产业密切相关，并得到该产业的支持。

欧洲的大学也在本科及研究生阶段迅速开展相关项目。例如，在英国，威斯敏斯特大学在2003年10月开设了"会议管理"硕士学位。利兹都市大学开办了很多"节事管理"项目。几所欧洲的大学（英国的谢菲尔德哈雷姆大学，意大利的波罗尼亚大学，西班牙毕尔巴鄂的德乌斯比大学，德国拉文斯堡的合作教育大学）自2000年开始合作，培养欧洲会议管理硕士人才——这是一个两年全日制课程，既包括通用的管理理论，也包括具体产业的理论，最终的学位论文是与产业相关的研究项目。

在亚太地区,香港理工大学在本科和研究生阶段都有该专业的项目。在澳大利亚,南十字星大学处于这类课程开发的前沿,设有"会议及节事管理"的硕士学位。

教育在发展,但是有必要指出,有效的教育、培训和终身教育项目要提供给适当的人,最理想的是灵活的项目,使"学生"(雇员)能将短期课程和就业或就业以后的长期学习项目结合起来,这样的项目需要职业标准和系统的资格认证做支持。理想的认证要在国际上有效,使雇员能够在国家和大陆间流动,拥有通用的资质,在世界各地都得到认可。

质量标准

本章开头已经提到了会议产业联合会的工作,通过它的"惯例交流"(APEX),提高了产业标准化,促进了"惯例"的发展,包括发布产业术语词汇表,覆盖了产业内使用的术语、行话、首字母缩写词。APEX 也开发了一系列其他的惯例:

- 事后报告:提供了一个模板,有利于搜集、储存、分享各种事件的准确而完整的数据。包括了最佳范例和一个微软的事后报告文档模板。
- 节事活动详细说明指南:这是一个工具,用于准备和分享节事活动的完整介绍和细节,也有一个微软的文档模板。
- 住宿和登记:涉及的惯例是搜集、报告、检索会议和其他节事活动的完整的住宿及登记数据。

其他正在整理的惯例包括:提案请求(RFP),会议和场所档案,还有合同。有关 APEX 所有内容的详细信息可咨询:会议产业联合会,8201 Greensboro Drive, Suite 300, Mclean, VA 22102, USA(电话:+1(703)610 9000;网址:www. conventionindustry. org,免费提供已发布的惯例)。

APEX 只是世界范围内众多提高会议质量和产业专业性的项目之一,过去几十年里全球会议产业的迅速发展必然意味着质量问题远没有得到其应该得到的关注。质量标准、一致的工作风格、绩效评估手段开始在场馆和目的地营销者的工作中表现出来,这预示着产业的成熟。某些质量方案特别适合场馆,而其他的则为目的地应用而设计。下面是一些质量方案的例子。

威尔士旅游局商务分级表

2003 年威尔士旅游局(WTB)重新发布了商业分类认可表,依据这一分类表,场馆经过考察,它们的会议室或/和公务客房可以获得白金、金、银等级。威尔士的场馆就像这个国家一样非常多样化,可能是一个很大的场馆,或者一个位于乡村酒店的比较舒适的会议室,这一分级表的目的是让潜在商务旅行者或会议组织者知道一个场馆可提供的商业会议设施或客房的标准。到 2005 年已经有 75 个以上的场馆得到了商务级别的认证,有 11 个没有达到标准。要加入这个分级表至少得达到三星级的标准。WTB 的政策是所有在更新或升级时获得政府集资/拨款资助的会议场馆/酒店必须参加商务分级。

表 11.3 是一份获得认证的要求列表。详细信息可登陆:www. wtbonline. gov. uk。

在本书编写时(2005 年 9 月),英国正在讨论是否有可能和有需要开发一个覆盖全英国的评估、认证场馆的系统。

ISO 9001:2000

ISO 是国际标准组织。它于 1947 年成立,总部在瑞士,任务是通过建立一套世界各地都认可和尊重的标准促进国际贸易。这些标准可应用于各个产业领域的各种组织。ISO 的成员国已超过了 120 个。

ISO 9001:2000 是一个国际质量管理体系,它既帮助以产品为导向的组织,也帮助以服务为导向的组织。案例分析 4.1 中的皇家医学院就是一个得到 ISO 9001:2000 认证的场馆。

要得到 ISO 9001:2000 的认可,必须满足一系列要求,这些要求归纳在表格 11.4 中。有关 ISO 9001:2000 的更多信息可访问:http://praxiom. com/iso-9001. htm。

标准CVB 绩效报告

国际目的地营销协会为 CVB 开发了一本手册,建立了一系列测量、评估和报告绩效的标准。案例 11.2 中总结了这一手册。

表 11.3　威尔士旅游局商务分级表:会议室要求列表

要　　求	白金	金	银
足够的空间	√	√	√
满足顾客需要的餐饮服务: 　提供点心	√	√	√
适当的照明	√	√	√
适当的通风	√	√	√
舒适的椅子	√	√	√
等高的会议桌	√	√	√
位置适当的电源	√	√	√

(接下页)

（续表）

要　　求	白金	金	银
隔帘或隔板	√	√	√
遮光窗帘	√	√	√
有效的可移动电扇	√	√	√
专门的会议服务人员	√	√	√
至少一个隔间	√	√	
隔音	√	√	
配套挂图	√	√(H)	
高射投影仪	√	√(H)	
有支架的投影器材	√	√(H)	
电视和录像	√	√(H)	
演讲台	√	√(H)	
公共广播(PA)系统	√	√(H)	
可控式照明	√	√	
电话	√	√	
幕后投影空间	√		
高速网络	√		
同步翻译设备	√(H*)		
空调	√		
视频会议	√(H*)		
多个隔间	√		
临时舞台	√(H*)		
专门的会议团队	√		

注释:尽管表格中没有要求,但是仍然希望场馆中有足够的 WC 和洗手设施,数量与任一时候的代表总人数成比例。

房间必须是专门的会议室,其他类型的房间例如餐厅或公共场地是不可接受的。

(H)＝ 对于金级场馆,50%标有 H 的设备可以是租借的,另外 50%必须是常备的。

场馆可以选择:

(H*)＝ 对于白金级场馆,有此标示的设备可以租借。

额外的注释是为了帮助理解这些要求。

表 11.4　符合 ISO 9001:2000 标准的要求

A:体制要求

Ⅰ. 建立质量体系
- 开发质量管理体系
  —明确完成质量体系的步骤
  —描述质量管理过程
- 实施质量管理体系
  —实施质量体系的步骤

（接下页）

（续表）

   —管理运作效能
  ● 改善质量管理体系
   —监控和改善运作效能
 Ⅱ. 质量体系文件归档
  ● 建立质量体系文档
   —建立实施质量体系的文档
   —建立反映组织工作的文档
  ● 准备质量体系指南
   —流程文件归档
   —描述各步骤如何联系
   —定义质量体系范围
  ● 控制质量体系文件
   —文件发送前须通过审批
   —为使用部门提供正确的文件版本
   —文件更新后要重新审批
   —注明文件当前的更新状态
   —监控外来的文件
   —防止意外使用过时文件
   —保持质量文件的可用性
  ● 维护质量体系记录
   —利用记录证明要求已经达到
   —建立控制记录的流程
   —确保记录可利用

B:管理要求
 Ⅰ. 保证质量
  ● 强调质量的重要性
   —强调满足顾客要求的必要性
   —强调满足常规要求的必要性
   —强调满足法定要求的必要性
  ● 开发质量管理系统
   —支持质量体系的发展
   —制定组织质量政策
   —建立组织质量目标
   —提供质量方面的资源
  ● 实施质量管理系统
   —为质量系统的实施提供资源
   —鼓励员工达到质量体系要求
  ● 改进质量管理系统
   —进行质量管理评价
   —为促进质量体系提供支持
 Ⅱ. 满足顾客
  ● 识别顾客要求

（接下页）

（续表）

　　　　　　　—组织要识别顾客要求
　　　　　● 满足顾客要求
　　　　　　　—组织要满足顾客要求
　　　　　● 提高顾客满意度
　　　　　　　—组织要提高顾客满意度
Ⅲ. 制定质量政策
　　　　　● 识别组织的质量政策
　　　　　　　—确保政策为组织目标服务
　　　　　　　—确保政策强调达到要求的必要性
　　　　　　　—确保政策促进质量目标的建立
　　　　　　　—确保政策关注持续发展
　　　　　● 管理组织质量政策
　　　　　　　—向组织传播政策
　　　　　　　—评估政策保证其适用性
Ⅳ. 实施质量计划
　　　　　● 制定质量目标
　　　　　　　—保证目标面向职能领域
　　　　　　　—保证目标面向全组织
　　　　　　　—保证目标促进组织生产
　　　　　　　—保证目标支持质量政策
　　　　　　　—保证目标可评估
　　　　　● 策划质量管理系统
　　　　　　　—策划质量管理系统的开发
　　　　　　　—策划质量管理系统的实施
　　　　　　　—策划质量管理系统的改进
　　　　　　　—策划质量管理系统的修正
Ⅴ. 监控质量体系
　　　　　● 规定责任和职权
　　　　　　　—明确责任和职权
　　　　　　　—传达责任和职权
　　　　　● 指派管理代表
　　　　　　　—监督质量管理系统
　　　　　　　—报告质量管理系统状态
　　　　　　　—支持质量管理系统的改进
　　　　　● 支持内部沟通
　　　　　　　—确保建立内部沟通程序
　　　　　　　—确保全组织的交流
Ⅵ. 运作管理评价
　　　　　● 评价质量管理系统
　　　　　　　—评估质量管理系统的运作
　　　　　　　—评估质量体系是否需要改进
　　　　　● 考察管理评估信息

（接下页）

（续表）

　　　　　　—考察审计结果
　　　　　　—考察产品规格数据
　　　　　　—考察可改进的地方
　　　　　　—考察过程运作信息
　　　　　　—考察矫正性和预防性活动
　　　　　　—考察可能影响系统的改变
　　　　　　—考察过去的质量管理评价
　　　　● 形成管理评估成果
　　　　　　—发起促进质量体系的行动
　　　　　　—发起改进产品的行动
　　　　　　—着手处理资源需求
C:资源要求
　　Ⅰ. 提供保证质量的资源
　　　　● 识别并提供保证质量的资源要求
　　　　　　—识别并提供支持质量体系所需的资源
　　　　　　—识别并提供提高顾客满意度所需的资源
　　Ⅱ. 提供质量管理人员
　　　　● 任用有能力的人员
　　　　　　—保证人员有对口的经验、学历、培训和技巧
　　　　● 保持竞争力
　　　　　　—设定能力水平要求
　　　　　　—识别培训和观念培养的需求
　　　　　　—实施培训和观念培养
　　　　　　—评估培训和观念培养的成果
　　　　　　—保持竞争力
　　Ⅲ. 提供质量设施
　　　　● 识别并提供必需的设施
　　　　　　—识别并提供必需的建筑
　　　　　　—识别并提供必需的工作场地
　　　　　　—识别并提供必需的硬件
　　　　　　—识别并提供必需的软件
　　　　　　—识别并提供必需的使用设施
　　　　　　—识别并提供必需的设备
　　　　　　—识别并提供必需的支持服务
　　　　● 维护设施
　　Ⅳ. 提供质量环境
　　　　● 识别并管理必需的工作环境
　　　　　　—识别并管理确保产品满足要求的必要因素

■ 本章小结

我们生活在一个不断变化的世界,似乎总是变化太快。看到很多有利于会议和商务节事产业的变化,提高了该产业的质量、专业程度和形象,这很令人鼓舞。活跃的调查研究,术语使用和诠释的一贯性,教育和职业发展项目适应市场需求,建立质量标准和绩效评估方法,这些对于奠定该领域牢固适当的基础是非常重要且不可缺少的。虽然已经有了很多出色的工作成果,但是仍然需要确保这些发展和创新的连贯性,需要用一种能够尽量减少重复劳动,但却能为场馆、目的地和整个产业带来最大利润的方法来进行管理。

案例分析 11.1

澳大利亚国家商务节事研究项目

在澳大利亚,商务节事领域已经被认为是旅游业内效益最高的产业,并且与其他重要领域如贸易、外事、教育、科学、培训和通讯有直接联系。这一领域有很大的扩展潜力。一项由旅游研究局实施的针对澳大利亚会展领域的重要研究于 1999 年发布,标题是"会议产业不可忽视"。这项研究估计商务节事为澳大利亚经济贡献了 70 亿澳元。新世纪初考虑到该产业的可持续发展问题,人们感到应该及时对这一产业进行综合评估,也包括评估该产业的其他组成部分,例如奖励旅游。这一重要研究项目的成果于 2005 年发布,标题为"国家商务节事研究",报告有 150 页。本案例分析将集中讨论这项研究的方法和范围,作为国家层面研究活动的范例,其他国家可资借鉴。也将介绍这项研究的某些主要成果。

国家商务节事研究所(NBSE)数据基于 2002 至 2003 财务年度的商业活动。NBSE 的主要目标是:

- 估计该产业的:
  - 规模和经济贡献
- 增加对商务节事领域代表/与会者决策过程的知识
- 为今后监测商务会议领域的运作成果提供关键指标

根据研究的目的,商务节事被定义为:

任何公共或私人的活动,最少有 15 个共同利益或共同行业的人参加,在特定的一个或多个场馆举行,有一个(或多个)组织举办。可能包括(但不仅限于):协商会、大会、研讨会、代表大会、奖励大会、营销节事、特殊的庆典、专题研讨会、课程、公益或贸易展、展览、公司的日常会议、公司静休会、培训项目。

该研究采用的方法是一种量化调查法,发放大量问卷,调查对澳大利亚商务节事会展活动的了解。每个问卷都由 NBES 的领导委员会设计,领导委员会是一个由产业专家和相关研究人员组成的团体。问卷分发通过网络进行,随着代表、商务旅行者、展览商和场馆等研究内容的不同而变化。采用这种分发方法是因为可以得到大量的回复并且成本较低。其他的问卷,例如奖励旅游和组织者调查则通过传真、电子邮件和信件进行。

以下内容由领导委员会定为此次研究的主要方面:

- 场馆;
- 会议和大会代表;
- 会议和展览组织者;
- 参展商;
- 业内展会参观者;
- 奖励。

研究中收集的所有数据都是保密的,并集中起来防止识别出任何人、实体或事件。

样本框架

研究的每一部分都要求有样本框架,包括一系列节事类型,努力确保样本的代表性。

会议和大会代表调查的样本框架包括:

- **地点**:不同国家和地区;首都地区;地方。
- **会议或大会的规模**:小型;中型;大型。
- **分类**:公司;协会;政府;私人。
- **参与者**:国际的;州际的;当地的。

展览领域的样本框架包括:

- **地点**:不同的国家和地区。
- **展览规模**:占用面积。
- **产业类型**:各种产业的。
- **参与者**:国际的;州际的;当地的。
- **参展者**:国际的;州际的;当地的。
- **业内展会参观者**:国际的;州际的;当地的。

展览和活动组织者的样本框架包括：

● 地点：首都地区；地方。

● 节事/展览类型：国际的；州际的；当地的。

● 规模：小型；中型；大型。

奖励旅游领域的样本框架包括本国旅游服务人员（由澳大利亚旅游局确认），接受奖励旅游业务的酒店，目的地管理公司。

主要成果

此次研究收集到了一系列详细的信息，并在报告中公布。主要成果包括：

● 2003年与会议业相关的全部支出大约超过了170亿澳元。

● 在2002年至2003年财务年度举行了31 600次商务节事活动（其中28 400个是会议）。

● 2 840万代表参加了这些活动。根据活动类型的统计分析是：

　　○ 协会：830万与会者；

　　○ 公司：480万与会者；

　　○ 政府：530万与会者。

● 商业节事活动最繁忙的月份是11月到12月，占全部节事活动的29%。

● 调查得出影响出席率的最重要因素是会议项目中的教育或商务内容；第二重要的因素是接触关系网的机会。

● 2003年会议代表一共在澳大利亚消费了约115亿澳元，外国游客的支出和本国代表购买纪念品的费用是9.49亿澳元。

● 平均每个与会者在澳洲花费558澳元，但是不同类型的与会者消费额相差很多：

　　⊙ 当地与会者：430澳元；

　　○ 本州与会者：892澳元；

　　○ 州际与会者：2 019澳元；

　　○ 国际与会者：3 526澳元。

● 大型展览的组织者每项节事活动的平均消费是459 000澳元，一项节事活动的平均收入是678 000澳元。

● 2003年大约共有240万业内观众参加了展览，约有5.4亿澳元的消费支出。

● 奖励旅游的支出大约超过了5.85亿澳元，其中4 600万是国内业务，大约5.39亿澳元的国际业务是在澳大利亚的新支出。

● 每个奖励旅游代表的平均支出，包括国际航班机票和私人消费一共是：

　　○ 远程代表：2 560澳元；

    ○ 短程代表:2 180 澳元;

    ○ 澳大利亚代表:1 224 澳元。

NBSE 为今后的行动提出了几项建议:

1. 今后商务节事领域的研究应该定期进行,以了解该领域的变化。研究应该采用 NB-SE 关于商务节事场馆的定义,因为这样有利于进行纵向比较。

2. 商务节事场馆数据应该在澳大利亚统计局的帮助下根据普查法进行收集,这样能够尽量提高数据的准确性,而数据的准确性是该行业所有评估的基础。很多参与 NBSE 的场馆没有支持数据收集的系统。未来的研究需要一致的数据,应该向场馆提供系统的收集方法,使它们自动收集必要的数据。具体形成可以是一种帮助数据收集的电子"装备"。

3. 应该设计一个模板发给场馆,便于正在进行的数据收集和记录工作,这些数据会影响到整个产业的评估。这样就解决了通过查阅记录完成问卷的问题,也会减少由此产生的错误。理想的模板应该是一个软件包,这说明会议产业需要在这方面有所投资和研发。

资料来源:该研究成果是由 Margaret Deery、Leo Jago、Liz Fredline 和 Larry Dwyer 完成的。详细信息可访问:http://sustainabletourism. cgpublisher. com/。本研究由 Commom Ground Publishing Pty Ltd 出版,书号为 ISBN 1 86335 576 6。

案例分析 11. 2

国际目的地营销协会的绩效评估手册

责任感已经成为 21 世纪企业活动和报道中不可缺少的内容。对于 CVB 当然也是如此。股东——无论是董事会、政府团体、成员或公司合作者——都越来越多的要求 CVB 公布它们是否有效地运用了资源,以为当地社会——最终的股东,带来最大限度的投资回报(ROI)。

在理想世界中,CVB 可以准确知道由于它的努力为目的地带来了多少旅游者,甚至,它可以确定某个游客是哪个销售或营销努力的结果。但是 CVB 和地方旅游产业不在一个理想的世界中运作,潜在游客总受到无数因素的影响(CVB,产业伙伴、国家销售办公室、新闻等等),所以很难说某个游客是 100% 或只受到 CVB 的影响。在实践中,当提到吸引游客的问题,CVB 至少可以做监控和研究的工作,通过研究项目识别那些明显由于 CVB 的努力而吸引来的游客。

本案例考察国际目的地市场营销协会(DMAI)(最初是国际会议和旅游局协会)开发的工具,有助于 CVB 评估、计算和报告他们工作成果。这个工具是一本指南,标题是推荐标准 CVB 绩效报告,2005 年经过修改。这本指南的目的是为 CVB 提供资源,使它们测量和报告工作成果的方法可靠且能核查,同时还与其他 CVB 保持一致。工作报告为 CVB 提供了参照点和平台,使它们能够向股东和当地社会清楚地说明它们的贡献。

这本指南是 DMAI 绩效评估组的努力成果,他们从 2003 年开始进行 CVB 销售和营销的定义、活动、绩效评估和生产力度量等方面的标准化工作,其中包括一个 ROI 模型。最初考察了三个 CVB 的职能领域,分别是:会议销售、旅游贸易和营销及沟通(直接与顾客联系)。为了给每个职能开发一个绩效报告项目,必须首先明确每个职能的目的或任务。从任务推演出操作定义和需要列出的指标,指标必须可以测量和审查,职能的(最终是 CVB 的)绩效是根据任务评估的。这些定义和指标包括:

1. 活动:由 CVB 职能部门实施的一项实体活动,最终目的是支持部门使命,例如参加贸易展,组织体验考察,撰写发布新闻稿。

2. 绩效评估:评估能够帮助明确 CVB 活动的成果和确定成果的数量。这种测量系统的实施应该有可行的工具,CVB 的工作人员可以利用这些工具在短期或长期内提高工作成果。

3. 生产力度量:度量能够展示 CVB 工作成果和其拥有的资源之间的关系,通常表现为比例(每条信息的成本,每个销售经理的订单数量)。生产力度量帮助 CVB 低成本高效率的管理它的资源。很多推荐的生产力度量在设计时就考虑要 CVB 确定一个基准年,定期复查这些度量结果(例如每季度或一年一次)。通过不断考察这些度量结果,CVB 能够监控实现理想资源利用率的进程。

指南为以上提到的三个职能领域(会议销售、旅游贸易销售、营销及沟通)提供了详细的活动测量、绩效评估、生产力度量的方法。它也为每个领域提供了 ROI 模板,还包括实践案例说明如何使用这些模板。

资料来源:指南可以免费阅读或下载,网址为:www.iacvb.org,位于"绩效评估"栏目。

复习与讨论题

1. 辩证分析会议产业(国际、国家或地方的)研究项目采用的方法,指出它们的优点和缺点,提出改变缺点,增加优点的方法,设计出一个更具活力更有价值的调查研究。

2. "要想成功,光有出色的会议中心,很多四星或五星酒店客房,良好的空气和交通,良好的 IT 和通信系统,多语种人才的团队,有经验的地方目的地管理公司(DMC)工作人员,专业会议组织者(PCO),CVB 和场馆,这些还不足够。每个竞争者都已经或正在快速发展这些设施和人员,所以差异在减少,竞争比以往任何时候都激烈,世界也变得越来越小。"(Martin Sirk,国际大会和会议协会的 CEO,2005 年 9 月)。讨论这一说法,要涉及这一产业从业人员的教育、培训和技能。如果大体上你同意这种说法,说一说未来目的地获得竞争优势,寻求差异化竞争的主要因素是什么。

3. 一个适应各种类型场馆的质量分级表应该有多大的灵活性?所有场馆分级表都应该评估的因素是什么?利用会议组织者的回馈支持你的结论。

参考文献

Jones, C and James, D (2005) 'The tourism satellite account (TSA): a vision, challenge and reality', *Tourism*, Issue 123, Quarter 2 (The Tourism Society)

Rogers, T (2003) *Conferences and Conventions: A Global Industry.* Elsevier/Butterworth-Heinemann

Union of International Associations, Brussels (2005) International Meeting Statistics for the Year 2004: International Meeting Statistics: Comparative tables on their development, geographical distribution, organization, participation and other matters

Weber, K and Chon, KS (2002) *Convention Tourism: International Research & Industry Perspectives,* The Haworth Hospitality Press

第 12 章

会议业和商务节事行业未来的
趋势和挑战

本章概要

本章的重点是未来几年内最重要的一些趋势和潮流,这些潮流将为全球会议业带来机遇和挑战。其中的很多趋势已经出现,但其他的仍是预测,因为大的市场环境不断变化。

本章内容涵盖:

- 影响会议业未来的重要经济和社会潮流
- ICT(信息通讯技术)带来的挑战和机遇
- 新兴市场:新的目的地和新型场馆
- 对会议设施和服务需求变化的预测

学习目标

学完本章,您应该能够:

- 认识到新兴市场特别是印度和中国的作用
- 讨论公司将如何努力使所举办的会议更加物有所值
- 理解会议业如何利用 ICT 的成果
- 认识到社会和国民趋势如何影响会议代表的形象
- 认识到企业责任将如何造就一个更为负责的会议产业

导　言

　　负责营销会议目的地和场馆的人都了解，市场对于他们的服务和设施是一个特别重要的影响因素，市场非常敏感，甚至极微小的政治、经济和社会环境的变化都会影响市场。信息和通信技术日新月异的变化也影响了会议领域，一方面科技为更有效的营销和生产更有吸引力的产品提供了机会，另一方面也会对该领域的长期繁荣造成某种威胁。

　　本章重点是广阔市场环境中的一些大的趋势和变化，这些趋势和变化将会在短期或中期内对会议目的地和场馆造成影响。

经济潮流

新兴市场

　　在 20 世纪中期，实际上所有的会议服务和实施的供应及需求都集中在两个区域：北美和西欧。这是最早实现工业化的两个区域，因此这两个区域也最早拥有了建立一个功能齐全的会议产业所需的基础设施。

　　但是，随着过去 50 年全球经济的发展，很多国家凭借自身条件，通过建设新的场馆和在国内和国际层面进行营销，成为新的会议目的地。这些"新兴市场"的供应似乎永不衰竭，因为越来越多的国家试图在会议市场分一杯羹，尤其是举办国际会议。第一次新兴会议目的地浪潮开始于 20 世纪 90 年代，当时东南亚的国家和地区例如泰国、马来西亚、韩国和印度尼西亚等效仿中国香港，在会议设施上大量投资，憧憬着成功吸引海外代表和外资，以刺激当地经济。

　　第二次新兴会议目的地浪潮出现在 21 世纪初，中欧和东欧的国家刚刚加入欧盟，成功地营销了其历史文化名城中的大量场馆，例如华沙、克拉科夫、布拉格和布达佩斯，还有波罗的海各国的首都。

当时全球范围内场馆和目的地供大于求,这些现象第2、3章已提到,新兴的会议目的地严重威胁了已有目的地的地位。但同时,发展中国家也创造了额外的会议需求,因为它们的新业务刺激了公司会议的需求,不断增长的专业学术人员也有越来越多的途径到其他国家参加协会会议。

这种现象在印度和中国最为明显。这是两个世界上经济增长最快的国家,而且是未来会议业务的主要来源——同时也是很有吸引力的举办国际节事的目的地。这两个经济实体在短期和中期内注定会产生最多的国外商务旅游业务。这两个国家的国民已经开始在所属区域的其他国家旅行或经商,在未来几年到欧洲和其他国家旅行的人数一定会快速增加。

在2003年5月世界旅游及旅行理事会召开的第三届全球旅游及旅行峰会上,亚太旅行协会的执行总监Peter de Jong说,旅游业总体上面临的机遇是前所未有的,而这些机遇是新兴经济实体——中国和印度带来的:

> 在亚洲,我们有非常多的域内旅行者,他们注定会在未来到更远的地方旅行。由于印度和中国的人口众多,国际旅行最保守的百分比增长也将给世界其他地区带来重大影响。如果管理得当,这将成为我们未来一二十年内的衣食父母。(Davidson,2004:6)

那些将刺激中国和印度的游客进行大量的长途旅行的因素——消费者收入增加,旅行更加自由,旅行费用也越来越承受得起——同样也将为全球目的地带来一个巨大的从涉外会议旅行到公司及协会会议的市场。*Travel Smart Asia Watch* 2004年第10期中,印度被描述为一个正在经历巨大变革的市场,印度的中产阶级正在崛起,这可能是世界上最有潜力的消费者群体:人数超过3亿——比美国的全部人口还多——印度的中产阶级将会像欧洲和美国的专业人员一样,需要跨国旅行,参加专业学术会议和公司活动。

但是,如果说有哪个国家作为一个出国旅行市场和一个新兴的会议目的地可以超越印度,那么这个国家只能是中国。联合国世界旅游组织预测2020年中国将成为世界最大的旅游目的地,中国也正在为获得世界国际会议市场的巨大份额做准备。

中国政府已经宣布至2020年国内将拥有120个世界级的会议中心。为迎接2008年的奥运会,北京加快了城市基础设施建设,在现有会议场馆的基础上大量增加了中国的场馆储备。在2005年4月,国家会议中心开工,这也是北京奥运设施的一部分。奥运过后,27万平方米的场馆将用于会议和展览。然而,北京已经拥有25个会议中心了,例如人民大会堂,有1万个席位和300个会议室;北京国际会议中心可在60个会议室接待2500个代表。一些酒店也提供会议设施,例如喜来登长城饭店可提供1200个席位和1007个客房。据估计,至2008年,北京的酒店将增至800家,有13万个客房(Davidson,2005)。

上海也在为 2010 年的世博会建设基础设施。不过这个城市已经成功地举行了很多高端活动,例如 1999 年财富 500 强(美国顶级公司的年会)和 2001 年的亚太经济合作组织会议。这些活动都在有 3 000 个席位的上海国际会议中心举行,内设东方滨江大酒店,有 260 个客房(Antrobus, 2005)。

无论怎样,由于中国是一个新兴的经济力量,才保证它能成为国外会议的重要需求来源和一个成功的目的地。到 2005 年 10 月,中国的制造业已经保持了 19 个月的增长,成为拉动国家经济增长的主要动力。个人可支配收入水平的提高,中国公司在海外的投资,以及到达主要目的地城市的航班的快速增加,这些因素都保证了不久中国在国外举行公司会议的数量和国际协会会议中中国代表数量的快速增加。

2005 年励展旅游展览公司(reed travel exhibitions)在北京举行了一个新的旅游交易展览,这充分证明了这一海外市场的潜力。第一届中国国际商务及会奖旅游展览会(CIBTM)在中国世界贸易中心举行。此次展览占地 4 300 平方米,有来自 25 个国家的 172 家公司参展,包括来自比利时、法国、匈牙利、马来西亚、菲律宾和卡塔尔的国家旅游机构。这次历时三天的展览吸引了 2 460 个专业参观者,包括 102 个举办地购买者和 195 个 VIP。

公司的成本意识越来越强

随着市场中新供应商和新国家的增加,会展场所之间和目的地之间的竞争越来越激烈,买方也开始意识到,在世界的大部分地区,他们是在一个买方市场里选购。特别是公司市场的买手已经开始不失时机地利用这一形势,会议采购也很快地学会了如何利用优势谈判。由于没有明显的迹象表明供需双方关系将发生巨大变化,所以今后公司采购注定会越来越在意成本。

尽管几乎所有会议的需求调查都显示公司在短期内会增加活动数量,但是没有相应迹象表明公司在此方面的预算将增加。例如,2005 年 2 月在 Cadiz 附近举行的 OPC 西班牙年会(OPC Spain annual congress)上, IMEX(一个欧洲的会议及奖励旅游展览)主席 Ray Bloom 说:

> 我们的调查发现每个代表的花销在减少,因为很多公司的关注重点已经变为保证更好的整体质量和更高(及更明显)的投资回报。这提醒所有的目的地和场馆必须不断寻找调控价格的方法,并体现出它们的物有所值。高质量,并且价格有竞争力,这是未来的主导要求。这也是很多全球业务"多买——少花"心态的必然结果,因为很多购买者已经认识到大量购买的优势。

买方市场的特点是场馆和目的地过量供应,公司希望从脱岗会议(off-site meetings)投资中获得更多受益,这种考虑逐渐成为核心内容。这一现象的表现之一就是越来越多的公司坚决控制脱岗会议的开支,它们在谈判中越来越多地利用其买方优势,如大量购买会议相关设施和服务,从而以最低的价格实现他们的会议目标。

长期以来,对于因公出差人员的旅行和食宿预订,大中型企业一直力图控制、简化并提高这一过程的效率。其基本程序就是公司决定每年购买大量的旅行及住宿服务,然后选择几家有意向的供应商,例如酒店或航空公司,最后由公司专门的旅行部门与供应商谈判争取最低价格。通过这样的方法改进、集中与业务旅行相关的购买活动,设定公司旅行政策以保证与供应商长期合作,于是很多公司逐渐有能力在商务旅行的各个方面实现低成本、高效率。

但是,在过去几年,提高旅游投入效率的努力逐渐延伸到脱岗会议的开支。这一新趋势在未来几年注定会更加明显,因为越来越多的公司开始明白,集中购买所有与会议相关的服务和设施可以节省成本。

一些人看到公司预订会议设施的低效率,强烈推荐这种方法。例如,West(2005:4)在一次讨论集中购买(consolidation)的圆桌会议上,引用了公司会议策划者的事例:

> 例如,一个正在实施集中购买项目的讨论者发现,公司的两个不同团队在同一家酒店同一周内举行了两个不同的活动。两个活动都是由行政助理策划的,但是一个争取到的房间价格远远低于另一个。另一个讨论者发现,在为会议预订场馆时,另外一个(同一公司)策划者因实到人数少于预定席位而产生大量违约金需要公司承担。

在美国,这一趋势有其根源,一项有影响力的法律条款也促使公司严格检测和控制会议开支。

> 对于很多上市公司,促使它们调查会议开支的是萨班斯-奥克斯利法案。这一法案2002年经国会通过,去年(2004)开始针对大公司施行。这一新法案监督公司的财务报告,严厉防范、打击公司财务丑闻。会议领域产生的相对模糊的开支现在在一些公司审计中被视为需谨慎对待的法律责任。在这种情况下,公司内带头遵守法规的通常是财务和采购部门。在此过程中实现合作增效和成本节省是监控会议开支带来的附加收益,并巩固了这种做法的价值。(West, 2005:4)

公司集中购买会议的第一步是弄清哪些员工实际负责会议设施的预订,以及最常与哪些目的地和供应商合作,从而发现那些可以利用购买量减少成本的机会;第二步是与有限的几个较好的供应商或卖方合作,公司中所有预订会议场馆的员工都只能向这几个供应商购买;最后价格应该一项一项谈,例如租用的房间、音响器材、食物、酒水等。这些预先谈好的合约能够防止没经验的会议策划者犯错,从而节省了成本,同时在单独谈判过程中也节省了时间,因此提高了策划者的工作效率。

会议集中购买过程通常由公司的采购部门（procurement department）负责策划和监督。传统上，公司内的这种部门负责指导和形成购买决策以及签约程序，工作任务从购买新的复印机到为公司寻找玻璃窗保洁公司。现在公司越来越在意成本，这些部门指导购买决策和签约过程，通过与所选供应商谈判大量购买的优惠以及更有效的监督所付账款，减少了成本。现在这些部门为整个公司减少成本的作用越来越大，当然也包括减少公司在会议上的开支。

这一趋势将如何影响供应商，特别是会议场馆呢？很明显，面临市场的这些挑战，向通过采购部门购买的公司客户销售设施和服务时，传统的培育和保持会议策划业务的方法将不足以应付新形势。MPI发布的一个意见书有如下发现：

> 随着采购部门对会议管理的参与越来越多，供应商理所当然要考虑到，已与策划者建立的关系不再重要，尽管会议本身是一个依靠关系的生意。做生意已经不再是依靠私人关系，供应商必须不断向策划者和股东展示其价值。（MPI，2005:5）

MPI的意见书为供应商提供了具体的指导，负责营销场馆的人员将越来越需要考虑这些意见。意见包括：

- 与所服务的策划者在战略上共同进步，而不是依靠先前建立的关系来保证未来的业务。如果一个策划者的工作在不断扩展，那么你与他的业务关联越同步，你越可能更好地为他服务。
- 不断地向策划者和/或组织表明和展示，你在本质上是不同且有价值的，你提供的服务超过你的价格。强调你们的服务能够帮助他们实现会议的战略目标。
- 明白在更严格的法规环境下，组织运作发生的重要变化。在接受礼物的频率（和价值）、考察旅行或其他待遇上，很多策划者有严格的限制。在美国，随着萨班斯-奥克斯利法案和其他一些法规的变化，这些限制越来越多。
- 如果你已经和一个组织建立了长期合作关系，不要自满，你必须继续增加价值，因为公司都在更频繁的招标，以寻找更好的服务和价格。
- 谈判时要更加灵活。标准合同中有限制，策划者通常只能在这些限制内开展工作。
- 供应商须与他们的销售团队一致，灵活应对不断变化的情况。随着旅行、会议和采购的集中，如何在各个地理区域调配资源成为一个课题。同样，随着组织试图更好的利用全企业的会议支出，很可能需要一个人/办公室负责单个公司客户——而不是很多销售代表和同一公司的不同策划者联系。

公司采购人员越来越多地参与会议采购过程，这意味着越来越多的供应商不仅需要采取行动，了解他们与客户间关系的变化，更要了解采购经理的想法和工作。

科技潮流

信息和通信技术已经改变了会议业的很多方面,而且毫无疑问,未来几年里 ICT(信息和通信技术)的进一步发展将继续深刻影响会议的策划、促销和举办。刚进入会议领域的年轻人可能永远无法理解这种影响,单单因特网就完全改变了目的地和场馆营销的很多做法。在 20 世纪末,电子邮件还没有普及,现在电子邮件已经是工作和私人沟通的重要方式;移动电话当时还是新鲜事物,只有少数人拥有;当时大多数中小型企业仍然使用拨号上网;会议演示使用活动白板的几率跟 Powerpoint 一样高。

第 2、第 3 章讨论了会议目的地和场馆目前应用的一些主要的科技成果。毋庸置疑,到2010 年前后,这些信息和通信技术将更加完善,甚至被该领域更新的技术所替代,就像人类社会的其他领域一样。

会议业相关技术的知名专家 Corbin Ball 对于未来 ICT 在会议业的应用作了多种展望:

科技将继续快速发展。电脑将更小、更便宜;处理器会更快;电池能支持的时间会更长;显示器会更稳定,更便捷;数码放映机(data projectors)会更小、更便宜也更清晰;宽带会更快、更普及。专家们预测在下个十年,价格不变,每 18 个月电脑性能就会提高一倍。那句话"更快、更好、更便宜"将继续适用于我们购买的大多数技术产品。

科技促进商业特别是会议业的变革,未来几年我们将看到很多成果,包括:

1. 无线局域网(Wi-Fi)和宽带将出现在所有公共会议场所:Wi-Fi 在会议中心和大型会议酒店的发展非常迅猛。甚至麦当劳也开始提供"免费"Wi-Fi。

2. 更多移动产品:有了无线网,现在的手机将发展为待机时间长的迷你智能手机。可以通过各种网络包括无线局域网、蓝牙甚至更快的无线格式(wireless format)访问因特网。我们已经看到很多针对会议产业开发的移动产品,包括移动注册、网络、调查、观众反馈、互动程序、电子名单、产品列表、信息检索等。

3. 我们将看到平板电脑发展为管理会议说明和现场考察的一个平台。

4. RFID(射频识别,radio frequency identification),未来的条形码,尽管有个人隐私方面的顾虑,未来几年里将逐步应用于信息检索、用户验证、出席记录系统等方面。

5. 网络服务(.NET)作为会议技术产品的新平台也出现了。它的优点是允许不同的程序(例如在线注册和预订房间)同时运行,即使编写程序的公司不同。由于目前有大量基于网络的科技产品供会议策划者选择(在 www.corbinball.com/bookmarks 有 1

100 个分类链接),这种程序间的兼容性非常有利,因为它允许策划者更轻松地混合搭配不同的申请。

6. 推荐性标准将继续缓慢而稳定的发展。APEX(惯例交流,accepted practices exchange)由北美会议产业联合会(www. conventionindustry. org)组织,在今后几年将为以下内容设计技术标准:摘要/工作命令、提案请求(RFP)、住宿及会议/场馆形象。这将减少工作人员输入和校对的工作量,而这两项是目前每次会议的策划者和酒店/会议服务经理都必须做的工作。

7. 后勤采购将越来越多的影响会议购买决策,特别是大公司。整合的会议集中购买/代表管理软件每年将为大公司节省数以百万计的美元,因为它提高了效率,减少违责风险(集中会议合同),而且通过以前的经验能准确知道卖方的会议支出,从而做出更好的购买决策。会议集中购买软件包括:Arcaneo,PlanSoftMMS,StarCite,SeeUThere,Plan2Attend 和 Carlson。

8. 科技将辅助战略会议管理,追踪并和所有利益相关者分享投资收益(ROI)——上面第 7 点所列的很多产品正在向这个方向发展。

9. 在单身人群中非常流行的交友软件将进入会议业,为会议中有相同兴趣的人提供相识机会。交友软件包括:Columbia Resource Group's Rio 和 Smart Event from Expo-Exchange。

10. 在线语音(VoIP):人们可以使用宽带(无线或有线)给世界的任何地方打电话,而且是低费用或免费的。电话可以方便的接入数据管理和客户关系管理系统,以便更好地满足客户需要。有线电话和手机都会发生这样的变化,这将改变会议专业人员的交流方式。

(来源:www. corbinball. com)

社会潮流

更多女性会议代表

工作人群性质的改变深刻影响了会议代表的性质,其中最显著的表现就是女性专业人士的比例日益增加。21 世纪的头两年,在大多数国家从事专业工作的女性人数全面增长,而且所有迹象表明这一趋势将继续。

国际劳工组织(ILO, 2003)的一次调查显示,在 2000 至 2002 年间,大多数西欧国家的女性就业在全部就业中的百分比涨幅为 40% 到 60%。例如在葡萄牙达到 58%,意大利达到 55%。但是该调查也显示从事专业工作的女性人口百分比在中欧和西欧以及独联体(Confederation of Independent States)最高。

根据国际劳工组织的报道,2003 年大多数发达国家也出现了在管理岗位女性人数增加的现象。女性在很多职业上都取得了成功,例如医疗保健、金融等,并且女性就业人数在大多数国家将会快速增长。女性也逐渐进入了很多传统上以男性为主导的行业。例如,在一些国家,ICT(信息通讯技术)产业的女性就业人数已经非常多了。

这一趋势说明将有越来越多的女性因公旅行,包括出席会议。《维萨欧盟 2004 年商务旅行调查》获得了来自英国、法国、德国、意大利和西班牙的 901 位执行总监的回复,调查显示女性的旅行天数(15.1 天)几乎和男性相同(平均 15.9 天)。

然而,纽约大学以温德姆酒店的名义调查了 600 个女性商务旅行者(NYU, 2003:57),发现在美国,尽管有 40% 的商务旅行者是女性,但是她们并不一定得到了相应的重视。调查说:

> 尽管大多数回复表示得到了酒店的重视,但是只有不到三分之一的人表示得到了航空公司的重视。总体上,改善面向女性商务旅行者的服务对于酒店和航空公司来说都是一个机遇。因为,就算是频繁的商务旅行者,即这个行业中最有价值的客户,也常常感到没有得到足够的重视。

无论怎样,出席会议的女性代表的增加给会议产业带来了很多影响,从酒店的设计(洗手间增加更多女性需要的设施),到会议休息期间的食物供应(清淡和健康的食物)都看得到这些影响。会议市场女性化的另一个表现是水疗作为会议产品越来越受欢迎——而且不仅为女性提供。Wakelin(2004:75)指出了全世界水疗的迅速发展和普及,特别是在公司奖励或"和谐"团体中非常流行:

> 任何调查潜在女性获奖者希望得到的奖励中,水疗都在第一位……很明显,在目前劳累而紧张的文化之下,豪华的享乐是最好的奖励。

部分受到女性与会者的影响,越来越多的代表希望会议酒店或度假村中有水疗设施。2005 年 Convene 杂志(2005)进行了一项调查,90% 的会议策划者说他们相信在代表驻扎的酒店中水疗是不可缺少的。一半被调查者认为水疗对于会议出席者是很重要的,40% 认为有点重要,只有 10% 的人认为不重要。很多公司认识到基于水疗的奖励无论对于男员工还是女员工的福利来说都是非常明智的投资。通过健康的食物、锻炼、美容,还有讨论减压、放松、香料按摩等话题,花时间进行水疗能够让身心重焕活力——这意味着与会者重返工作时更有效率。

更多老龄会议代表

欧洲和北美的就业人口在明显地老龄化,并且这一现象还将继续,使得就业人口中的老龄人越来越多。

自 1980 年起,美国工人中年龄在 40 岁以上的显著增加,至今这一群体人数增长了 33%,而年龄在 25—39 岁间的工作人群减少了 5.7%,到 2010 年 51% 的工作人员将在 40 岁以上(BLS, 2001)。2000 年,年龄在 55 岁以上的工作人员占全部的 13%,到 2020 年将增长到 20%(BLS, 2002)。2003 年在欧洲,适龄工作人口(15—64 岁)中 24% 在 50 岁以上,到 2010 年很可能增长到 27%(EC, 2003)。

以上提到的几个年龄段的人口和高龄人口中,越来越多的人选择继续工作,无论是自愿还是必需。欧洲就业人员的老龄化现象由很多因素造成:

1. 产业重组延缓了退休计划。

2. 预退休计划(pre-retirement schemes)不再像过去那么普遍,而且目前很多成员国都在考虑推迟发放养老金的年龄。

3. 信息通信技术也使人们得以延长工作年限——例如,人们能够在家里工作("远程办公")而不需要挤班车。

大部分的老龄员工担任管理和专业方面的工作,这个人群很可能继续参加各种会议,因为以下原因:

- 因为他们可以! 婴儿潮这代人目前进入了 60 岁,很明显在相同的年纪,他们比以往任何一代人都更健康,社会活动也更多。对于这批人的父母来说在六七十岁旅行并参与各种活动,可能心有余力不足,但对于他们则没有任何问题。
- 老龄员工明白关系网是十分重要的,因为他们追求的高职位常常不是公开招聘的。参加专业协会会议为他们提供了建立关系的良好机会。
- 众所周知,老龄员工的存在与持续培训的机会是成正比的。特别是如此多的老龄员工仍工作在快速发展的"知识产业",他们需要不断更新技术,因此不间断的培训活动对于他们来说是非常重要的。
- 越来越多的退休人员选择继续留在他们的专业协会中——在很多情况下,专业会议能够活跃思维,同样也为他们与同事保持联系提供了机会。

吸引 X 代人和 Y 代人的挑战

在未来的几年,协会在吸引代表参加会议方面将面临越来越多的困难,这已是人们的共识。一部分原因是"时间紧缺"现象越来越普遍,因为越来越多的协会成员感到他们有限的时间正被瓜分。但是似乎新一代协会成员——"X代人"(指那些出生在1964—1977年的人)和"Y代人"(出生在1978—1994年的人)——需要更多证明,使他们理解参加会议的意义。McGee(2005)引用了Conferon(美国最大的独立会议策划公司)发言人的话,他说X代人与他们的父母不同,他们不会轻易看到面对面交流活动的价值。因为各种电子媒介作为主要的沟通工具伴随他们长大,面对面的交流活动对于他们似乎没有很大吸引力(对于Y代人这种情况更加严重)。如果这种说法是正确的,那么协会的会议出席率就面临很大问题,因为仅在美国,这两代人就已达到一亿两千万,尽管Y代的人数以2比1超过X代人。

怎样才能吸引这一不断增长的工作群体呢?了解他们的特点,开发战略,针对不同人群设计适当宣传,这些将是吸引X代人和Y代人参加协会和会议的关键。

尽管这两代人之间有明显的不同,但是他们的确有一些相同点。两代人都很了解科技,并且希望好好利用科技;对于他们,网络已经超过传统媒体成为主要的信息来源;他们通常追求自我的实现而不是物质奖励,追求轻松的工作环境,可以远程办公,有假期享受生活;他们也希望在工作中受到关注。这些群体之间联系密切,并且希望得到及时的反馈。X代人、Y代人也希望有机会做领袖。

*Recruiters World*杂志已经为读者提供了吸引这些群体加入他们组织的方法。其中的很多建议可以用于吸引这些群体成为协会成员并参加会议:

在招募战略中强调网络。开发现代而有趣的媒介,重点是独特的信息传递方式。同样提供一些在线工具,帮助目标群体了解协会/会议,并能够接触其他会员。

设计一个有冲击力的招募口号。X代人、Y代人对营销已经习以为常,因此需要特别的口号引起他们的注意。但是注意不要过分:朴实、直接的方法常常最有效。

活动要有多种选择。工作、生活相协调对于X代人、Y代人来说非常重要。这些群体希望活动有灵活性,有学习机会,与决策者有联系,项目有挑战性,能承担责任以及个性化的职业发展。

很明显,X代人、Y代人是很挑剔的。但是协会会议市场的未来就在于这些人能够经常参加协会活动。这些人的行为和偏好将逐渐改变公司和协会的工作方式,因此现在花时间让他们认识到参加面对面交流活动的价值,今后一定会有回报。

公司的社会责任

目前经济和金融市场日趋全球化,产业的整体特点是重组、转移、转包,各种行业受到了社会、环境和道德监督,而在未来这种监督会更加严格。压力集团已经开始关注一些可疑的商业活动,例如食品行业对肥胖现象的责任,发展中国家的石油及矿业集团贿赂政府官员现象,以及生产昂贵品牌运动衫的血汗工厂。

结果是,在过去的十年里,有关公司社会责任(corporate social responsibility,CSR)的问题飞速发展,越来越多的公司寻求与股东密切合作,处理可能有争议的问题,而不是等到遭投诉后出现大量负面报道了才处理。现在更多的公司致力于把 CSR 整合到业务的各个方面,因为越来越多的事实证明 CSR 对公司的经济收益有积极影响。

讨论 CSR 有很多术语,包括商业道德、法人公民、公司义务及可持续发展。总部在美国的商务社会责任协会(BSR)把公司社会责任定义为"用以下方式实现商业成就:提倡伦理道德,尊重他人、社区和自然环境"。该协会还认为 CSR 代表了社会对公司在法律、道德、商业等方面的期望,表示公司决策能够很好地协调所有重要利益相关者的权利。

在欧洲 CSR 已经进入了商务及政策议程。欧盟已将 CSR 作为欧洲竞争战略的核心,并发表了 CSR 绿皮书和后续条文,给出了欧盟对 CSR 的定义,以及公司、政府和全社会为实现CSR 承诺所能做的工作。

会议业本身也逐渐有必要表现出 CSR 意识,而且今后这种意识更为必要。由于人们对透明度的要求越来越高,无论公共还是私人的产业和组织都越来越有必要表现出它们在道德、环境和社会责任各方面都符合要求。会议业的所有利益相关者,从航空公司、酒店、场馆到中介和会议代表都需要审视他们各自对 CSR 的承诺。

关爱环境

正如第 1 章中讨论的,人们逐渐意识到会议的潜在负面影响,会议业需要采取更多实际的措施减少会议对自然环境的破坏。例如,要求评估场馆环保资格的压力会越来越大,典型案例是第 3 章中提到的坦佩雷会议中心。美国环保总署建立了绿色会议网站(www.epa.gov/oppt/greenmeetings/),列举了一些目前的环保方案,这表明环境意识在会议业越来越强。

一些机构和产业协会已经开始积极地推广环保会议,包括:

- 绿色会议方案,由美国环保总署的防污部门提出,为会议策划者和会议服务供应商提供获得策划环保会议信息的简单途径。
- 蓝色海洋基金会(Oceans Blue Foundation/La Fondation Oceans Blues),一个加拿大的环境慈善组织,1996 年建立,目标是通过环保旅游改善海岸环境。该组织致力于在旅游业的各方面——包括开发"绿色"会议指南方面——开发和推广最佳操作方法和标准,这在北美是第一家。

- MPI 的绿色会议团队，负责编写白皮书，为在会议操作的各个方面（住宿、会议设施、展览、餐饮、交通和通讯）实现环保提供指导意见，对于策划者如何影响环保会议还提出了具体的建议。

- 费尔蒙酒店生态会议项目，是费尔蒙酒店度假村特为会议策划者开发的一项可选产品。当策划者通过费尔蒙连锁酒店组织会议时，他们可选择"现成的"绿色会议。如果选择了生态会议项目，费尔蒙酒店的所有环保计划都自动包含在会议活动中。各种环保计划包括交通方式选择，环保餐饮及会议设施，会议代表还有机会参加环保教育。

- 会议产业联合会的绿色会议报告。该报告有很多详细的案例，介绍了对利益相关者（例如 CVB、场馆和会议策划者）来说最佳的环保操作方案。

这些做法的前景很好，但是如果它们不想被看作是作秀的话，则必须有所作为，表现出它们的效能。

关爱主办社区

会议业越来越多的利益相关者也意识到有必要以 CSR 为导向，与主办目的地的社区建立良好关系。当主办社区人们的生活水平远远低于会议代表或奖励旅游者时，这一点尤为必要，因为某些活动的奢侈豪华与当地居民贫困而落后的生活状况形成鲜明对比。令人鼓舞的是，一些会议组织者开始在举办活动的目的地社区投入时间和资金。这些行动通常会与目的地的慈善或非营利组织合作进行。

开明的会议策划者越来越愿意看到他们的项目为当地的落后社区带来利益。对于某些策划者，这已经成为惯例。琳达·佩雷拉是 CPL Events（总部在里斯本）的执行总监，她是新一代有发展眼光的节事活动组织者的代表之一。在莫桑比克、罗马尼亚、佛得角、亚述尔群岛和巴西等目的地举行会议时，她的公司邀请代表们通过慈善机构或志愿者活动为当地社区做贡献。例如，在"自由活动"时间，邀请与会者们奉献时间帮助建立当地的学校，种些花草树木，或者为学校体育馆设备集资。这些善举不仅限于举行会议的国家。2005 年，CPL 在澳大利亚组织了一次会议，会上代表们集资为邻国东帝汶一个学校的图书馆捐书。

一些会议协会自身对于公司社会责任的态度也为这一行业树立了榜样。2004 年 ICCA 大会 & 展览年会在位于南非的开普敦国际会议中心举行，并与 CTICC 主任 Dirk Elzinga 合作实施了一个计划，为该城附近的不发达城市做出了贡献。大会结束后要求代表们交回大会使用的袋子，捐献给当地的学校作为学生的书包。不仅如此，ICCA 大会工作人员及当地 PCO 工作人员在活动中穿过的橘红色工作服也捐给了当地城市，作为孩子们参加的足球队、篮球队和橄榄球队的队服。

大主教 Desmond Tutu 做了闭幕式发言,他的发言也表现了会议的慈善本质。大主教拒绝接受出场费,因此会议将 40 000 兰特(合 5 200 欧元)的支票捐献给了当地的慈善机构,作为大主教出席的报酬。接受捐助的机构是暴力幸存者治疗中心,这是一个为暴力幸存者治疗的民间人权组织。

传统的赞成 CSR 的观点是,公司运营依赖于其周边的社区,对会议目的地来说更是如此,因为目的地的吸引力一部分源于访问代表与主办社区的和谐关系。

但是不容置疑,CSR 的积极影响对于会议购买者、组织者或目的地的声誉都是有利的。因为慷慨的行为经过媒体报道将有利于建立良好的公共关系,而这正是利益相关者的营销组合中非常有效的因素。Plimmer(2005)在一篇关于公司慈善的文章中强调了这一点:

> 目前,传统的宣传方式已经不如从前那么有效,而一次慈善捐助能成功吸引注意力。同样的,随着公司的行为受到越来越严格的监督……一次公益活动非常有利于树立品牌忠诚度。

在未来几年,更多会议业的利益相关者将开始意识到,投入一些时间和资金帮助活动举办地的弱势群体,这无论对他们自己还是主办社区都是有利可图的。

本 章 小 结

本章回顾了会议业目前以及未来面临的主要趋势和挑战。毫无疑问,市场环境将继续变化发展,变化方式可能是目前不能预测的。但是正是这种不可预测性为会议业的目的地和场馆营销带来了挑战,令人兴奋。

在复杂而多变的市场趋势和市场因素中,一个确定的因素就是人本身。代表们会继续参加会议,不仅为了获得个人和职业发展以及组织业务增长的机会,也为了获得与有相同兴趣和目标的人交流的乐趣。如果目的地和场馆能够提供高效服务,并利用最新的科技和健康、特别的环境,提供难忘的回忆和独特的文化体验,那么买方和与会者就会被吸引。

为了满足永恒的需求,场馆和目的地营销人员起着至关重要的作用。

复习与讨论题

1. 目前出现的哪些主要趋势将使会议业营销人员的作用更重要?

2. 21 世纪的会议代表的形象与 20 世纪末会议代表的形象有哪些不同?

3. 人们预测会议行业的公司在未来会更加负责,哪些迹象支持这个预测?

参考文献

Anon (2004) 'Asia's new travel giant', *TravelSmart Asia Watch*, October

Anon (2005) 'Help wanted: Generation X and Generation Y', *Recruiters World*, January

Antrobus, A (2005) 'Is Asia getting it right?', *Association Meetings International*, November

BLS (2001) Bureau of Labor Statistics, *Monthly Labor Review*, November

BLS (2002) Bureau of Labor Statistics, *Monthly Labor Review*, May

Convene (2005) 14th Annual Meetings Market Survey

Davidson, R (2003) *EIBTM Social and Political Trends Report*, Reed Travel Exhibitions

Davidson, R (2004) *EIBTM Economic Trends Report*, Reed Travel Exhibitions

Davidson, R (2005) 'My encounter with Chinese MICE', *Conference News*, December

EC (2003) *The Social Situation in the European Union 2003*, Office for Official Publications of the European Communities, European Commission

ILO (2003) *Yearbook of Labour Statistics*, International Labour Office

McGee, R (2005) 'Emerging trends: marketing is king for convention groups', *Association Meetings*, October

MPI (2005) *The Power of Partnership: Capitalizing on the Collaborative Efforts of Strategic Meeting Professionals and Procurement Departments*, Meeting Professionals International

NYU (2003) *Coming of Age: The Continuing Evolution of Female Business Travellers*, The Tisch Center for Hospitality, Tourism and Sports Management, New York University

Plimmer, G (2005) 'Giving is good for business', *Financial Times*, 'Philanthropy' supplement, 16 December

Wakelin, J (2004) 'Spas in your eyes', *Meetings & Incentive Travel*, September

West, E (2005) *Gathering Planning Today: The Move to Consolidate*, VNU Travel Network

附录
会议业的主要交易展

交易展	描　述	举办地	网　　址	Logo
AIME	亚太奖励与会议博览	墨尔本	www. aime. com. au/	
CBITM	北京国际商务及会奖旅游展览会	北京	www. cbitm. com/	
EIBTM	全球会议及奖励展	巴塞罗那	www. eibtm. com	
EMIF	欧洲会议产业交易会	布鲁塞尔	www. aboutemif. com	
IMEX	国际会议与奖励旅游展	法兰克福	www. imex-frankfurt. com/	

（续表）

交易展	描 述	举办地	网 址	Logo
IT&CMA	亚洲奖励旅游及会议展览	芭堤亚	www.itcma.com.sg	
International Confex	英国最大的针对节事活动组织者的展览	伦敦	www.international-confex.com/	
LACIME	拉丁美洲 & 加勒比海旅游会议推介展	圣保罗	www.lacimexpo.com/	
The Motivation Show	能改变人们态度的商业方案	芝加哥	www.motivationshow.com/	

图书在版编目(CIP)数据

节事目的地与场馆营销／(英)戴维森,(英)罗杰斯著;宋哲敏等译. —上海:格致出版社:上海人民出版社,2008
(节事管理译丛)
书名原文:Marketing Destinations and Venues for Conferences,Conventions and Business Events
ISBN 978-7-5432-1478-1

Ⅰ.节… Ⅱ.①戴…②罗…③宋… Ⅲ.展览会-市场营销学 Ⅳ.G245

中国版本图书馆 CIP 数据核字(2008)第 102798 号

责任编辑　忻雁翔
特约编辑　杨光风
封面装帧　人马艺术工作室·储平

————————————————

节事管理译丛
节事目的地与场馆营销
[英]罗布·戴维森　托尼·罗杰斯 著
宋哲敏　关旭 等译
陶婷芳 审校

————————————————

出　　版　世纪出版集团　格致出版社
www.ewen.cc　www.hibooks.cn
上海人民出版社
(200001 上海福建中路193号24层)

编辑部热线 021-63914988
市场部热线 021-63914081

发　　行　世纪出版集团发行中心
印　　刷　上海商务联西印刷有限公司
开　　本　787×1092 毫米　1/16
印　　张　17.75
插　　页　1
字　　数　330,000
版　　次　2008 年 10 月第 1 版
印　　次　2008 年 10 月第 1 次印刷
ISBN 978-7-5432-1478-1/F·86
定　　价　35.00 元

Marketing Destinations and Venues for Conferences, Conventions and Business Events

1st edition.

Rob Davidson, Tony Rogers

ISBN: 0750667001 978-0750667005

图字:09-2007-730